Reihe Film 1 François Truffaut

Die Reihe Film stellt das Werk von Regisseuren, bestimmte Genres oder andere übergreifende Themen des internationalen Films in Monografien vor. Dabei werden die einzelnen Bände unter wechselnden Perspektiven und verschiedenen Aspekten – Essay, Interview, kommentierte Filmografie – erarbeitet. Eine umfangreiche Filmbibliografie gehört zu jedem Band.

François Truffaut, Jahrgang 1932, früher Filmkritiker und immer noch besessener Kinogänger, gehört mit Godard, Rivette und Chabrol zu den Begründern der Nouvelle Vague. Er hat entschieden zur Erneuerung des französischen Films und des Kinos in Europa beigetragen. Seine Filme, die fast ausnahmslos das dialektische Verhältnis zwischen Wirklichkeit und Vorstellung diskutieren und nach der Bedeutung von Kultur und Zivilisation für das Leben fragen, sind in der Bundesrepublik in den Kinos und im Fernsehen gelaufen. Die besten unter ihnen haben die Grenze aufgehoben, die zumal in Europa immer noch zwischen Unterhaltung und Kunst, zwischen Kommerzkino und künstlerischem Anspruch gezogen wird. – Im Carl Hanser Verlag erschienen von ihm die Bücher »Mr. Hitchcock, wie haben Sie das gemacht?« (1973), »Die Filme meines Lebens« (1976) und »Taschengeld« (1977).

Die Autoren

Serge Daney (1944, Paris). Studium der Neueren Literaturwissenschaft. Seit 1964 freier Mitarbeiter und seit 1969 Redakteur bei »Cahiers du Cinéma«. 1977–1981 Chefredakteur der Zeitschrift. Filmjournalist bei »Libération«. Buchveröffentlichung: »La Rampe« (Sammlung von Filmessays, 1983). Lebt in Paris.

Hanns Fischer (1939, Witten/Ruhr). Studium: Anglistik, Geographie, Pädagogik, Soziologie. 1962–1964 Redakteur von »Filmstudio«. 1964–65 Pressechef der Universal International. 1966–1972 Mitarbeiter der Filmredaktion ZDF. 1972–74 Filmredakteur S 3. Lebt in Frankfurt/Main.

Ulrich Gregor (1932, Hamburg). Studium: Romanistik, Zeitungswissenschaft, Philosophie. 1962 (mit Enno Patalas) »Geschichte des Films«, 1966 »Wie sie filmen«, 1978 »Geschichte des Films ab 1960« Mitbegründer Freunde der Deutschen Kinemathek 1963, Kino Arsenal 1970, Internationales Forum des jungen Films 1971. Lebt in Berlin.

Peter W. Jansen (1930, Elsdorf/Köln). Verlagsbuchhändler. Studium Germanistik, Soziologie, Geschichte, Dr. phil. Redakteur bei »Der

Mittag« (Düsseldorf), WDR (Köln), »Frankfurter Allgemeine«. Seit 1966 beim Südwestfunk Baden-Baden. Lebt in Gernsbach.

Peter Michel Ladiges (1933, Hamburg). Studium: Chemie, Mathematik, Romanistik, Germanistik, Anthropologie. Fernsehen Norddeutscher Rundfunk. Hörspiel Südwestfunk. Dozent Hochschule für Gestaltung Ulm. Lebt in Frankfurt/Main.

Jean Narboni (1937, Algerien). Studium der Medizin. Seit 1962 Redakteur und 1968–1973 Chefredakteur bei »Cahiers du Cinéma«. Leiter der »Collection Cahiers du Cinéma/Gallimard« (Publikation von Filmbüchern). Lebt in Paris.

Hans Helmut Prinzler (1938, Berlin). Studium der Publizistik und Theaterwissenschaft. Studienleiter an der Deutschen Film- und Fernsehakademie Berlin. Seit 1979 Mitarbeiter der Stiftung Deutsche Kinemathek. 1979 (mit Hans Günther Pflaum) »Film in der Bundesrepublik Deutschland«. Lebt in Berlin.

Serge Toubiana (1949, Sousse, Tunesien). Studium der Wirtschafts- und Sozialwissenschaften. Seit 1973 Redakteur und seit 1981 Chefredakteur bei »Cahiers du Cinéma«. Lebt in Paris.

François Truffaut

Reihe Film 1

Mit Beiträgen von
Serge Daney/Jean Narboni/Serge Toubiana
Hanns Fischer
Peter W. Jansen
Ulrich Gregor
Peter Michel Ladiges
Hans Helmut Prinzler

Carl Hanser Verlag

Die Reihe Film wird herausgegeben
in Zusammenarbeit mit der
Stiftung Deutsche Kinemathek
von Peter W. Jansen und Wolfram Schütte

Redaktionsschluß der 5. Auflage:
1. Juni 1985

Reihe Film 1
ISSN 0172-8267
ISBN 3-446-14349-1
5., ergänzte Aufl. 1985
© 1974 Carl Hanser Verlag München Wien
Gesamtherstellung: Appl, Wemding
Printed in Germany

Inhalt

Daten
Von Hans Helmut Prinzler   225

Wirklichkeit und Fantasie
Oder: die Entfaltung der Widersprüche
Von Ulrich Gregor

Die erste Frage, die sich aufdrängt, wenn man die Filme François Truffauts im Zusammenhang betrachtet, ist die Frage nach der Einheit dieses Werks, nach der Verbindung zwischen den Filmen und der Logik ihrer Entwicklung. Tatsächlich scheint hier ganz Disparates nebeneinanderzustehen: die autobiografische Geschichte eines Jungen, den seine Eltern vernachlässigen (SIE KÜSSTEN UND SIE SCHLUGEN IHN. LES 400 COUPS); die Variante eines amerikanischen Kriminalromans (SCHIESSEN SIE AUF DEN PIANISTEN. TIREZ SUR LE PIANISTE); ein impressionistischer Film über das Leben zu dritt auf dem Lande (JULES UND JIM. JULES ET JIM); das schonungslos deutliche Porträt eines selbstgefälligen Literaten, der von seiner Frau aus Eifersucht erschossen wird, als er gerade zu ihr zurückkehren will (DIE SÜSSE HAUT. LA PEAU DOUCE); ein utopischer Film über eine Zivilisation, in der Bücher verboten sind (FAHRENHEIT 451); der ironisch-kriminalistische Bericht von der fünffachen Rache einer Witwe (DIE BRAUT TRUG SCHWARZ. LA MARIÉE ÉTAIT EN NOIR); komödiantische Filme über die Schwierigkeiten des Erwachsenwerdens (GERAUBTE KÜSSE. BAISERS VOLÉS; TISCH UND BETT. DOMICILE CONJUGAL); eine Abenteuergeschichte mit exotischen Schauplätzen (DAS GEHEIMNIS DER FALSCHEN BRAUT. LA SIRÈNE DU MISSISSIPI); der historische Bericht vom Versuch der Sozialisation eines Naturkindes (DER WOLFSJUNGE. L'ENFANT SAUVAGE); eine elegische Literaturverfilmung (ZWEI MÄDCHEN AUS WALES UND DIE LIEBE ZUM KONTINENT. LES DEUX ANGLAISES ET LE CONTINENT); die abenteuerlich-groteske Lebensbeichte eines Mädchens (EIN SCHÖNES MÄDCHEN WIE ICH. UNE BELLE FILLE COMME MOI), und schließlich eine Hommage an das Metier des Filmemachens (DIE AMERIKANISCHE NACHT. LA NUIT AMÉRICAINE).

Oberflächlich betrachtet, könnte es einem vorkommen, als ob alle diese Filme unmöglich von einem Regisseur stammen dürften. Zumal da innerhalb dieses Werks ernste, thematisch ambitionierte Filme (SIE KÜSSTEN UND SIE SCHLUGEN IHN, DIE SÜSSE HAUT, DER WOLFSJUNGE) neben Arbeiten scheinbar leichteren Zuschnitts stehen, die als Konzessionen an das Unterhaltungsbedürfnis der Kinoindustrie erscheinen mögen (DIE BRAUT TRUG SCHWARZ, GERAUBTE KÜSSE, TISCH UND BETT, EIN SCHÖNES MÄDCHEN WIE ICH); und zu diesen bilden »literarische« Filme wie JULES UND JIM und ZWEI MÄDCHEN AUS WALES wiederum einen Widerspruch.

Natürlich gibt es bei genauerem Hinsehen durchaus Verbindungslinien zwischen Truffauts Filmen. Die Einheit seines Werkes ist nur sicherlich keine thematische, keine des »Anliegens« und auch nicht die eines von Film zu Film gleichbleibenden stilistischen Entwurfs. Es ist überhaupt die Frage, ob die Suche nach einer Einheit der geeignete Ansatzpunkt für eine Interpretation des Werks eines Regisseurs ist, der von sich gesagt hat: »Ich habe seit jeher eine Leidenschaft für die Änderung der Tonart gehabt.« Truffaut ist eher ein Regisseur wie Jean Renoir (ein von ihm verehrtes Vorbild) oder wie bestimmte Exponenten des Hollywood-Kinos, die sich im Laufe ihrer Karriere in den unterschiedlichsten Stoffen und Genres versucht haben, und das durchaus mit vergleichbarem Erfolg. Die persönliche Eigenart dieser Regisseure, das spezifische Element ihres Stils erschließen sich nicht immer auf den ersten Blick. Sie kommen zum Ausdruck in einer bestimmten Art, Menschen zu zeichnen, mit Schauspielern und der Kamera umzugehen, in einer Vorliebe für immer wiederkehrende dramaturgische Lösungen. Dennoch wird, insgesamt betrachtet, bei diesen Regisseuren der Stil mehr von den Erfordernissen des jeweiligen Stoffes als von einem feststehenden Entwurf bestimmt. Diese Betrachtungsweise gilt auch für Truffaut.

Welches sind nun die persönlichen Elemente in den Filmen Truffauts, wie sieht sein Selbstverständnis als Regisseur aus? Kann man ihn überhaupt als einen »Autor« im Sinne jener Theorie des »Kinos der Autoren« bezeichnen, die Truffaut als Kritiker der *Cahiers du Cinéma* mit formulierte? Gehen wir zunächst von einigen subjektiven Eindrücken aus. Die Filme Truffauts sind niemals schwerfällig, langweilig oder gedankenüberladen; sie sind vielmehr abwechslungsreich, »unterhaltend« im positiven Sinne (das Werk Truffauts widerlegt unter Umständen die Behauptung von einer Antinomie zwischen Kommerzkino und künstlerisch ambitioniertem Kino); sie beteiligen den Zuschauer an ihren Geschichten, machen die Motive ihrer Personen transparent, nachvollziehbar, erwecken Sympathie, sogar für paradoxe Verhaltensweisen und falsche Reaktionen. Es gibt bei Truffaut keine positiven oder negativen Helden, wohl aber komische Figuren; eigentlich sind alle seine Personen, auch da, wo sie als Opfer der Verhältnisse erscheinen, auf eine gewisse Art komisch in der objektiven Unangepaßtheit ihrer Gesten und Reaktionen an diese Verhältnisse (man denke zum Beispiel nur an die chaplinesken Szenen in SIE KÜSSTEN UND SIE SCHLUGEN IHN). Oft jagen sie einer Illusion, einer Einbildung, Maxime oder Theorie nach, ohne die Widersprüchlichkeit ihres Verhaltens zu erkennen. Mit welchen Mitteln bringt es Truffaut zustande, den Zuschauer auf scheinbar spontane, unangestrengte Art in das Geschehen seiner Filme zu involvieren? Dabei kommt es vor allem auf die Rolle der Technik und auf die Dramaturgie der Filme an. Es ist offensichtlich, daß Truffauts Filme in hohem Maße von ihrer Technik bestimmt werden. Durch die subtile Anwendung filmischer Ausdrucksmittel ergibt sich nicht zuletzt die besondere Differenziertheit der Truffautschen Erzählweise. Überblendungen, Kamerabewegungen, in den Fluß einer Bewegung eingefügte Standbilder, Ellipsen, die Irisblende: das sind einige der filmtechnischen Verfahren, die Truffaut gebraucht, um einzelne Momente seiner Filme hervorzuheben, Akzente zu setzen, Verbindungen und Einsichten herzustellen. Manche dieser Stilmittel (zum Beispiel die Irisblende) stellen einen bewußten Rückgriff auf vergangene Epochen der Filmgeschichte dar, in denen sie häufig benutzt wurden (die Irisblende z. B. im amerikanischen und deutschen Stummfilm). Auch die Überblendungen, bei Truffaut häufig, sind im modernen Film aus der Mode gekommen, weil sie tendenziell unrealistisch wirken. Truffaut führte diese scheinbar antiquierten Stilmittel mit Erfolg wieder in die moderne Filmsprache ein. So verdankt zum Beispiel die großartige Szene des Interviews des kleinen Antoine durch eine Psychologin am Schluß von SIE KÜSSTEN UND SIE SCHLUGEN IHN ihre Wirkung ganz entscheidend den Überblendungen zwischen einzelnen

Großaufnahmen des Jungen. Gleichzeitig ist die Stimme der Psychologin nur im Off hörbar. Die Überblendungen sind an dieser Stelle tatsächlich Ellipsen, sie sparen Teile des Interviews aus (der Eindruck wird jedenfalls beim Zuschauer erweckt), erschaffen ein neues Zeitgefühl, lassen Rhythmus entstehen und bewirken so eine außerordentliche Zunahme des Realitätsgrades, der Intensität dieser Sequenz; die weichen Überblendungen zwischen den Bildern sind zugleich Ausdruck von Sympathie und Einfühlung in das Schicksal des Jungen. Durch Überblendungen verbunden sind ebenfalls die verschiedenen Einstellungen auf Jeanne Moreau in der Szene des Lieds aus JULES UND JIM, das im Kontext des Films so etwas wie eine Schlüsselfunktion hat. Viele Überblendungen (sowie Szenenabschlüsse durch Zuziehen der Irisblende) gibt es auch im WOLFSJUNGEN: etwa zwischen der Großaufnahme des Dr. Itard, der im Bild erscheint und eine Zeitungsnotiz ausschneidet, und der darauffolgenden Einstellung, die den »Wolfsjungen« auf einem Strohlager zeigt. Durch diese Überblendung, die sich dem Zuschauer (vielleicht unbewußt) einprägt, wird bereits im voraus ein Gefühl der Zusammengehörigkeit zwischen Itard und dem Jungen erzeugt. Überblendungen wie diese heben den Realismus der filmischen Erzählung partiell auf, sie führen eine Dimension des persönlichen Kommentars in den Ablauf des filmischen Geschehens ein.

Die persönliche Färbung des Erzählstils, die stete Präsenz des Erzählers Truffaut, die sich an allen Bruchstellen und Wendungen des Geschehens manifestiert, macht sicherlich eine Eigenart seiner Filme aus. Zur persönlichen Akzentuierung der Erzählung dienen Truffaut auch Standfotos, die er in eine bewegte Handlung einfügt oder an das Ende eines Films stellt. Bekanntestes Beispiel ist das Bild des kleinen Antoine Doinel, der am Schluß von SIE KÜSSTEN UND SIE SCHLUGEN IHN endlich das Meer erreicht – in diesem Augenblick gefriert die Aufnahme zum Standbild, der Realismus des Filmbildes scheint für einen Moment aufgehoben, das Bild wird zu einer Metapher. Standbilder wie dieses finden sich am Schluß fast aller Truffaut-Filme, freilich sind sie oft so kurz eingesetzt, daß man sie nicht immer als solche erkennt. Durch eine Serie von Standbildern (extremen Großaufnahmen ihres Gesichts) wird auch

Der Wolfsjunge

Catherine (Jeanne Moreau) in JULES UND JIM eingeführt, während der Kommentar bemerkt, das Gesicht Catherines gleiche auf seltsame Weise jener griechischen Statue, die von den Freunden kurz zuvor besichtigt worden ist.

Auch in den Kamerabewegungen artikuliert sich der »Autor« François Truffaut. Wenn sich die Theorie Alexandre Astrucs von der *caméra-stylo,* der Kamera, die zum Schreibinstrument wird, irgendwo erfüllt, dann bei Truffaut. In allen seinen Filmen gibt es Momente und Sequenzen, in denen sich in der Bewegung der Kamera Gedanken und Empfindungen ausdrücken. Besonders deutlich wird das im WOLFSJUNGEN: in verschiedenen Unterrichtslektionen, die Itard-Truffaut dem Jungen erteilt, bewegt sich die Kamera so zögernd und tastend vom einen zum anderen, als ob sie buchstäblich Träger oder Überbringer von Gefühlen der ängstlichen Erwartung, der Hoffnung, der Neugier und der Zuneigung sei. Die zerbrechlichen Beziehungen zwischen den beiden, die jederzeit vom Rückschlag bedroht sind, konstituieren sich wahrhaft erst in der sensiblen Art, in der Truffaut die Kamera einsetzt. Die Kamera gleicht einer Sonde, mit der das Geflecht psychologischer Spannungen zwischen zwei Personen abgetastet und analysiert wird.

Eine besonders aktive Rolle in der Exposition des Geschehens spielt die Kamera in JULES UND JIM, vielleicht dem stilistisch eigenwilligsten Film Truffauts. In diesem Film ist die Kamera in unaufhörlicher Bewegung. Sie folgt den Protagonisten auf Schritt und Tritt; ihre ständige Beweglichkeit bildet ein Analogon zum häufigen Wechsel der Gefühle, zur Instabilität der Beziehungen. Die Kamera fährt außen an dem Haus, das die drei bewohnen, herauf und herunter, gleitet von einem Zimmer zum anderen; sie macht das Geschehen zu einem Ballett, zu einer Folge von Pirouetten und Wendungen, erfaßt immer neue Bildausschnitte, die jedoch nicht einander kontrastiert, sondern fließend ineinander übergeleitet werden. Nach dem Lied Catherines schwenkt die Kamera noch einmal über die Gruppe der Freunde; dann folgt eine Überblendung zur Radfahrpartie. »Den ganzen Film hindurch wirken Kamera-Stil, Rhythmus, Schnitt und optische Ausdrucksmittel zusammen, um ein Gefühl konstanten Wechsels, der Entdeckung, des Experimentierens, der Suche, der Enthüllung, der Ruhelosigkeit und der Erfüllung zu erschaffen. Stil, Thema, Charaktere und die Reaktion des Publikums verschmelzen zu einer Einheit, die von

Die Geschichte der Adele H.

Flüssigkeit und Flexibilität charakterisiert wird, einer Offenheit gegenüber dem Geheimnis und der Unerforschlichkeit menschlicher Erfahrungen.«[1]
Mehr noch als die Untersuchung von Truffauts Technik stellt die Beschäftigung mit der Dramaturgie seiner Filme einen Zugang zum Kern des Werkes her. Denn die persönlichsten Eigenschaften der Filme Truffauts: Sensibilität, Zärtlichkeit und Sympathie im Verhältnis zu seinen Personen, Spontaneität der Erzählweise, Humor und Ironie – sind stets in irgendeiner Weise mit den dramaturgischen Bauformen der Filme verbunden. Truffaut ist kein Avantgardist, kein Experimentator. Vielmehr operiert er auf der soliden Basis des linear erzählenden, »professionellen« Kinos, wie es insbesondere in Hollywood und in der Tradition des französischen Films (Renoir) seine Ausprägung gefunden hat. Aus Truffauts Vergangenheit als Kritiker, von seinem Buch über Hitchcock her, ist seine Be-

wunderung für einige Regisseure des amerikanischen Kinos genügend bekannt. Aber die Bindung an einen bestimmten Typus des traditionell erzählenden Films bedeutet keinesfalls, daß in seinen Filmen banale Wahrheiten mitgeteilt und abgestandene Handlungsmodelle repetiert würden. Die Originalität des Truffautschen Erzählstils liegt in seiner Feinstruktur. In diesem Bereich werden seine Filme »signifikant«. Wenn man sich fragt, welches die immer wiederkehrenden Strukturmerkmale seiner Filme sind, so stößt man auf Erscheinungen wie den Parallelismus und den Kontrast von Motiven, auf die Inversion, die Variation von Motiven, die Herstellung verschiedener Ebenen (oft durch einen den Film begleitenden Kommentar), die ironisch aneinander gespiegelt werden.

Das Spielen mit Parallelen, mit verschiedenen Ebenen und Kontrasten scheint geradezu eine Besessenheit Truffauts zu sein; man könnte dazu Beispiele aus seinen sämtlichen Filmen aufzählen. Beschränken wir uns auf einige Fälle. Parallel- und Kontrastsituationen ergeben sich fortwährend in JULES UND JIM wie auch in ZWEI MÄDCHEN AUS WALES, schon aufgrund der Dreiecks-Konstellation dieser Filme. Die Kamera läßt kaum eine Möglichkeit zur ironischen Hervorhebung der Kontraste aus, wenn sie beispielsweise in JULES UND JIM die drei Protagonisten in einer gewollt symmetrischen (und daher komischen) Bildkomposition zeigt, wie sie jeweils aus verschiedenen Fenstern blicken. Das Parallelismus-Motiv taucht bereits auf, wenn die beiden Freunde eine Statue betrachten, die, wie sich später zeigt, die Züge von Catherine besitzt. Parallelismus liegt im Motiv des Liedes, das Jeanne Moreau in der Mitte des Films singt und das alle Motive von JULES UND JIM wie in einer poetischen Kurzformel zusammenfaßt (das Sich-Finden und Sich-Trennen in ständiger Wiederholung). Der Kommentar legt hier wie in verschiedenen anderen Filmen Truffauts – ZWEI MÄDCHEN AUS WALES, DER WOLFS-JUNGE, EIN SCHÖNES MÄDCHEN WIE ICH – eine zweite Ebene über das Geschehen. Man könnte das Stilmittel des parallellaufenden Kommentars als konventionell ansehen (in amerikanischen Filmen der vierziger Jahre wird es häufig angewendet); tatsächlich aber ist der Effekt des Kommentars bei Truffaut der einer ironischen Distanzierung. Der Bezugspunkt der Handlung verschiebt sich jedesmal für den Zuschauer, sobald der Kommentar einsetzt. Er definiert in den Filmen die

Ebene der Reflexion, er teilt aber auch nicht die ganze Wahrheit, sondern nur einen Aspekt der Wahrheit mit, der oft im Kontrast zu den Bildern steht.

Als eigenes Motiv hat Truffaut den Kontrast zwischen Bild und Kommentar in EIN SCHÖNES MÄDCHEN WIE ICH eingesetzt, wo der deftige, ungefilterte Bericht des Mädchens, im Gefängnis auf das Tonbandgerät des Soziologen gesprochen, von diesem in ein farbloses und der Wahrheit nicht entsprechendes System soziologischer Fachausdrücke übersetzt wird. EIN SCHÖNES MÄDCHEN WIE ICH präsentiert den Kontrast-Effekt in mehrfacher Form: Kontraste entstehen zwischen den Erzählungen des Mädchens und dem diese Erzählungen illustrierenden Bildmaterial (zum Beispiel die Sequenz vom Tod des Vaters, der von der Leiter fällt: »Schicksal«, sagt das Mädchen), zwischen ihrer Erzählung und deren Umformulierung im Bericht des Soziologen, dann aber auch beim Diktieren dieses Kommentars, wenn die Sekretärin des Soziologen heftig gegen den Kommentar zu protestieren beginnt.

Im blitzartigen Wechsel der Ebenen liegt die besondere Kunst von Truffauts Erzählweise. Es ist, als ob immer wieder neue Seiten eines Kristalls aufleuchten. »Die Übergänge von komisch zu traurig, aufrichtig zu boshaft, ernst zu ironisch interpretieren ebenso den Inhalt wie sie ihn produzieren«, schreibt Dietrich Kuhlbrodt[2] über SCHIESSEN SIE AUF DEN PIANISTEN, einen Film, in dem verschiedentlich eingeschobene Kurzepisoden den Inhalt von Redensarten auf komische Weise relativieren oder illustrieren (so sagt ein Gangster, seine Mutter solle tot umfallen, wenn er lüge, worauf in einem ovalen Bildrahmen eine alte Frau auf den Rücken fällt und die Beine in die Höhe streckt).

Einen ironischen Kontrast bedeutet es auch, wenn Antoine Doinel in GERAUBTE KÜSSE einen Liebesbrief an Madame Tabard schreibt, die Frau des Schuhhändlers, bei dem er als Detektiv tätig sein sollte, und wenn dann der Weg dieses Expreßbriefs durch ein unterirdisches System von Preßluftröhren gezeigt wird: plötzlich wird der Vorgang des Briefschreibens und -verschickens aus der romantisch-idealistischen Atmosphäre herausgenommen, mit der er normalerweise verbunden ist. Den Film GERAUBTE KÜSSE als Ganzes charakterisiert ein ständiger Kontrapunkt sich überlagernder Motive. Das Chaos von Antoines Existenz äußert sich im ständigen Übergang von einer Situation und einer Tätigkeit zur anderen. Antoine übt zeitweilig das Metier des Detektivs aus (im Büro der Detektei tragen immer neue Kunden immer absonderlichere Wünsche vor oder erleiden Nervenzusammenbrüche). Dieser Tätigkeit des Spionierens, der Antoine nachgeht, gewinnt Truffaut eine derartige Fülle visueller Beobachtungen und dramatischer Motive ab, daß man den Eindruck gewinnt, beim Motiv des Spionierens handele es sich überhaupt um das Filmmotiv par excellence. Der ganze Film ist in ein Grundklima des Verdachts, des Mißtrauens und der Geheimnistuerei getaucht; die Welt des Films besteht vornehmlich aus Korridoren und Treppenhäusern, durch die sich die Protagonisten auf ihrem Weg von einem Schauplatz des Geschehens zum anderen unablässig bewegen und einander verfolgen.

Geraubte Küsse

16

Dem Kontrast und dem Parallelismus der Motive, der Spiegelung einzelner Ebenen der Erzählung aneinander, entspricht Truffauts Verwendung des Schnitts als dramaturgisches Mittel zur Herstellung überraschender Verbindungen, wobei seine Vorliebe den Ellipsen, dem Überspringen mehr oder weniger großer Komplexe des Geschehens gilt. In der häufigen Aussparung ganzer Zwischenglieder scheint sich auszudrücken, daß Truffaut nicht so sehr an den Motiven selbst als vielmehr an der Art ihrer Entwicklung, an ihrer dramaturgischen Weiterführung interessiert ist. Vielleicht trifft das nicht auf alle Filme in gleicher Weise zu. Immerhin hat Truffaut gesagt: »Nicht das Sujet ist wichtig, sondern die Art und Weise, wie es behandelt wird.« Eines der auffälligsten Beispiele: in DIE BRAUT TRUG SCHWARZ steht Jeanne Moreau am Grab eines ihrer Opfer. Plötzlich wird ihr der Schleier abgerissen, sie ist entlarvt. Es folgt ein Schnitt, und man sieht einen Polizisten, der vor der Tür einer Zelle auf- und abgeht. Ähnlich ist das Ende von JULES UND JIM (der ganz und gar auf dem Prinzip der Ellipse aufgebaut ist): man sieht, wie Catherine und Jim im Auto auf die Brückenruine zufahren (in einer Montagefolge, die abwechselnd Einstellungen von außen auf das Auto und aus dem Innern des Autos zeigt). Das Auto stürzt in den Fluß; die Wasseroberfläche bewegt sich, die Kamera zeigt Schilfhalme, und dann, nach einer Überblendung (hier anstelle des Schnitts verwendet), sieht man das Innere eines Krematoriums, in dem die Särge von Catherine und Jim in einen Verbrennungsofen geschoben werden. Darauf folgt wieder eine Ellipse: in der nächsten Einstellung werden Asche und Knochenreste in zwei Urnen gefüllt.
Diese Art, Situationen einander gegenüberzustellen, ist eine Variante des Kontrastmotivs, das in den Filmen Truffauts eine zentrale Rolle spielt. Aus der Vorliebe für paradoxe Gegenüberstellungen resultiert die Ironie der Filme. Ein Phänomen, ein Vorgang wird niemals in festen Konturen gezeigt, sondern in eine Folge von kontrastierenden Teilansichten aufgelöst. Die Objekte, auch Gefühle und psychologische Beziehungen, erscheinen niemals stabil, sondern sind immer einer zeitlichen Fluktuation unterworfen. Eine Erscheinungsform solcher Beziehungen existiert immer nur im Hinblick auf die nächste, welche die vorangehende verändert oder gar aufhebt.
Eine andere Funktion besitzt die Montage in der SÜSSEN

HAUT. Der Anfang des Films beschreibt den übereilten Aufbruch des Schriftstellers Lachenay zum Flughafen Orly. Er möchte sein Flugzeug nach Lissabon noch bekommen, wo er einen Vortrag über Balzac halten soll. Mit einem Freund und seiner Tochter stürzt er aus der Wohnung, springt ins Auto und rast los. Dieser Auftakt ist in eine Vielzahl kurzer Einstellungen unterteilt. Großaufnahmen von Händen, die den Ganghebel des Autos bedienen, spielen dabei die Rolle eines Leitmotivs (wie überhaupt Hände in diesem Film immer wieder vorkommen). Die Montagefolge, die immer nur kurze Handlungsabschnitte zeigt und Zwischenphasen des Geschehens überspringt, etabliert sofort ein Klima der Unruhe, der Eile und Hetze, das den ganzen Film hindurch anhält. Lachenay ist immerzu auf der Flucht, meistens vor seinen Verpflichtungen, die er oberflächlich und halbherzig erfüllt, wie auch sein Verhältnis zu seiner Frau und zu seiner Geliebten oberflächlich und halbherzig ist. Lachenay wagt nicht, Nicole, seine Geliebte, den Veranstaltern seines Vortrags vorzustellen, die für ihn ein Essen arrangiert haben; mit einem aufdringlichen Bekannten sitzt er in einem Café, während draußen Nicole von einem Unbekannten belästigt wird. Das Gefühl für die Unmöglichkeit und das Alptraumhafte dieser Situation wird glänzend vermittelt durch eine Montagefolge kurzer Einstellungen auf Nicole und auf Lachenay im Café, die Nervosität, Ohnmacht und schlechtes Gewissen auf Seiten von Pierre suggeriert. Die Verwendung der Montage im Zusammenwirken mit Ellipsen, tiefenscharfen Einstellungen und Kamerabewegungen evoziert dieses Grundgefühl von ständiger Eile, ständiger Flucht vor Verpflichtungen, von Oberflächlichkeit und Ohnmacht mit seltener Eindringlichkeit; dabei wird der kritische Blick auf die Personen aber nie verstellt, sondern im Gegenteil systematisch entwickelt.

Das, was man die Sensibilität Truffauts genannt hat, der Eindruck von Leichtigkeit der Erzählung (nicht gleichzusetzen mit Oberflächlichkeit), der Anschein von Spontaneität der Handlungsführung – diese Merkmale der Filme Truffauts resultieren aus seiner Anwendung der formalen Mittel. Im Grunde der linearen Erzählweise verhaftet, löst er diese auf in tausend Facetten und Spiegelungen. Jeder Augenblick bringt die Antithese des vorangegangenen. Eine generelle Instabilität des psychologischen und moralischen Gefüges der Filme ist die Folge.

Diese aber wendet Truffaut ins Thematische. Er zeigt instabile
Helden, die entweder ihre Schwierigkeiten mit dem Erwach-
senwerden haben (die Antoine Doinel-Serie: SIE KÜSSTEN
UND SIE SCHLUGEN IHN, die Episode ANTOINE UND
COLETTE, GERAUBTE KÜSSE und TISCH UND BETT)
oder aber ihre Ideale nicht mit der Wirklichkeit in Übereinstimmung bringen können (ZWEI MÄDCHEN AUS
WALES). Niemals jedoch ist der Gang der Filme von vorn-
herein festgelegt, niemals zeigen die Personen festgelegte
Reaktionsweisen. Die Perspektive der Filme ist offen, die
Schlußfolgerungen, die man aus ihnen ziehen kann, sind niemals eindeutig. Der Zuschauer kann selbst in ihnen Entdek-
kungen anstellen; er wird mehr dazu angehalten, die Personen
zu verstehen, als sich mit ihnen zu identifizieren. Was Truffauts
Filme ausstrahlen, ist die Freude an dieser Facettierung der
Wirklichkeit, das Vergnügen an der Entfaltung der Widersprüche.
Seine Filme reflektieren schließlich in hohem Maße das Vergnügen an der Filmarbeit selbst (auch darin sind sie mit den

Filmen Jean Renoirs verwandt). Truffaut hat ein intensives, affektives Verhältnis zum Filmmedium, das auf Kindheits- und Jugenderlebnisse zurückgeht, auf seinen Mentor André Bazin, den 1958 verstorbenen Kritiker und geistigen Vater der *Nouvelle Vague,* auf Truffauts Erfahrungen in der *Cinémathèque Française* und auf seine langjährige Tätigkeit als Kritiker. Seine Filme sind randvoll aufgeladen mit filmischen Erfahrungen und Anspielungen, mit Hinweisen und Zitaten. Ein Beispiel dafür liefert die bewußte Übernahme einer Szene aus Jean Vigos Klassiker *Zéro de conduite* (*Betragen ungenügend.* 1933) in SIE KÜSSTEN UND SIE SCHLUGEN IHN, als – von der Kamera aus der Vogelperspektive aufgenommen – die Schüler bei einem Spaziergang mit dem Lehrer nacheinander in verschiedene Richtungen verschwinden. Sehr häufig ist bei Truffaut die Verwendung von Namen aus anderen Filmen. Der Held aus der SÜSSEN HAUT, Pierre Lachenay, trägt den gleichen Namen wie eine Person aus Renoirs *La Règle du jeu* (*Die Spielregel.* 1939); das Hotel in dem gleichen Film hat den Namen La Colinière – so heißt auch ein Schauplatz aus *La Règle du jeu.* Der Schuhhändler in GERAUBTE KÜSSE nennt sich Tabard – so hieß der Schüler aus *Zéro de conduite,* der seinem Lehrer das berühmte »Monsieur le professeur, je vous dis merde!« entgegenschleuderte. Kein Film Truffauts ist ohne derartige Anspielungen und Verweise; sie schlagen sich auch in den Widmungen einzelner Filme nieder.

Die Summe seines Verhältnisses zum Kino hat Truffaut in seinem bis heute letzten Film DIE AMERIKANISCHE NACHT ausgedrückt. Der Film ist eine Liebeserklärung an das traditionelle, aufwendige Kino-Machen im Hollywood-Stil. Truffaut zeigt die Dreharbeiten zu einem Film im Film (»Je vous présente Paméla«), einem Eifersuchts- und Rachedrama, das inmitten von riesigen Dekorationen abgedreht wird. Diese Dekorationen sah Truffaut bei den Montagearbeiten zu ZWEI MÄDCHEN AUS WALES in den Studios de la Victorine in Nizza – sie waren ursprünglich von einer amerikanischen Gesellschaft für den Film *The Mad Woman of Chaillot* (*Die Irre von Chaillot.* Bryan Forbes 1968) errichtet worden. Die Geschichte der Dreharbeiten zu dem imaginären Film »Paméla« ist voll von jenen Hindernissen, plötzlichen Zwischenfällen und unvermuteten Katastrophen, die bei jedem Film anzufallen pflegen; sie nötigen den Regisseur und das Filmteam zu ständiger Improvisation und zu fortwährendem Umdisponieren. Truffaut selbst spielt den Regisseur des Films im Film – und mußte dabei zwei parallel agierende Filmteams dirigieren, das im Bild sichtbare des imaginären Films und das hinter der Kamera befindliche eigentliche Team: eine ironische Variante des Motivs der Parallelhandlungen. Was ihn dabei zumal beschäftigt, ist das Verhältnis und sind die Interdependenzen zwischen Film und Leben; was ihn fasziniert, ist die Frage nach Wahrheit und Wahrhaftigkeit. So definiert denn DIE AMERIKANISCHE NACHT vor allem die Alchimie, die notwendig ist, um den Anschein eines absolut glatten und geplanten Ablaufs, den ein fertiger Film erweckt, aus einem Chaos von Pannen und Zwischenfällen herauszufiltern. In dem gesprochenen Kommentar des Regisseurs, der den Film punktiert, bringt Truffaut ein nostalgisches Gefühl der Sehnsucht nach diesem Ideal des Filmemachens zum Ausdruck, einem Arbeitsstil, der wahrscheinlich, wie er melancholisch meint, zum Aussterben verurteilt ist.

Truffauts Auffassung von Wahrheit ist jeder dokumentarischen Methode, die das Leben in seinem »Rohzustand« abbilden möchte, entgegengesetzt; er hat selbst gesagt, daß er (wie Renoir) den Dokumentarfilm hasse. Für ihn verwirklicht Film vielmehr eine Osmose zwischen Realität und Fiktion, wie in jenen Momenten, da die Worte, die Julie auf dem Höhepunkt ihrer privaten Krise zu dem Regisseur sagt, zu Dialogen umgeschrieben werden, die sie in ihrer Rolle der Paméla dann wieder zu sprechen hat. Wirklichkeit wird zu einem Gebilde der Fantasie, zu einer fiktiven Konstruktion: darin, und in der Sichtbarmachung dieses Vorgangs, scheint sich für Truffaut das Wesen des Kinos zu erfüllen. Solche Zusammenhänge werden von ihm jedoch nicht zeigefingerhaft demonstriert, sondern sie ergeben sich scheinbar nebensächlich, spontan, und sie sind eingebettet, jedenfalls in der AMERIKANISCHEN NACHT, in eine Atmosphäre der Heiterkeit und Vergnüglichkeit.

Eng damit verbunden ist ein anderer thematischer Bereich, ein Spannungsfeld, das in allen Truffaut-Filmen präsent ist: die Spannung zwischen Kunst und Leben, Wirklichkeit und Fantasie, und das mit dieser Polarität verbundene Thema der Sprache, des Lernens, des Lesens und der Kommunikation. »Truffauts Filme gehorchen nicht der Trennung von Wirklichkeit und Traum oder Phantasie«, hat Enno Patalas geschrieben.[3]

Sie entwickeln sich aus der Interaktion von Wirklichkeit und Traum, Realität und Ideal. Das ist schon daran zu erkennen, wie bestimmte optische Motive, die im Kontext einer realistischen Erzählung stehen, unversehens eine märchenhafte Färbung erhalten, die sie als Gebilde der Imagination oder der subjektiven Erinnerung kennzeichnet: etwa das Haus im Schnee in SCHIESSEN SIE AUF DEN PIANISTEN, aus dessen Schornstein Rauch aufsteigt (ein wahres Märchenhaus). Der Hof zwischen Hinterhäusern in TISCH UND BETT wirkt nicht wie ein realer Hof, sondern wie eine Synthese ähnlicher Höfe aus französischen Vorkriegsfilmen (zum Beispiel aus Jean Renoirs *Le Crime de Monsieur Lange,* 1935). In ZWEI MÄDCHEN AUS WALES gleichen die Bilder oft Gemälden. Gemälde selbst spielen in Filmen Truffauts eine Rolle, so die frühen Picassos in vielen Szenen aus JULES UND JIM.

Andererseits aber stehen auch die Personen in einem Spannungsfeld von Wirklichkeit und Illusion. Sie leben oft in Bereichen irrealer Vorstellungen, sind Träumer oder Schwärmer, die sich an Idealen orientieren möchten, die wiederum mit der Wirklichkeit nicht in Übereinstimmung stehen. Die Funktion der eingeblendeten Dokumentar- und Wochenschauszenen aus dem 1. Weltkrieg und von der nazistischen Bücherverbrennung in JULES UND JIM besteht sicher darin, den Personen des Films und mehr noch dem Zuschauer bewußt zu machen, welche Entfernung zwischen den Ereignissen der politischen Realität und jener Zone idealistischer Gefühle herrscht, in der sich die Protagonisten vorzugsweise bewegen (falls man die Funktion der Szene der Bücherverbrennung nicht in einer Vorwegnahme des Motivs aus FAHRENHEIT 451 sehen will). Besonders deutlich ist das Leben der Personen in Richtung auf eine Utopie oder ein idealistisches Glaubensbekenntnis in ZWEI MÄDCHEN AUS WALES UND DIE LIEBE ZUM KONTINENT fixiert (einem Film, der wie JULES UND JIM ebenfalls nach einem Roman von Henri-Pierre Roché gedreht wurde und mit JULES UND JIM in vieler Hinsicht vergleichbar ist, angefangen mit der Personenkonstellation). Anne, eine der beiden Schwestern, zieht sich zunächst von Claude zugunsten von Muriel zurück; später weigert sie sich, die Beziehung zu Claude fortzusetzen, im Namen einer Theorie der freien Liebe, die Claude ihr eingeimpft hat. Muriel verzichtet selbst auf das Glück mit Claude, da sie an eine Theorie der absoluten Liebe

Jules und Jim

Zwei Mädchen aus Wales und die Liebe zum Kontinent

und puritanischen Reinheit glaubt, der sie selbst nicht gerecht werden kann; und Claude selbst zieht sich, nachdem die Trennungszeit erst halb vergangen ist, von Muriel zurück und beruft sich in einem Brief an sie auf gerade in Mode stehende Theorien. So sind ihre Ideale den drei Protagonisten bei der Realisierung ihres Glücks jeweils im Wege.

In ironischer Brechung taucht das Motiv der Fixierung an ein Ideal in TISCH UND BETT auf, wenn Antoine Doinel Blumen färbt und unentwegt auf der Suche nach einem idealen Rot für diese Färbung ist, das er natürlich nie findet. Jean-Paul Belmondo ist im GEHEIMNIS DER FALSCHEN BRAUT durch einen *amour fou* mit Catherine Deneuve, der Heldin des Films verbunden; er nimmt ebenfalls auf die Realität keine Rücksicht und sagt noch, als er von Catherine Deneuve vergiftet wird, er bereue nichts. Der Soziologe aus EIN SCHÖNES MÄDCHEN WIE ICH erleidet mit seinen idealistischen Vorstellungen an der Wirklichkeit Schiffbruch: nicht nur werden seine apologetischen Deutungen des Lebensberichts von Bernadette Lafont unausgesetzt von den Umständen und Personen

Ein schönes Mädchen wie ich

dementiert, sondern er selbst wird schließlich das Opfer der bislang von ihm Angebeteten und muß an ihrer Stelle ins Gefängnis, wo sie ihn sitzen läßt, mit der ironischen Empfehlung, er solle doch über seine Erfahrungen einen weiteren Bericht schreiben, dann habe der Gefängnisaufenthalt zu etwas genützt. Auch der Wissenschaftler Jean Itard aus DER WOLFSJUNGE ist ein Idealist, der an die Möglichkeit glaubt, ein Naturwesen an die Gesetze der Zivilisation zu gewöhnen. Der Film beschreibt seinen Kampf mit der Realität (dem Jungen) um sein Ideal (die Möglichkeit einer Zivilisierung). In diesem Kampf erzielt er Erfolge und Mißerfolge. Die Intelligenz des Jungen wird geweckt und entwickelt; aber der große Erfolg, den Jungen auch sprechen zu lehren, bleibt Itard (bis auf winzige Ansätze) versagt. Immerhin kehrt der Junge, nachdem er einmal von Itard weggelaufen ist, am Schluß wieder zu ihm zurück.

Die Spannung zwischen Wirklichkeit und Fantasie, Realität und Ideal in den Filmen Truffauts ist auch die zwischen Kunst und Leben, zwischen Leben und Literatur. Bücher spielen bei Truffaut häufig eine zentrale Rolle (ebenso wie Zitate oder Inschriften) – angefangen mit SIE KÜSSTEN UND SIE SCHLUGEN IHN, wo der kleine Antoine in einer Zimmerecke Balzac einen Altar errichtet (den er versehentlich in Brand steckt) und dann einen Balzac-Text als Schulaufsatz abgibt, ohne das als eine »Verfehlung« anzusehen. Jules und Jim sind Schriftsteller und Journalisten, ebenso die Protagonisten aus DIE SÜSSE HAUT und ZWEI MÄDCHEN AUS WALES. Der Antoine Doinel aus GERAUBTE KÜSSE ist zur Armee gegangen, weil er das Buch *Glanz und Elend des Militärs* von Alfred de Vigny gelesen hat (freilich wurde er dann von der Realität enttäuscht und verließ die Armee wieder); in TISCH UND BETT hat er ein Kind bekommen, das er zum Schriftsteller ausbilden lassen möchte, und von ihm selbst heißt es, daß er einen Roman aus seinem Leben zu schreiben beginnt (ebenso wie Claude in ZWEI MÄDCHEN AUS WALES). FAHRENHEIT 451, ein utopischer Film über eine Zivilisation, die jegliche Bücher verbrennt (zugunsten allein noch erlaubter audiovisueller Medien!), mündet in ein ergreifendes, wenn auch von Skepsis getragenes Bekenntnis für die Literatur – in der Szene der »Buchmenschen« im Wald, wo jeder der exilierten Literaturliebhaber ein Buch auswendig gelernt hat und dieses nun bis an sein Lebensende »verkörpert«. Freilich ist dies zugleich eine Vision äußerster Entfremdung der Literatur – und durch Literatur.

Für viele dieser Truffaut-Helden, die der Literatur ergeben sind, läßt sich sagen, daß sie leben, um zu schreiben, und daß das Schreiben für sie Lebens-Ersatz ist. Truffaut selbst hat erklärt: »Film-Bücher, Bücher-Filme, das ist das Räderwerk meines Lebens, denn meine doppelte Liebe zu den Büchern und den Filmen hat mich dazu gebracht, JULES UND JIM zu drehen, die Hommage auf ein besonderes Buch, und FAHRENHEIT 451, der sie alle umfaßt.«[4] Die Beschäftigung mit der Literatur hat in den Filmen Truffauts immer etwas damit zu tun, daß der Kontakt seiner Personen zur Realität in irgendeiner Weise gestört ist – sei es, daß der kleine Antoine (der für Balzac schwärmt) in SIE KÜSSTEN UND SIE SCHLUGEN IHN ein Leben äußerster Frustration führen muß; daß der Literat aus DIE SÜSSE HAUT einen veräußerlichten und entfremdeten Literaturbetrieb geradezu exemplarisch verkörpert, der auch in allen anderen Bereichen für ihn ein Filter vor die Wirklichkeit setzt; sei es, daß Claude in ZWEI MÄDCHEN AUS WALES die Literatur als abstraktes System von Ideen und Maximen betrachtet. Antoine Doinel aus GERAUBTE KÜSSE und TISCH UND BETT sowie der Soziologe aus EIN SCHÖNES MÄDCHEN WIE ICH sind der Wirklichkeit ganz offenbar nicht angepaßt.

Letzten Endes ist Truffauts Auffassung des Kinos mit der der Literatur kongruent: auch das Kino bedeutet für ihn eine eigene Realität der Träume, der Phantasie und der Irrealität. Allerdings gibt es einen Unterschied zwischen Literatur und Film. Die Beschäftigung mit Literatur erscheint bei Truffaut als Fetischismus, als Ersatz für etwas anderes, als eine Tätigkeit, die denjenigen, der sie ausübt, in die Irre führt, ihn in der Realität jedenfalls nicht orientiert. Die Arbeit für den Film dagegen ist eine Tätigkeit, die ihr Ethos in sich selbst trägt und von der, wer an ihr teilhat, auf keinen Fall zu lassen bereit ist. Filmarbeit trägt Züge manischer Besessenheit, wie sie, ironisch genug, in der Gestalt des neunjährigen Filmers aus EIN SCHÖNES MÄDCHEN WIE ICH zum Ausdruck kommt, der seine Aufnahmen, obwohl sie dringend benötigt werden, nicht zeigen will, weil sie ja noch nicht montiert sind. Nach Truffauts Auffassung ist das Kino aktivistischer als die Literatur; die Filmarbeit wird als ein dynamischer Prozeß gezeigt, der den ganzen Menschen ergreift und mit sich fortreißt, während die Beschäftigung mit der Literatur (selbst wenn ihr am Ende von FAHRENHEIT 451 ein Denkmal gesetzt wird) etwas Parasitäres zu haben scheint, sie ist ein Luxus, den die Protagonisten sich leisten. Man könnte auch sagen, daß das Bild der Literatur und überhaupt der Bücher-Kultur, wie es bei Truffaut erscheint, etwas Resignatives, Rückwärtsgewandtes hat.

Dem Thema von Kunst und Leben korrespondiert bei Truffaut das Thema der Sprache und der Kommunikation. Es fällt auf, daß Truffauts Helden oft Schwierigkeiten haben, sich ihrer Umwelt verständlich zu machen, sich mitzuteilen. Psychologische Probleme zwischen den Gestalten Truffauts sind vielfach solche der Sprache. Sowohl JULES UND JIM als auch ZWEI MÄDCHEN AUS WALES schildern Freundschafts- und Liebesbeziehungen zwischen Personen verschiedener Sprache und Nationalität. Jules, der österreichischer Abstammung ist, zitiert in seiner Muttersprache aus Goethes Gedicht »Rastlose Liebe« (auch die *Wahlverwandtschaften* spielen in diesem Film eine Rolle) und liest laut einen Brief, den er auf deutsch an Catherine verfaßt hat (ansonsten scheinen die Sprachunterschiede in JULES UND JIM jedoch nur eine ephemere Rolle zu spielen). Größer sind die Schwierigkeiten der Kommunikation zwischen den englischen Mädchen und dem französischen Protagonisten in ZWEI MÄDCHEN AUS WALES. Einige Dialogteile des Films sind in Englisch gehalten und französisch untertitelt – zum Beispiel die Gespräche der Schwestern untereinander. Unmittelbare sprachliche Mißverständnisse treten zwischen Claude und den Schwestern zwar nicht auf, da letztere frankophil erzogen wurden und fließend französisch parlieren; die Tatsache aber, daß im Film teilweise Englisch gesprochen wird, trägt dazu bei, daß der Zuschauer die Schwestern als einem anderen Kulturkreis zugehörig identifiziert und ihre Dialoge untereinander in anderer Weise aufnimmt als jene Dialoge, die sie mit Claude führen. Auch gibt die Deutung bestimmter französischer Ausdrücke (so des Wortes »copain«) gelegentlich das Thema ihrer Konversationen ab. Man kann sagen, daß die Zweisprachigkeit in diesem Film eine Dualität der Wahrnehmungsebenen ergibt.

Das Thema der Sprache und der Kommunikation spielt auch eine Rolle in TISCH UND BETT: Antoine Doinel zitiert englische Lesebuchsätze, um seine Sprachkenntnisse unter Beweis zu stellen; andererseits sinkt die Kommunikation mit der Japanerin auf den Nullpunkt, als die sprachlichen Verständigungsmittel zwischen den beiden versagen. Ohne Sprache, so scheint eine These Truffauts zu lauten, kann es auch keine affektiven Beziehungen geben. Diese These ist der dramaturgische Kern des Films DER WOLFSJUNGE, der in vielen dialektischen Schritten ein System der Kommunikation von den Anfangsgründen bis zu differenzierten Formen der Mitteilung aufbaut. Ist FAHRENHEIT 451 ein Plädoyer für die Literatur, so kann man den WOLFSJUNGEN als ein Plädoyer für die Sprache betrachten. Der Film besteht aus zwei parallel zueinander erzählten Dramen. Da ist einmal die Entwicklung eines Kommunikationssystems, die Darstellung eines didaktischen Prozesses, den man fasziniert verfolgt, weil er von Unsicherheit bedroht ist, Schritt für Schritt neu entwickelt werden muß und von der Reflexion über das Wesen und die Grundstrukturen von Kommunikation vorangetrieben wird; zum anderen aber ist der Film auch das Drama des Dr. Itard, eines Wissenschaftlers, der seine aufklärerischen Thesen an einem fundamentalen Experiment bestätigt sehen will: ob eine Erziehung des Auges, des Ohrs, der Sinne und der Intelligenz möglich ist, eine Erziehung, die die Eingliederung eines Menschen in die Zivilisation zum Ziele hat. Daß ein solcher Zivilisationsprozeß an sich sinnvoll ist, gehört zu den Postulaten, von denen Itard ausgeht.

Truffaut hat sich dafür entschieden, die Rolle des Itard selbst zu spielen, weil er sich durch diese Rolle in besonderem Maße betroffen fühlte; vielleicht sah er hier, wie schon in SIE KÜSSTEN UND SIE SCHLUGEN IHN, die gleiche autobiografische Grundsituation eines Kindes, das unter immensen Frustrationen leidet und von der Gesellschaft ausgestoßen wird (auf diese Verbindungslinie weist auch das Motiv der Einkerkerung hin, das sich sowohl in SIE KÜSSTEN UND SIE SCHLUGEN IHN als auch im WOLFSJUNGEN findet). Offenbar hat für ihn die Situation des Itard gegenüber dem Jungen etwas Analoges zu der des Filmregisseurs gegenüber seinen Darstellern und dem Team, denn Truffaut hat über die Arbeit an diesem Film gesagt: »Ich habe nicht den Eindruck, eine Rolle gespielt, sondern den Film *vor* der Kamera, statt wie

Sie küßten und sie schlugen ihn

28

sonst üblich *hinter* der Kamera dirigiert zu haben.«[5] Besonders faszinierend sind einige didaktische Passagen des Films, wenn Itard dem Jungen durch Zeichnungen an einer Tafel die Identität von Objekten, Bildern und Worten begreiflich macht. Hier findet eine besonders enge Fusion von Thematik und filmischen Darstellungsmethoden (Montage zwischen den Objekten und den mit ihnen korrespondierenden Bildern bzw. Wortzeichen) statt. Es läßt sich überhaupt feststellen, daß Dramaturgie und Kameraarbeit auf das Genaueste der didaktischen Entwicklung des Films angepaßt sind: die geometrischen Räume des Hauses entsprechen dem Vorstellungssystem, das Itard dem Jungen vermittelt, Schnitt und Montage sind auf den Kommentar (der die reflektive Ebene des Films herstellt) und den Fortgang der Experimente eingestellt, akzentuieren ihre Dramatik, während die emotionale Ebene des Films vornehmlich durch die Kamerabewegung und durch die Bildkompositionen entsteht.

Im Gesamtwerk Truffauts ist DER WOLFSJUNGE sicherlich einer der wichtigsten Filme. Daß er über die weitere Entwicklung des Jungen (der bis zum Alter von vierzig Jahren bei seiner Pflegerin lebte) nichts mitteilt, darf man dem Film nicht zum Vorwurf machen, genausowenig wie man Eisenstein vorhalten kann, er habe in *Panzerkreuzer Potemkin* nicht gezeigt, wie die »Potemkin« sich schließlich in den Hafen von Constanza flüchtet. Eisenstein wie Truffaut kam es auf eine bestimmte Beweisführung anhand des authentischen Materials der Wirklichkeit an. Truffaut wollte zeigen, daß der Mensch durch Kommunikation und Sprache verändert und entwickelt werden kann, daß die Möglichkeit besteht, einem ungeformten Wesen Anfangsgründe der Kultur nahezubringen. Hinter dem Film zeichnet sich so etwas wie ein Plädoyer, ein Glaubensbekenntnis ab: ein Plädoyer für das Engagement, für die Parteinahme zugunsten eines Menschen. Nicht von ungefähr schließlich ist der WOLFSJUNGE Jean-Pierre Léaud gewidmet, der in mehreren Filmen die Rolle des Antoine Doinel spielte und in diesen einen fortlaufenden Emanzipations- und Lernprozeß durchmachte, wobei Truffaut ihn mit unverhohlener Sympathie zeichnete. DER WOLFSJUNGE bekennt sich zur Bereicherung des Menschen durch das Erlernen von Sprache und Kultur; dabei geht es Truffaut allerdings mehr um den Prozeß als um das Resultat des Lernens.

Damit ist auch die Bedeutung bezeichnet, die man Truffauts

Werk im Kontext des französischen Films und des modernen Kinos überhaupt zuschreiben möchte. Truffauts Filme haben ihren Platz im System des kommerziellen Kinos. Sie sind berechnet auf ein breites Publikum, sind weder esoterisch noch politisch militant, operieren mit bekannten Darstellern und besitzen »unterhaltende« Qualitäten, und sie halten sich (jedenfalls zum Teil) im Rahmen bekannter Genres, der Komödie, des Kriminalfilms oder des Abenteuerfilms. Trotzdem sind sie geprägt von Tradition, Bewußtsein und Kultur. Sie sind differenzierte, feingeschliffene und ironische Gebilde. Sie lenken den Blick des Zuschauers auf menschliche Schwächen, Paradoxien und Widersprüche. Zu diesen Eigenschaften steht das »Unterhaltende« nicht etwa im Gegensatz, so als ob neben den »ernsthaften« Themen als Konzession ein bestimmter Rückgriff auf konventionelle Kino-Klischees geduldet würde. Vielmehr sind Truffauts Filme unterhaltend, gerade indem sie den Zuschauer nicht naiv, sondern indirekt, schrittweise und dialektisch in ihr Geschehen involvieren, indem sie die Widersprüchlichkeit von Erscheinung und Wesen einer Sache oder einer Person zum Ausdruck bringen. Die besten unter ihnen sind im Brechtschen Sinne vergnüglich – denn sie halten den Zuschauer zur Reflexion an.

Truffaut bringt es fertig, spröde literarische Stoffe (ZWEI MÄDCHEN AUS WALES) oder turbulente Komödien (GERAUBTE KÜSSE) mit einem so abgestimmten Instrumentarium kinematografischer Ausdrucksmittel zu behandeln, daß beim Zuschauer die vielfältigsten Resonanzen ausgelöst werden. Seine Filme haben all das assimiliert, was die Geschichte des Kinos seit 1895 an Stilformen hervorgebracht hat, und sie verarbeiten es auf selbständige Weise, unauffällig, gleichsam zwischen den Zeilen. Sie sprechen den Zuschauer als ein erwachsenes Wesen mit ästhetischem Unterscheidungsvermögen an. Sie mögen ihn an einen gewissen Standard von Präzision, Raffinesse, psychologischem Takt und Ironie gewöhnen, kurz, an eine Art von Kino-Kultur, hinter die zurückzufallen sich andere Werke nicht mehr erlauben dürften. Es ist die besondere Leistung der Filme von François Truffaut, daß sie die Grenzen zwischen dem industriellen oder Konsum-Kino und einem elitären Autorenkino aufzubrechen vermögen. Wenn es Truffaut gelingt, innerhalb dieses Kinos breiter Publikumsresonanz ästhetische Maßstäbe langsam heraufzuschrauben,

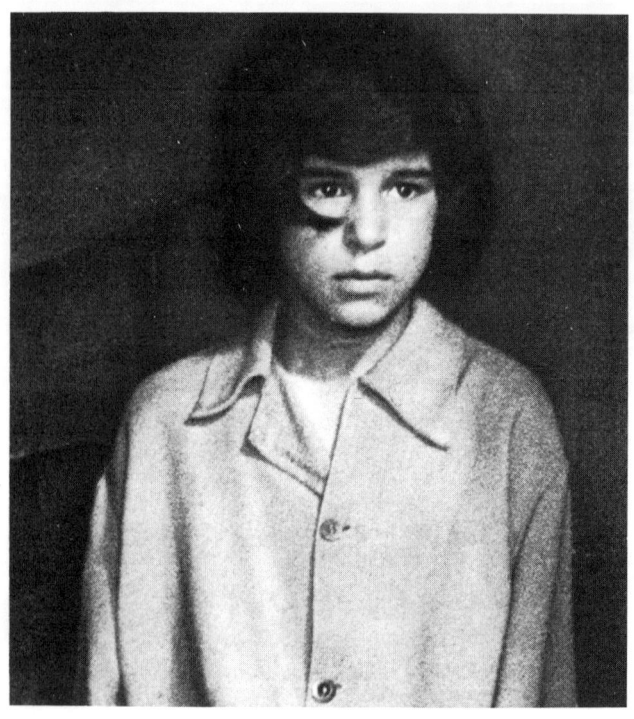

Der Wolfsjunge

dann könnte sein Werk eine erzieherische Funktion ähnlich
den Bemühungen des Dr. Itard ausüben. Diese Chance steht
dem Werk Truffauts wie dem kaum eines anderen modernen
Regisseurs offen.

Postskriptum nach dem Betrachten von vier Filmen Truffauts.

Zunächst einmal fällt wieder die große stilistische und thematische Unterschiedlichkeit der Filme auf. Wie auf ein einziges
Motiv, das der Obsession gegenüber den Toten, reduziert
wirkt DAS GRÜNE ZIMMER, ein strenger, geschlossener
Film; in tausend Facetten, Verweise und Spiegelungen löst
sich dagegen LIEBE AUF DER FLUCHT auf (ein Film, der

die unterhaltende Linie der Doinel-Serie fortsetzt und Truffaut-Fans dazu herausfordert, die verschiedenen Zitate aus früheren Filmen des Regisseurs zu identifizieren). DIE LETZTE METRO ist eine historische Evokation (ein pariser Theater während der Okkupationszeit), DIE FRAU NEBENAN die Geschichte einer fatalen Liebe. Alle diese Filme enthalten natürlich mehr als das jeweils bezeichnete Hauptthema, sie haben Nebenstränge der Erzählung und versteckte Bedeutungen. Dennoch hebt sich eigentlich nur DAS GRÜNE ZIMMER wirklich heraus aus einem soliden, differenzierten, aber von Truffauts früheren Filmen her durchaus bekannten Hauptstrom des filmischen Erzählens, der im Grunde so etwas ergibt wie eine neue Variante jener »Tradition der Qualität«, die die Nouvelle Vague in ihrer Anfangszeit bekämpfte.

Im GRÜNEN ZIMMER entwirft Truffaut (als Regisseur und als Darsteller der Hauptrolle) das Porträt eines Menschen, der sich von der Welt zurückzieht, um nur einer Passion, einer fixen Idee, einer Obsession zu leben. Er hat den Verlust seiner Frau nicht überwunden und geht nun ganz und gar in der Erinnerung an die Verstorbene auf, der er ein eigenes Zimmer geweiht hat; seine Haltung zur Welt und zu den anderen Menschen ist schroff, abweisend, er erwartet von ihnen den gleichen Rigorismus, wie er selbst ihn praktiziert. Dieses Leben auf ein Ideal, eine fixe Idee hin verbindet den Helden mit anderen Truffaut-Figuren, beispielsweise mit Adèle H. Es ist dies in der Sicht Truffauts ein filmisches Sujet par excellence; das Sich-Verstricken in einer Obsession, das Aufgehen im Imaginären spiegelt die Eigenschaften des Kinos selber und mag das Verhalten jener kennzeichnen – in der extremen Zuspitzung –, die dem Filmmedium verfallen sind, in ihm einen Realitätsersatz sehen. Fotografien spielen eine interessante Rolle; der Held sammelt makabre Horror-Fotos aus dem ersten Weltkrieg, die ihn in seiner pazifistischen Einstellung, aber auch in seinem Rückzug von der Welt bestärken (auch diese Fotos stehen in ihrem Doppelcharakter von Ausschnitt aus der Realität und Bezugspunkt des Imaginären gleichnishaft für die Eigenschaften, die das Filmmedium selbst besitzt). Wiederum wirkt der Tempel mit den brennenden Kerzen und den Porträts verstorbener Freunde, den der Held sich errichtet, wie ein Filmzitat aus Fritz Langs Stummfilm *Der müde*

Tod. Noch zahlreiche andere Motive gibt es in diesem Film, die auf frühere Werke Truffauts verweisen (zum Beispiel die Person des taubstummen Jungen); der Film beschreibt die Schwierigkeiten eines Kommunikationsprozesses, auch ein klassisches Truffaut-Thema... Was den Film jedoch auszeichnet, ihm seine Kraft, Schärfe und Eindringlichkeit gibt, das ist die eigenartige Verschmelzung von Leidenschaftlichkeit und Strenge; die Umsetzung der inneren Verfassung, in der der Held sich befindet, in den schauspielerischen Gestus und in eine betonte Kürze, Lakonik der Szenenfolge, ein Abschneiden von Entwicklungen in der Montage, so als ob der Film sich selbst die störrische Ungeduld und Schroffheit seines Helden zu eigen mache. Bemerkenswert ist auch die Verwendung von Räumen, um innere Zustände auszudrücken (das Haus, in dem der Protagonist lebt, die Räume in der Provinzzeitung, Treppenhäuser, der abgeschlossene Raum eines Friedhofs, schließlich das »grüne Zimmer« selbst). Der Film wirkt wie der Ausdruck einer starken, unerfüllten Sehnsucht – eines amour fou, dessen Gegenstand jedoch bereits im Imaginären liegt.

LIEBE AUF DER FLUCHT ist wie ein Puzzle angelegt, das der Zuschauer zusammensetzen muß, und bringt das Puzzle-Motiv auch selbst in den Film ein, insofern der Held Antoine Doinel (es ist der 5. Abschnitt im Leben des Antoine Doinel) sich das Bild einer Frau, die zu seiner neuen Freundin werden wird, erst detektivisch zusammensetzen muß. DIE LETZTE METRO malt zugleich mit der Okkupationszeit die Atmosphäre von Angst, Verstellung und allseitigem Mißtrauen aus. Truffaut hat in einem Interview von seinem besonderen Interesse für die Okkupationszeit gesprochen[6]. Daneben ist dies aber auch ein Film über das Schauspiel, den künstlerischen Schaffensprozeß (darin in gewisser Weise vergleichbar mit der AMERIKANISCHEN NACHT), über das Eingeschlossensein (der Theaterdirektor, der sich verstecken muß), die Obsession (der Theaterdirektor verfolgt in seinem Versteck jede Einzelheit der Vorbereitungen eines neuen Stückes), über das Verhältnis von Fiktion und Wirklichkeit.

In der FRAU NEBENAN werden zwei Menschen, die in absolut »durchschnittlichen« Verhältnissen leben, plötzlich in

eine heftige Leidenschaft hineingerissen. Stück für Stück entschleiert der Film die Vorgeschichte der beiden (die sich schon einmal kannten, dann aber andere Beziehungen eingingen). Welche Abgründe sich hier auftun, welche Gefahren und Leidenschaften im Spiel sind, macht Truffaut wiederum auf filmisch höchst faszinierende Weise durch Architektur, Räume, Distanzen, Umwelt bewußt, sowie durch die Dramaturgie, das Gehetzte im Schnitt und im Spiel der Darsteller. Eine truffautsche Brechung oder Spiegelung wird durch die Figur der Madame Jouve erzeugt, einer Platzwärterin des Tennisclubs und Wirtin, deren Verhalten kontrastiert zum Verhalten der Hauptfiguren: während diese sich ihrer Leidenschaft hingeben und dadurch auf eine Katastrophe zusteuern, die sie schließlich ereilt, weicht die gehbehinderte Madame Jouve (sie sprang früher einmal aus Verzweiflung aus dem Fenster) allen weiteren emotionalen Verwicklungen aus. Ihre Figur wirkt wie ein Prisma, in dem sich das Schicksal der Hauptfiguren bricht. Auch hier erweist sich wieder die raffinierte Konstruktion der Truffaut-Filme, ihre Mischung (oder besser Verklammerung) aus Beiläufigkeit und subtiler Dramaturgie.

Im Grunde gibt es in jedem einzelnen dieser vier Truffaut-Filme (und ebenso in seinen früheren) ein Element von Besessenheit, von amour fou, das sich entfaltet im dialektischen Zusammenspiel mit Historie und Umwelt (DAS GRÜNE ZIMMER, DIE LETZTE METRO) oder mit dramaturgischen Gegenmotiven (LIEBE AUF DER FLUCHT und DIE FRAU NEBENAN). Je reiner dieses Motiv zutagetritt, umso mehr befreien sich Truffauts Filme vom Ballast der schönen Erzählform, die sie ansonsten gelegentlich um ihrer selbst willen zu zelebrieren scheinen.

1 Graham Petrie: The Cinema of François Truffaut. London 1970. S. 22
2 Filmkritik. 1961. S. 36
3 Filmkritik. 1959. S. 310
4 François Truffaut: La nuit américaine. Scénario du film. Paris 1974. S. 9
5 François Truffaut: Comment j'ai tourné L'enfant sauvage, in: l'Avant-Scène, Nr. 107, Paris Oktober 1970. S. 9
6 s. S. 91 ff.

Interview 1

Von Peter Michel Ladiges

Mal abgesehen vom Kino, was machen Sie sonst so? Nichts. Früher betrachtete ich alles, was es sonst noch im Leben gibt, als Konkurrenz zum Kino. Ich konnte das Theater nicht leiden, weil es ein Konkurrent des Kinos war. Aber aus dem gleichen Grund fuhr ich auch nicht zum Wintersport, ich kann nicht Ski laufen, ich kann nicht schwimmen, ich kann überhaupt nichts. Ich würde zu keinem Rennen gehen, zu keinem Wettkampf, weil ich den Eindruck hätte, das Kino zu verraten. Ich würde nicht auf die Idee kommen, zur Jagd zu gehen oder zum Angeln oder was auch immer. Ich habe mich in dieser Hinsicht zwar etwas geändert mit der Zeit, ich bin toleranter geworden. Ich habe nichts mehr dagegen, wenn andere Leute zum Angeln gehen oder auf die Jagd oder Ski laufen, aber ich selbst nicht, nein, ich nicht. (Zitiert nach: *Aline Desjardins s'entretient avec François Truffaut*)

5 rue Robert Estienne, Paris 8e. Eine kleine Sackgasse hundert Meter von den Champs-Elysées entfernt, am Ende eine Mädchenschule. In der 1. Etage: *Les Films du Carrosse*. Zu Ehren Jean Renoirs. *Le carrosse d'or.* »Le film des films«, behauptet François Truffaut.
Wir gehen in sein Büro. Doppeltür, Doppelfenster, sehr gedämpft Pausengeräusche der Mädchenschule. Ein Raum mit einem Schreibtisch, ein paar Sitzgelegenheiten, überfüllt mit Büchern. Objekte aus den Filmen, die altertümliche Bibliotheksleiter, die Antoine Doinel eines Tages mit nach Hause bringt, die chinesische Vase aus FAHRENHEIT und aus der AMERIKANISCHEN NACHT.
Über seine Jugend, über seine Anfänge möchte er nicht sprechen. Auch nicht über Bazin. Diese Erinnerungen seien zu schmerzlich für ihn. Er habe das alles Aline Desjardins einmal

in Kanada in einem Gespräch erzählt, in Frankreich würde er über diese Dinge sowieso nicht sprechen, hier sei das Buch, ich könne es benutzen, fangen wir gleich mit den UNVER-SCHÄMTEN (LES MISTONS) an.

P. M. L.: Ich hatte LES MISTONS viel länger in Erinnerung als die Fassung, die ich gerade gesehen habe.

F. T.: Es gab eine längere Fassung, aber ich habe später den Film noch einmal neu geschnitten. Ich habe fünf bis sieben Minuten herausgenommen und habe mich stärker auf die Szenen mit den Kindern konzentriert. Ich habe vor allem die Dialoge des Liebespaars gekürzt. Sie waren von den Schauspielern sehr schlecht nachsynchronisiert worden.

Sie haben damals nicht mit Originalton gearbeitet?

Nein. Unser Geld reichte gerade für das Filmmaterial zum Drehen.

Es war der erste Film für Bernadette Lafont.

Ja.

Auch von SIE KÜSSTEN UND SIE SCHLUGEN IHN (LES 400 COUPS) gibt es zwei Fassungen, die sich in der Länge unterscheiden.

Ja. Aber es ist genau umgekehrt. In der neuen Fassung habe ich Szenen wiederaufgenommen, die ich in der ersten herausgeschnitten hatte. Die spätere Fassung ist fünf bis sechs Minuten länger.

Um was für einen Film handelte es sich bei UNE VISITE?

UNE VISITE ist mein erster Film. Es war ein Stummfilm auf 16 mm. Aber ich habe ihn nicht wie einen Stummfilm gedreht, das heißt als der Film fertig war, fehlte der Ton. Man sah die Personen miteinander sprechen, aber man hörte nicht, was sie sagten. Deshalb konnte man den Film auch nicht zeigen. Heute ist er verschwunden. Wir hatten nur eine Kopie, und keiner weiß, wo sie geblieben ist.

Es war ein kleiner Film in der Art bestimmter Komödien von Cukor. Also ganz das Gegenteil der 16-mm-Avantgardefilme, wie man sie damals machte. Es gab keine Toten, kein Blut, keinen Selbstmord. Das Bild war gestochen klar wie in den amerikanischen Filmkomödien. Jacques Rivette war mein Kameramann, und ich hatte ihn gebeten, die Aufnahmen in etwa so zu machen wie Cukor in seinen Komödien mit Judy Holliday, *It Should Happen to You* und ähnlichen Filmen.

In UNE VISITE spielte eine junge Frau mit, die jetzt Scriptgirl ist, Laura Mauri; ein junger Mann, heute ein bekannter Assistent bei großen Produktionen, Jean-José Richer, der auch Filmkritiker bei den *Cahiers du Cinéma* war; ein kleines Mädchen von fünf Jahren, die Tochter von Jacques Doniol-Valcroze; und noch ein junger Mann, der später Regieassistent bei SCHIESSEN SIE AUF DEN PIANISTEN wurde und der bei einem Autounfall ums Leben kam, Francis Cognany. Die Geschichte war etwas ganz Alltägliches. Cognany sucht ein Zimmer und kommt zu der jungen Frau, Laura Mauri, die ganz allein lebt und bei der er ein Zimmer mietet. Und gerade an diesem Tag bringt der Bruder der jungen Frau, der nicht sehr glücklich verheiratet ist, seine Tochter vorbei, damit seine Schwester einen Abend auf sie aufpaßt. Die drei verbringen dann zusammen den Abend. Es sind ganz alltägliche Situationen: man sieht sie gemeinsam abwaschen, die zwei Erwachsenen beschäftigen sich mit dem Kind, nichts besonderes ... Ich weiß gar nicht, warum ich das eigentlich gedreht habe ...

Eine Art Zufallsfamilie ...

Ja, so etwas. Und diese Zufallsfamilien sind ja meist besser als die richtigen.

Wie bei Antoine Doinel, der am Schluß der Episode aus LIEBE MIT ZWANZIG (L'AMOUR A VINGT ANS) *den Abend mit den Eltern seiner Freundin verbringt.*

Ja.

Diese frühen Filme von Ihnen, DIE UNVERSCHÄMTEN *und* SIE KÜSSTEN UND SIE SCHLUGEN IHN, *sind für mich viel schwerer zu erschließen als die späteren Filme.*

SIE KÜSSTEN UND SIE SCHLUGEN IHN war eine vollkommen eigene Geschichte, während DIE UNVERSCHÄMTEN nur die Bearbeitung einer fremden Geschichte war, einer Geschichte, die mir sehr fern liegt, für die ich gar nicht so richtig das Gespür hatte. Ich hatte damals die Idee, mehrere Episoden zu drehen, die von Kindern handelten. Aber wahrscheinlich war ich zu schüchtern und wagte nicht, mit Geschichten anzufangen, die ich ganz allein geschrieben hatte. Und da gab es eine Short story von Maurice Pons, die vor allem einen konkreten Vorteil hatte, es spielte sich nämlich alles draußen ab. Man brauchte keine künstliche Beleuchtung, abgesehen von der kleinen Szene im Kino.

Ich wohnte damals in Paris in einem kleinen Hotel und hatte dort Gérard Blain kennengelernt. Wir waren Freunde geworden, und unter den Geschichten, die mir zur Verfügung standen, gab es in dieser eine Rolle für ihn, und ich glaube, er hat mich gedrängt, diese dann auch zu drehen. Er hatte gerade eine junge Frau geheiratet, die machte Werbung für Pullis, ein Fotomodell – das war Bernadette Lafont –, und ich war einverstanden, auch mit ihr zu drehen. Dann sind wir auf den Privatbesitz der Eltern von Bernadette Lafont gezogen, im Departement Var. Ich kannte einen Kameramann, der in der Gegend dort lebte, ich kannte ihn durch Freunde, der hatte eine Kamera und alles Nötige, die Reflektoren für die Sonne und so weiter. Ich brauchte nur noch das Geld für das Filmmaterial, und das war nicht viel. Wir haben diesen Film also vor allem aus praktischen Gründen gedreht, und weil wir miteinander befreundet waren. Die fünf Jungen habe ich mir an Ort und Stelle gesucht, in Nîmes. Aber schon während wir drehten, habe ich gespürt, daß mich die Geschichte gar nicht recht interessierte: fünf Jungen, die ein Liebespaar verfolgen. Ich konnte mich in eine solche Geschichte nicht wirklich hineinversetzen. Andererseits hatte ich viel Vergnügen daran, mit den Jungen zu drehen. Also: es machte mir Spaß, mit Bernadette Lafont zu drehen, und unabhängig davon machte es mir Spaß, mit den Jungen zu drehen. Dabei blieb jeder Teil säuberlich für sich. Aber ab und zu mußte man doch zum Thema kommen, und das behagte mir gar nicht. Dennoch ließ sich aus dem gedrehten Material gut etwas machen, und ich habe den Film dann geschnitten. Er kam sogar recht gut an und hat schließlich sogar Geld eingebracht.

Ich war aber mit dem Film nicht zufrieden genug, um ihn als erste Episode eines Films über die Jugend zu nehmen. Deshalb habe ich eine andere Episode ausgewählt, die Geschichte eines Kindes, eines Jungen, der zur Schule gehen soll, der aber die

Sie küßten und sie schlugen ihn

Schule geschwänzt und sich Bücher aus der Stadtbücherei besorgt hatte und später nicht weiß, wie er sich ohne einen Ent-
schuldigungszettel in der Schule sehen lassen kann und deshalb
behauptet, seine Mutter sei gestorben. Diese Episode habe ich
dann ausgebaut und das ergab SIE KÜSSTEN UND SIE
SCHLUGEN IHN. Aber die ursprüngliche Idee war tatsächlich
ein Film aus verschiedenen Episoden über die Jugend und
Kindheit.

*Bei diesem Film sind Sie dann auf Jean-Pierre Léaud gestoßen.
Er war damals noch sehr jung, er war noch kein Schauspieler.*

Er war dreizehneinhalb Jahre alt. Er war allerdings schon in
kleineren Rollen als Schauspieler aufgetreten. Seine Mutter
war ebenfalls Schauspielerin. Sie heißt Jacqueline Pierreux, war
nach dem Krieg das, was man ein Pin-up-girl nennt, eine wirklich hübsche Frau, die in Filmen mitgespielt hatte. Der Vater
war Regieassistent und Drehbuchautor. Ich hatte eine Annonce
in die Zeitung gesetzt, daß ich Jungen für einen Film suchte,
und er war einer von sechzig anderen. Ich habe Probeaufnah-

men auf 16 mm gemacht. Diese Probeaufnahmen existieren noch. Wir haben sie jetzt auf 35 mm kopiert und einen Kurzfilm daraus gemacht, in dem man sieht, wie Jean-Pierre Léaud auf die Fragen antwortet, die ich ihm gestellt habe: ob er Lust hat, in einem Film mitzuspielen, was für Rollen er gern mag usw. Bei diesen Probeaufnahmen war er der beste. Ich machte die Aufnahmen immer donnerstags, weil die Kinder in Frankreich am Donnerstag frei hatten. Wir trafen unsere Auswahl, haben aber viele andere Jungen auch behalten, und die haben dann Schüler in der Klasse gespielt. Jean-Pierre stach unter allen anderen hervor, und ich habe ihm die Hauptrolle gegeben.

Patrick Auffay war auch dabei.

Ja, er war ebenfalls zu den Probeaufnahmen gekommen. Später habe ich dann Versuche mit zweien und dreien zusammen ge-

Dreharbeit *Sie küßten und sie schlugen ihn*

macht, und dabei stellte sich heraus, daß Jean-Pierre und Patrick Auffay einfach am besten zusammenpaßten.

In ANTOINE UND COLETTE *sieht man Auffay wieder.*

Ja, aber das war das letzte Mal, daß er überhaupt in einem Film mitgespielt hat.

Mit dem Auftreten in SIE KÜSSTEN UND SIE SCHLUGEN IHN *hat dann unmittelbar Léauds Karriere begonnen.*

Für Léaud stand fest, daß er Schauspieler werden wollte. Von den Jungen, die zu den Probeaufnahmen kamen, waren viele nur aus bloßer Neugier da. Um einmal zu sehen, wie das so ist. Oder auch, um ihren Eltern einen Gefallen zu tun, weil die ihr Kind unbedingt in einem Film sehen wollten. Aber bei Jean-Pierre war das anders, er wollte die Rolle haben, er wollte sie wirklich. Man spürt in den Probeaufnahmen, wie er eine starke Intensität ausstrahlt und daß er wirklich die Rolle will. Man sieht das ganz deutlich. Und als dann SIE KÜSSTEN UND SIE SCHLUGEN IHN auf dem Festival von Cannes vorgeführt wurde, erschien der Agent von Cocteau und wollte Jean-Pierre für *Le Testament d'Orphée,* für den jungen Dichter haben. So kam es, daß er ein paar Monate später schon wieder drehte, ein paar Einstellungen nur, in *Le Testament d'Orphée.* Dann spielte er in einem Film von Julien Duvivier mit, *Boulevard ...*

Das ging sehr schnell. Er war damals immer noch sehr jung, fünfzehn etwa ...

Ja, fünfzehn. Dann hat er mit Godard Verschiedenes gedreht, dann mit Skolimowski und so weiter.

Er hat nie Schauspielunterricht genommen.

Er hat bei der Arbeit gelernt. Zu einer bestimmten Zeit hat er allerdings auch mimischen Unterricht genommen. Davon ist eine Einstellung in der AMERIKANISCHEN NACHT (LA NUIT AMÉRICAINE) übriggeblieben. Am Ende der ersten Rolle, wenn er die kleine Dani fragt, ob sie ihn heiraten will: da tut er so, als nehme er eine Blume aus einem Strauß und so.

Wie war das damals 1958: Resnais, Rivette, Godard und Sie. Sie vier haben sehr eng zusammen gearbeitet. Später haben diese

vier sich dann in ganz verschiedene Richtungen entwickelt.
Godard macht heute praktisch keine Filme mehr.

Ach, ich weiß nicht. Da muß man vorsichtig sein. Bei ihm weiß man das nie so genau. Er hat eine bestimmte Periode hinter sich. Heute interessiert er sich sehr für Videosysteme, weil er meint, daß dies die kommenden Möglichkeiten des Films sind. Aber er kann auch jederzeit seine Meinung ändern und wieder Filme drehen. Man weiß es eben nicht.

Jeder von uns hat sich auf seine Weise entwickelt. Aber ich glaube nicht einmal, daß diese Entwicklungen große Überraschungen geboten haben. Wenn man sich ansieht, welche Filme jeder von uns zuerst gedreht hat, welche Filme er mochte, was für Artikel er geschrieben hat, dann hätte man diese Entwicklungen gut voraussehen können. Es ist ganz natürlich, daß sich die Unterschiede zwischen uns mit der Zeit akzentuiert haben. Damals konnten wir vier uns in einen Raum einschließen und – sagen wir mal – ein Drehbuch für Rivette schreiben oder eins für Chabrol. Aber es ist ja ganz klar, daß man nach ein paar Filmen deutlicher seine eigene Linie hat.

Erstaunlich ist, wie klar Sie sich schon in Ihren ersten Filmen ausgedrückt haben, wie sicher Sie Ihre Mittel beherrschten.

Das war bei uns allen so. Godard hatte schon ganz seinen eigenen Ton in *Außer Atem (A bout de souffle)*, Rivette in *Paris gehört uns (Paris nous appartient)*. Ich glaube auch nicht, daß man mit der Zeit wirklich wesentliche Fortschritte macht. Einem selbst erscheinen sie vielleicht wichtig, man glaubt große Fortschritte zu machen. Aber für diejenigen, die sich die Filme anschauen, sind diese Fortschritte minimal. Die ersten Filme fast jeden Regisseurs sind von einem enormen Reichtum, und die Fortschritte, die man später macht, sind weniger wichtig als dieser Reichtum, den man dabei vielleicht verliert.

Die Nouvelle Vague war tatsächlich eine Erneuerung des französischen Kinos. Ähnliche Anstrengungen hat es zu jener Zeit auch in anderen Ländern gegeben. Doch die Unterschiede sind beträchtlich. Der deutsche Film, der Anfang der 60er Jahre einen Aufschwung versuchte, hat es nie geschafft. Es gab ein paar Versuche, es gab vielleicht auch ein paar ganz gute Filme, aber das war alles, ein Zusammenhang fehlte. Und in England ist es ähnlich gelaufen. Während man 58/59 sehr deutlich spürte, daß

Sie und Ihre Freunde dem französischen Film seine Bedeutung wiedergegeben hatten. Das hing nicht mehr von dem einen oder dem anderen Film ab.

Man hat dieses Phänomen wohl auch durch das Fehlen einer Kinemathek in Deutschland zu erklären versucht. Denn die *Cinémathèque Française* unter Henri Langlois bot uns alles. Wir sahen Filme aus allen Epochen, ohne jede Ordnung und ohne jede Anleitung, aber man bekam eine sehr klare Vorstellung von der Geschichte des Films im Ganzen. Wir sahen Stummfilme, wir sahen die Filme der 30er Jahre, dann die Flut amerikanischer Filme vor und während des Krieges. Wir – diese Gruppe von ein paar Leuten – hatten in puncto Film damals alle dieselben Kenntnisse. Selbst wenn wir nicht alle dasselbe in den Filmen sahen. Ein paar von uns sind von Hitchcock beeinflußt worden, aber jeder sah etwas ganz anderes in Hitchcock. Andere sind von Cocteau beeinflußt worden, aber keiner sah das gleiche in Cocteau. In den anderen Ländern fehlte eben Henri Langlois.

Möglich, denn schließlich ist das British Film Institut keine schlechte Kinemathek, und dem englischen Film geht es nicht besser als dem deutschen. Diese ganze Bewegung, die da Anfang der 60er Jahre mit dem Dokumentarfilm begann, hat ja auch nur ein paar gute Filme gebracht.

Das liegt daran, daß die Engländer antiamerikanisch eingestellt sind. Das sind die Franzosen nicht. Und wie sie gegen die Amerikaner sind, so sind sie auch gegen Kino. Die Engländer ziehen einen Dokumentarfilm immer einem Spielfilm vor. Nach einiger Zeit merken sie dann natürlich auch, daß der Dokumentarfilm das Gegenteil von Kino ist. Dann wollen sie es anders machen, aber ihrer Fantasie fehlt die Überzeugung, die Leidenschaft. Deshalb gibt es zwischen den Engländern und dem Kino immer Probleme. Das ist im Grunde auch die ganze Geschichte des englischen Films. Der englische Film, das sind Hitchcock und Chaplin, Leute, die nach Amerika gegangen sind.

In Ihren Filmen meine ich ein Netz von Beziehungen zwischen Objekten, Gesten usw. zu spüren.

Wenn, dann kommt das ganz unbewußt.

Ein paar dieser Objekte sehe ich hier. Ich hatte immer den Eindruck, daß Sie zwischen Ihren verschiedenen Filmen, auch wenn sie thematisch gar nichts miteinander zu tun hatten, eine Art Verbindung schaffen wollten.

Ganz im Gegenteil. Wenn es da Verbindungen gibt, dann gegen meine Absicht. Ich gebe mir Mühe, ganz unterschiedliche Filme zu machen. Ich habe Angst, immer das gleiche zu erzählen. Aber ich weiß nur zu gut, daß im Grunde immer wieder das gleiche herauskommt. Denn wahrscheinlich arbeitet man in seinem ganzen Leben doch nur mit sehr wenigen Elementen, sehr wenigen Einfällen.

Es ist doch so: Romanciers zum Beispiel haben nur ein paar Jahre großer Kreativität zur Verfügung. In den ersten Romanen ist eine starke Kraft spürbar, und im allgemeinen schreiben sie auch nicht mehr als fünf oder sechs Romane. Jedenfalls ist das in Frankreich so. Cocteau hat drei geschrieben, Gide vier oder fünf. Später schreiben sie dann anderes, Essays, führen Tagebücher ...

... Proust ...

... hat nur einen einzigen Roman geschrieben. Die Karriere eines Cineasten bietet viel mehr. Bis an sein Lebensende, solange er arbeiten kann, wird er Fiktionen herstellen, das heißt er tut so, als schriebe er Romane. Aber natürlich hat er auch nicht mehr Themen im Kopf als ein Romancier. Ich glaube beispielsweise, daß man die 35 Filme von Renoir auf vielleicht sechs oder sieben Themen zurückführen könnte. Wenn man sie zu Gruppen zusammenfaßt. Etwa die Filme übers Showgeschäft wie *Le Carrosse d'or* und *French Cancan,* die Filme über den Krieg wie *La Grande Illusion* und *Le Caporal épinglé.* Sehen Sie, die Gemeinsamkeiten zwischen meinen Filmen kommen aus der Sache selbst. Ich möchte natürlich lieber, daß ein Film überhaupt keine Ähnlichkeit mit einem anderen hat, aber die Ähnlichkeiten sind dann doch da, weil ich immer wieder die gleichen Reaktionen habe. Außerdem gibt es Dinge, die ich einfach nicht filmen kann. Ja, vielleicht lassen sich die Ähnlichkeiten zwischen Filmen am besten darauf zurückführen, daß man bestimmte Dinge eben nicht macht, sozusagen durch negative Auswahl. Ich filme nie Soldaten, ich filme keine Reiter, keine Leute, die Sport treiben, all das, was ich nicht

Die amerikanische Nacht

leiden kann. Es bleibt also nur etwas sehr Begrenztes übrig, Filme über Frauen, Kinder und Männer, die manchmal vielleicht etwas schwache Charaktere sind, die mich aber interessieren.

Sie bedienen sich auch gern der gleichen Schauspieler.

Sicher aus den gleichen Gründen. Man kennt die Schauspieler, mit denen man schon gearbeitet hat, eben besser. Dann kann man sie sich schon vorstellen, kann an sie denken, während man das Buch schreibt. Aber immer ist das auch nicht der Fall. In der AMERIKANISCHEN NACHT gab es viele Schauspieler, mit denen ich noch nie gearbeitet hatte: Valentina Cortese, Jean-Pierre Aumont, Jacqueline Bisset.

Mir fiel auf, daß die Schwiegermutter von Doinel, Claire Duhamel, in TISCH UND BETT (DOMICILE CONJUGAL) *so anders als in* GERAUBTE KÜSSE (BAISERS VOLÉS) *aussieht, daß man sie nicht wiedererkennt.*

47

Ja, ich habe sie auch nicht wiedererkannt.

Ach, ich dachte, Sie hätten das Aussehen der Schauspielerin absichtlich so verändert.

Nein, überhaupt nicht. Zwischen den beiden Filmen hatte Claire Duhamel die Arbeit als Schauspielerin aufgegeben. Sie arbeitete inzwischen bei einer Theatergruppe, aber in der Verwaltung. Sie hatte die Rolle in TISCH UND BETT nur angenommen, um mir einen Gefallen zu tun, sonst hatte sie mit dem Beruf nichts mehr zu tun.

Wo liegt das Haus, das am Ende von SCHIESSEN SIE AUF DEN PIANISTEN zu sehen ist?

Das ist eine Berghütte oberhalb von Grenoble, eine Zuflucht für Bergsteiger und Skifahrer. Ich habe sie auch am Ende von DAS GEHEIMNIS DER FALSCHEN BRAUT (LA SIRENE DU MISSISSIPPI) benutzt. Weil ich wirklich kein schöneres Haus finden konnte für den Schluß. Ich war sogar genau an derselben Stelle auf einem kleinen Hügel dem Haus gegenüber. Die Bäume verdecken das Haus, und ich mußte nach zehn Jahren die Kamera auf fünf Zentimeter genau an dieselbe Stelle stellen. Es gab einfach keine zwei möglichen Positionen für die Kamera, um das Haus schön aufzunehmen.

In beiden Fällen sieht es so aus, als sei das Haus extra für den Film gebaut worden.

Ja, es wirkt wie ein Modell.

Da wir einmal bei Häusern sind. Der Schluß von JULES UND JIM spielt in einer Mühle. Ich erinnere mich, diesen Ort in den französischen Filmen der damaligen Zeit häufiger gesehen zu haben.

Dort haben wir mehrmals Drehbücher geschrieben. Die Mühle gehört Maurice Pons, nach dessen Novelle ich DIE UNVERSCHÄMTEN gedreht habe. Dort zogen sich immer gern Leute, die schreiben mußten, zurück. Und gleich um die Ecke liegt auch das Erziehungsheim, in dem der Schluß von SIE KÜSSTEN UND SIE SCHLUGEN IHN spielt. Ebenfalls ganz in der Nähe liegt diese Art Bungalowhotel aus der SÜSSEN HAUT (LA PEAU DOUCE), wo sich heimlich irgendwelche Pärchen treffen.

In welcher Gegend ist das?

Bei Évreux.

Der Name Kohler – Sie benutzen ihn für den Pianisten und für die Braut in Schwarz – wirkt sehr ausgefallen im Französischen.

Ja, ich glaube, das war mein Spaß daran, ein Wort zu haben, das geschrieben ein deutscher Name ist und gesprochen *colère* heißt. Gerade bei DIE BRAUT TRUG SCHWARZ (LA MARIÉE ÉTAIT EN NOIR), die ja die Geschichte einer Rache ist, paßte das sehr gut.

Wie ist das mit den Hommagen, von denen für meine Begriffe Ihre Filme übervoll sind? Ich empfinde beispielsweise die beiden, die Aznavour im PIANISTEN verfolgen und beide Pfeife rauchen, deutlich als eine Anspielung auf Tati.

Wenn, dann war das nicht beabsichtigt. Es gibt eine durchaus gewollte Tati-Imitation in TISCH UND BETT, aber im PIANISTEN wollte ich eigentlich nur zwei Leute zeigen, die sich gleichen, und einer von den beiden, Daniel Boulanger, raucht auch normalerweise Pfeife, deshalb haben wir seinen Partner gebeten, es ebenfalls zu tun. Es kommt – glaube ich – im Dialog auch einmal der Satz vor: »Es sind keine Brüder und doch gleichen sie sich.« Das war wohl der Grundgedanke.

Es ist merkwürdig, aber immer wenn ich Filme von Ihnen sehe, glaube ich, Hommagen wahrzunehmen.

In dieser Hinsicht sieht man wahrscheinlich immer mehr, als wirklich da ist.

Die Verbindung zwischen Liebesfilm und Krimi hat Sie immer sehr beschäftigt.

Als ich nach dem Krieg viel ins Kino ging und viele amerikanische Filme sah, hatte ich überhaupt keine Lust, mir historische Filme anzusehen oder welche mit Schiffen und Piraten, in der Art der Filme mit Errol Flynn. Auch überhaupt keine Western. Ich sah nur Liebesfilme oder Gangsterfilme. Und die Mischung aus diesen beiden mochte ich wohl immer schon besonders. Vor allem die psychologischen Filme, Filme mit Bette Davis, mit Ingrid Bergman. Wahrscheinlich mochte ich diese Art von

Filmen wegen der Möglichkeit, mich identifizieren zu können. In Western, Abenteuerfilmen oder historischen Geschichten kann ich mich mit niemandem identifizieren.

Vielleicht gibt es auch noch einen tieferen psychologischen Grund. Jedenfalls glaube ich, daß das für mich zutrifft. Ich habe Filme immer in einem Zustand von Schuldbewußtsein gesehen. Weil ich ins Kino ging, anstatt in die Schule. Oder ich sah mir abends Filme an, wenn meine Eltern im Theater waren oder überhaupt ausgingen. Ich verschwand dann gleich nach ihnen, aber ich mußte wieder vor ihnen zuhause sein, mußte wieder im Bett liegen. Ich war im Kino also immer in einem Zustand schrecklicher Angst. Wenn man Filme in einem solchen Zustand sieht, sind alle Filme Kriminalfilme. Manchmal mußte ich sogar vor Schluß des Films das Kino verlassen, wenn der Film zu lang war. Anschließend lief ich dann nachts durch das Viertel Pigalle, um vor den Eltern zuhause zu sein. Für mich ist schon die Tatsache, einen Film zu sehen, mit der Vorstellung von Schuld verbunden. Das erklärt sicher auch die Anziehung, die später Hitchcock auf mich ausgeübt hat. Er ist schließlich der Regisseur der Angst und des Schreckens par excellence. Ich wurde auch von Figuren angezogen, die sich schuldig fühlten. Aus diesen Gründen mochte ich *Madame Bovary* gleich sehr, ich habe mich sofort mit der Hauptfigur identifiziert. Ich habe nie Jules Verne gemocht, nie, was die anderen Jungen in meinem Alter lasen, wissenschaftliche Literatur oder Abenteuerbücher. Ich war damals schon ganz mit der Welt der Erwachsenen beschäftigt.

Ich möchte auf JULES UND JIM zurückkommen. Was mir bei diesem Film besonders auffällt, ist die starke Bewegung, die in dem Film herrscht. Zu Beginn sind es die Personen, die laufen. Sie bewegen sich schnell, die Kamera folgt ihnen. Später aber übernimmt in dem Maße, in dem die Personen immer mehr erstarren, die Kamera die Bewegung und im letzten Drittel gibt es einige Einstellungen, wo sie sich regelrecht von der Erde löst und fliegt.

Das habe ich nicht bewußt gemacht, das ist ganz instinktiv gekommen. Und an manchen Stellen hat auch das Buch dazu angeregt. Diesem Roman gehörte meine ganz besondere Liebe, ich konnte ihn wirklich auswendig, und manchmal machte ich etwas Bestimmtes auf Grund einer einzigen Zeile im Text.

Diese Aufnahmen vom Hubschrauber aus z. B. , auf die Sie anspielen, sind mir durch einen Satz gekommen, der ungefähr so lautete: »Als das Paar sich wiederfand, schwebten beide hoch in der Luft wie riesige Raubvögel.« Dieser Satz hat mich stark beeindruckt. Nun habe ich zwar nicht versucht, ein direktes Äquivalent für den Satz zu finden, aber der ganze Film JULES UND JIM entstand aus einer sehr tiefen Kenntnis des Buches.

Ein anderes Beispiel: als Catherine ins Wasser springt und die beiden Männer sie in einem Wagen nach Hause bringen, da steht in dem Buch der Satz: »Catherine zeigte das bescheidene Lächeln eines jungen Generals nach seinem Italienfeldzug.« Also eine deutliche Anspielung auf Bonaparte. Der Satz kommt, glaube ich, auch im Kommentar vor. Jedenfalls sollte Jeanne Moreau einen besonderen Ausdruck produzieren, einen ganz kindlichen, der übrigens später von einigen amerikanischen Schauspielerinnen nachgemacht worden ist, von Faye Dunaway etwa, so eine Art Lächeln mit geschlossenem Mund. Auf diesen Ausdruck sind wir gekommen, indem wir suchten, was wohl am besten dem Satz von Henri-Pierre Roché entsprechen könnte. Solche Entsprechungen habe ich gesucht.

Nur daß im Fall der Hubschrauberaufnahmen der Sinn des Satzes sich natürlich genau umkehrt.

Ja, ich empfinde auch, daß der Film dem Roman überhaupt nicht entspricht. Das war wahrscheinlich auch gar nicht möglich. Ich selbst war viel zu jung, war noch nicht einmal 30. Der Roman war von einem über 70jährigen geschrieben worden. Das hat mich wahrscheinlich auch so an dem Buch gereizt, dieses ungeheure Zurückgehen in der Zeit. Jemand, der nach 50 Jahren eine Geschichte erzählt. Ich habe sicherlich wie ein sehr junger Mann gehandelt, der den Film eines sehr alten Mannes drehen will. Denn das konnte ich natürlich gar nicht. Ich glaube beispielsweise, daß der Film sehr viel puritanischer ist als das Buch. Der Film ist ängstlich, das Buch überhaupt nicht. Dem Film fehlen auch die Besonnenheit und Gelassenheit des Buches. Der Film ist ziemlich stürmisch, ausgelassen. Deshalb habe ich ja auch zehn Jahre später ZWEI MÄDCHEN AUS WALES UND DIE LIEBE ZUM KONTINENT (LES DEUX ANGLAISES ET LE CONTINENT) drehen wollen, weil ich der Meinung war, endlich Henri-Pierre Roché verstanden zu haben und ihn nun besser als damals in einen Film umsetzen zu können.

Diese beiden Filme entsprechen sich sehr deutlich, ähneln sich sehr.

Ja, aber ich meine doch, daß JULES UND JIM heiterer ist als die ZWEI MÄDCHEN. Er ist runder, ist ausgeglichener, während ZWEI MÄDCHEN doch viele Leute vor den Kopf gestoßen hat.

Ein heiterer Film ist JULES UND JIM doch nun auch nicht. Wenn ich den Schluß recht verstanden habe, dann muß man bei der Szene im Krematorium, als Catherine und Jim verbrannt werden, schon wegen der Bücherverbrennungen der Nazi, die man kurz vorher gesehen hat, an die Krematorien denken, in denen die Juden verbrannt wurden.

Nun ja, ich wollte auch das Ende einer Gesellschaft zeigen, das Ende von Leuten wie Jules und Jim.

Ihre große Vorliebe für Balzac, für Bücher, überhaupt für Geschriebenes illustriert am besten jene Geschichte, die Albert eines abends im Schwarzwald Jules und Jim erzählt und die von einem Soldaten handelt, der eine Liebesgeschichte nur brieflich erlebt.

Diese Geschichte stammt aus einem Buch, das ich damals gerade gelesen und das mich sehr beeindruckt hatte. Man hatte eine Sammlung der Briefe von Apollinaire herausgebracht. Sie hatte den Titel *Tendre comme le souvenir*. Der Krieg war für Apollinaire sehr schwer gewesen. Er ist im Krieg fast ums Leben gekommen. Er hatte eine Kopfverletzung. Und wie alle Soldaten schrieb er sehr viel. Wenn man Soldat ist, will man Briefe bekommen, und die einzige Möglichkeit, Briefe zu bekommen, ist, Briefe zu schreiben. Es gab damals Frauen, die bloße Briefpartner von Soldaten waren. Und die Geschichte, die Albert erzählt, ist wahr, es ist das Briefverhältnis Guillaume Apollinaires, das er mit einer Frau unterhielt.

Auch ganz allgemein ist Ihre deutliche Vorliebe für Bücher nicht zu übersehen.

Tatsächlich bin ich mir dessen erst seit kurzem bewußt. Ich

Jules und Jim

glaube, daß Bücher und Filme gut zusammenpassen, daß sie etwas Gemeinsames ausdrücken. Wir haben uns häufig vorgestellt, einen Film zu machen, der sich einfach darauf beschränkt, ein Buch Seite für Seite abzufilmen. Auch ich hätte das gern getan. Es hat mir Spaß gemacht, in FAHRENHEIT soviel Gedrucktes zeigen zu können. Bei den Bücherverbrennungen konnte ich mit der Kamera so nah heran gehen, daß ich einzelne Buchseiten ganz in Großaufnahme habe zeigen können, etwa *Die Brüder Karamasow*, so groß, daß man den Buchstaben folgen konnte, während die Flammen die Seiten verbrannten.

Waren die Buchseiten präpariert? Die Bücher verbrennen zum Teil auf eine sehr ästhetische Weise und die verkohlten Reste entschweben wie Schmetterlinge.

Wir haben viel Mühe damit gehabt. Aber es gab natürlich auch Zufälle. Je nachdem wie ein Buch brannte. Es gibt Bücher, die sehr schlecht brennen, andere brennen sehr gut.

Etwas für mich sehr Erstaunliches über den WOLFSJUNGEN (L'ENFANT SAUVAGE) hat jemand einmal so ausgedrückt: das ist nicht die Geschichte eines ausgesetzten Kindes, dessen sich ein Arzt pädagogisch annimmt, sondern das ist die Geschichte eines Filmregisseurs, der sein Tagebuch führt. Und diese Person hat auch behauptet, ich hätte mich in dem Film genauso benommen, wie zu der Zeit, als ich mein Tagebuch über die Dreharbeiten von FAHRENHEIT 451 führte. Ich hätte zu dem, was ich schrieb, eine stärkere Beziehung gehabt als zu dem Kind. Sicher ist das übertrieben, und es hat mich sehr erstaunt, eine solche Ansicht zu hören, aber vielleicht ist etwas Wahres dran.

Sie drücken ja auch mit FAHRENHEIT 451 aus, daß Ihnen eine Gesellschaft ohne Bücher unmenschlich erscheint. Für Sie ist die Kultur des Buches auch die Kultur, ohne die wir nicht leben können.

Ja, und das ist meiner Ansicht nach auch deutlich zu erkennen. Bücher und Filme haben heute die Beziehungen der Menschen untereinander ersetzt, zumindest in der ganzen Jugend. Diese Geschichte in SIE KÜSSTEN UND SIE SCHLUGEN IHN mit der Kerze vor dem Porträt von Balzac, die habe ich wirklich erlebt, die habe ich gemacht. Mit zwölf Jahren habe ich Balzac gegen meine Eltern ausgespielt.

In JULES UND JIM *und später auch in den* ZWEI MÄD-CHEN AUS WALES *spielen Bilder, die zur Zeit des Films modern waren, eine große Rolle, vor allem Bilder von Picasso.*

Der Grundgedanke war – Roché ist ein großer Liebhaber der Malerei, er hat als erster Picasso nach Amerika gebracht, vor 1914, er hat Gertrude Stein mit Picasso bekannt gemacht, schon seit 1907 hat er sich für Picasso interessiert, ganz zu Anfang also – und ich wollte das Altern der Personen ganz aus den Figuren herauslassen, ich wollte nicht, daß die Haare weiß werden, daß da geschminkt wird, und da dachte ich mir, daß das Vergehen der Zeit recht gut durch die verschiedenen Epochen der Malerei Picassos dargestellt würde. Sonst nichts.

Ich möchte noch einmal zu SIE KÜSSTEN UND SIE SCHLU-GEN IHN *zurückgehen und zu dem dokumentarischen Aspekt, den dieser Film heute bekommt. Dieses Paris gibt es nicht mehr, aber wir sehen und spüren es in dem Film wieder.*

Ja, das habe ich auch empfunden, als ich vor kurzem den Film in Amerika wiedergesehen habe. Er erschien mir wie ein historischer Film. Aber im Grunde war er auch schon, als er gedreht wurde, ein verkappter historischer Film, denn ich drehte 1958 eine Geschichte, die in die Zeit nach dem Krieg, in die Jahre 1944/45 gehörte, als es noch Lebensmittelkarten gab und den schwarzen Markt und eine Menge Probleme, die noch mit dem Krieg zusammenhingen. Ich habe diesen deutlichen Zeitbezug weggelassen, aber das wurde mir schon klar, als ich die Dreh-orte suchte – die Schule und so weiter –, da wurde mir klar, daß sich diese Orte seit 1945 im allgemeinen verändert hatten. Aber ich konnte nicht einen wirklich historischen Film machen, weil der zeitliche Abstand einfach zu kurz war. Deshalb habe ich schließlich doch einen Film von 1958 gedreht. Aber wenn ich ihn heute wiedersehe – wie neulich in Amerika –, dann sehe ich, wieviel sich verändert hat. Die Schule war eine wirk-lich alte Schule. Wenn die Mutter nach Hause kommt, zieht sie sich die Strümpfe aus – heute tragen die Frauen keine Strümpfe mehr. Der Junge schafft den Mülleimer hinunter – heute gibt es selbst unter bescheidenen Verhältnissen einen Müllschlucker. All das hat sich verändert.

So haben die Fantasien ihren dokumentarischen Wert.

Ja, da gibt es eine merkwürdige Geschichte. Wenn man heute Filme über den Krieg macht und sich dokumentarisches Material von überall herkommen läßt, aus England, Deutschland, Frankreich, stößt man manchmal auf gefälschtes Wochenschaumaterial. Man stößt auf Filme, die vom Filmdienst des jeweiligen Militärs fabriziert wurden, die nachgestellt wurden. Und die Leute halten sie für Dokumentarfilme. In beiden Weltkriegen gab es in Deutschland Regisseure, die sich auf die Herstellung von solchem Dokumentarmaterial spezialisiert hatten. Es gibt darunter Szenen, die an Murnau erinnern, die sehr schön, aber gefälscht sind. Echte Soldaten, die man aber als Darsteller benutzte. Es gab, glaube ich, sogar Proben.

Noch etwas fiel mir besonders in JULES UND JIM auf: die kleinen Unstimmigkeiten, die in Ihren Filmen vorkommen, und die ich als einen leisen Hinweis auf die Tatsache empfinde, daß es sich schließlich um einen Film handelt, den ich sehe. Während Jim im Bistro auf Catherine wartet, sitzt am Nebentisch ein Säufer und bestellt einen nach dem anderen. Aber der Stapel der Untertassen, nach denen die Rechnung gemacht wird, ist mal größer, mal kleiner.

Keine Ahnung. Das muß ein Fehler sein. Diese Szene haben wir in so schrecklicher Eile drehen müssen. Wahrscheinlich hatten wir bei der Montage nicht genug Material, haben mehrmals die gleiche Einstellung verwendet, oder eine frühere später, das ist sehr gut möglich. Bei der SÜSSEN HAUT beispielsweise stimmt es bei den Flugzeugen überhaupt nicht. Die Leute fliegen mit Air France ab und kommen mit irgendeiner anderen Gesellschaft an, denn das ist das Problem: weil ich mich nun einmal nicht für Flugzeuge interessiere, passe ich nicht auf. Während der Montage sieht man das Material nur auf einem ganz kleinen Bildschirm. Die Cutterin interessiert sich auch nicht für Flugzeuge, paßt also auch nicht auf, und hinterher ist es eben zu spät.

Solch sichtbare Unstimmigkeiten schienen mir immer ein Hinweis auf die Tatsache zu sein, daß es sich eben um Kino handelt.

O nein.

Wie in der Einstellung im GEHEIMNIS DER FALSCHEN BRAUT, in der bildfüllend die Buchstaben C-I-N-E-M-A zu sehen sind und die genau auf die erste große Auseinandersetzung zwischen Louis und Marion nach ihrem Wiedersehen an der Côte d'Azur folgt und in der Louis begreift, wohin ihn dies alles führen wird, und er es dennoch akzeptiert.

Ja, aber diese Einstellung eröffnet eine andere Szene, in der die beiden aus dem Kino kommen.

Die folgende Szene.

Gut, aber damit will ich nicht die Illusion zerstören.

Auch nicht ein wenig die Emotionen dämpfen, etwas Distanz schaffen?

Nein, so etwas mache ich sehr selten. Ich kann mich nur an einmal erinnern. Gegen Schluß von TISCH UND BETT sagt jemand – ich glaube es ist Jean-Pierre Léaud, als er mit einem Mädchen in ein Hotel gegangen war und sie sich trennen – mit ganz leiser Stimme: Ich hasse alles, was zu Ende geht, alles, was einen Schluß hat, und das ist das Ende des Films. Er dauert dann nur noch etwa zehn Minuten. Aber er sagt es sehr leise.

Warum hat Oskar Werner sich in JULES UND JIM in der deutschen Fassung nicht selber synchronisiert?

Diejenigen, die den Film gekauft hatten, behaupteten, der österreichische Akzent von Oskar Werner klinge im Deutschen lächerlich. Wie etwa im Französischen der Marseiller Akzent. Das Publikum würde das nur komisch finden. So ein typischer Unsinn von Produzenten.

Wie sind Sie darauf gekommen, die Geschichte Antoine Doinels fortzusetzen?

Als ich JULES UND JIM gerade beendet hatte, schlug man mir die französische Episode in LIEBE MIT ZWANZIG vor. Ich dachte, daß es ganz lustig sein könnte, eine Figur von früher zu benutzen und ihre erste Liebesgeschichte zu zeigen. Das war auch leicht zu machen. Aber damals dachte ich noch nicht daran, daß ich jemals GERAUBTE KÜSSE drehen würde. Tatsächlich hatte ich sehr viel Spaß an der Episode – wir haben mit sehr viel Improvisation und sehr schnell in einer Woche gedreht –, und ich bedauerte dann, daß es sich bloß um eine Episode handelte. Wir hätten ebensogut anderthalb Stunden

Liebe mit Zwanzig: *Antoine und Colette*

drehen können. Mit den Eltern hat es viel Spaß gemacht, mit dem Mädchen und Jean-Pierre Léaud auch. Wir haben sehr viel improvisiert, aber diese Improvisation klappte ungeheuer gut. Mir wurde dabei klar, daß man wirklich einen ganzen Spielfilm aus der Episode hätte machen können. In GE-RAUBTE KÜSSE habe ich dann versucht, eine vergleichbare Atmosphäre wiederherzustellen. Mit Jean-Pierre Léaud

Geraubte Küsse

braucht man tatsächlich fast gar kein Drehbuch. Deshalb
nehme ich ihn wohl auch so gern, und deshalb macht es so
viel Vergnügen, mit ihm zu arbeiten.
Die Episode aus LIEBE MIT ZWANZIG: ANTOINE UND
COLETTE habe ich gedreht, als JULES UND JIM gerade
in Paris anlief. Wenn ich morgens zu den Dreharbeiten ging,
hatte ich keine Ahnung, was ich drehen wollte. Aber ich hatte

überhaupt keine Angst. Ich kaufte mir die Zeitungen, und alle Zeitungen schrieben, JULES UND JIM sei ein Meisterwerk. Ich kam voller Begeisterung am Drehort an und war ganz glücklich. Dann haben wir uns in ein Café gesetzt, ich habe entwickelt, was wir so machen werden, und schrieb alles auf Papierfetzen, die ich den Schauspielern gab. Es war alles sehr lustig, alles sehr entspannt.

Ohne Drehbuch?

Ein Drehbuch gab es überhaupt nicht. Es existierte nur eine zehn Seiten lange Geschichte, eine Art Kurzgeschichte.

Sie bewundern die Arbeit von Hitchcock.

Der es genau umgekehrt macht. Ja. Ich habe nur zwei Filme nach einem genauen Drehbuch gedreht: FAHRENHEIT 451 und DIE BRAUT TRUG SCHWARZ. Bei den Dreharbeiten habe ich mich dann auch ein bißchen gelangweilt. Mir wurde klar, daß ich mir noch etwas für den letzten Moment zum Machen übrig lassen muß. Und in der Praxis habe ich es am liebsten, wenn das der Dialog ist. Die Konstruktion eines Films improvisiere ich nicht gern, das ist fast unmöglich. Die Konstruktion muß schon existieren. Man kann sie ja bis zuletzt abändern und verbessern, kann Szenen hinzufügen oder weglassen, ihre Reihenfolge verändern. Den Dialog aber mache ich gern im letzten Augenblick. Denn wenn man ihn schon zu lange kennt, wird er nichtssagend. Ich bediene mich auch gern des eigenen Wortschatzes der Schauspieler für die Figuren.

Bernadette Lafont in EIN SCHÖNES MÄDCHEN WIE ICH (UNE BELLE FILLE COMME MOI).

Bernadette Lafont hat selbst an den Dialogen mitgearbeitet.

Übrigens ein Film, den man schwerlich wird synchronisieren können.

Im Augenblick sind die Japaner dabei, aber sie wissen nicht, wie sie es machen sollen. In Italien ging es gut. In England war es ein Fiasko. [Auch die ARD ließ den Film inzwischen für die Fernsehausstrahlung synchronisieren. D. Hrsg.]

In der SÜSSEN HAUT haben Sie sehr abrupt Ihren Stil geändert. Wenn man nur die vorangegangenen Filme kennt, würde man ohne weiteres nicht darauf kommen, daß es sich um einen Truffaut handelt.

Das habe ich immer wieder zu hören bekommen. Auf dem Festival von Cannes war der Film ein großer Reinfall. Die Leute fanden den Film zu ernst, zu melodramatisch und ganz anders als JULES UND JIM und meine anderen Filme. Sicher war es mein erster eindeutig von Hitchcock beeinflußter Film. Andererseits habe ich diesen Film auch ganz bewußt gegen JULES UND JIM gedreht. Ich fand JULES UND JIM viel zu romantisch und war auch durch den Erfolg des Films ziemlich betroffen. Ich hatte den Eindruck, nicht die Wahrheit über die Liebe gesagt zu haben. JULES UND JIM, das war die Liebe umgeben vom ländlichen Frieden. Jetzt wollte ich zeigen, daß die Liebe in der Großstadt etwas ganz anderes ist, etwas sehr Tristes und Beschmutztes, voll mit Lügen und Schuldgefühlen. Das war eine Antwort auf JULES UND JIM und auf die Leute, die JULES UND JIM zu sehr mochten.

Wissen Sie, JULES UND JIM ist nun schon zwölf Jahre her, aber es passiert mir immer noch, daß ich auf Reisen, auf Empfängen Frauen begegne, die auf mich zustürzen und zu mir sagen: Ich bin genau wie die Heldin aus JULES UND JIM. Ich betrachte dann immer die Dame voll aufsteigender Wut und denke mir: das muß ja eine ganz schöne Trine sein. Ich habe mich immer dagegen gewandt in JULES UND JIM nur die charmant-mondäne Seite zu sehen, nur diesen allzu verführerischen Aspekt. Deshalb DIE SÜSSE HAUT. Ein bitterer, bösartiger, fast zynischer Film. Ich wollte ihn ganz trocken, ganz unverblümt. Ich konnte auch den Hauptdarsteller nicht leiden. Das hat den Film wahrscheinlich noch härter gemacht. Ich war dem Schauspieler gegenüber immer sehr kritisch. Hätte ich mehr Sympathie für ihn empfunden, dann wäre die Figur vielleicht etwas liebenswürdiger ausgefallen. Aber das war nicht der Fall. Jean Desailly ist ein sehr guter, aber wenig sympathischer Schauspieler.

Meine Sympathie gehörte ganz Françoise Dorléac. Auch Nelly Benedetti, die seine Ehefrau spielt, zog mich an. Als ich sie kennenlernte, wurde mir klar, daß sie eigentlich die Mutter in SIE KÜSSTEN UND SIE SCHLUGEN IHN hätte spielen müssen. Aber damals kannte ich sie noch nicht. Ich habe das sehr bedauert, denn Claire Maurier tat sich mit der Rolle der

Die süße Haut

bösen Mutter damals sehr schwer. Dann ist sie blond, und mir ging auf, daß eine dunkelhaarige Frau die Rolle hätte spielen müssen. Bei der Arbeit mit Nelly Benedetti habe ich immer bedauert, sie zur Zeit von SIE KÜSSTEN UND SIE SCHLUGEN IHN noch nicht gekannt zu haben.

Was mir an der SÜSSEN HAUT auch noch so gefallen hat, ist die Tatsache, daß – im Gegensatz zu dem, was man sonst in all solchen Filmen zu sehen kriegt – die Ehefrau eine sinnlichere Ausstrahlung hat als die Geliebte. Ich wollte gegen dieses verbreitete Klischee angehen, dieses Brigitte-Bardot-Klischee, daß der Mann seine Frau im Stich läßt, weil er ein Mädchen mit mehr Sinnlichkeit gefunden hat. Nur der Altersunterschied sollte zählen und die unterschiedliche Mentalität. Ich fand es gut, daß die Sinnlichkeit in der Ehe stattfand und daß die Geliebte zwar charmant und schön ist, aber nicht von so starker körperlicher Anziehungskraft.

Pierre Lachenay geht ja auch immer wieder gern nach Hause, um mit seiner Frau zu schlafen. Sehr schön fand ich die Entsprechung zwischen dem Stundenhotel in Paris und dem Kino in

Die süße Haut

Reims. In beiden Fällen bekommt dieses kleine Schild Complet *eine so demütigende Bedeutung.*

Ich bin sicher, daß ich an eine Parallele zwischen den beiden Szenen nicht gedacht habe. Aber der ganze Film ist ein einziger Alptraum. Rivette hat gleich zu mir gesagt, als er den Film gesehen hatte, es sei ein regelrechter Horrorfilm. Deshalb sehe ich mir den Film auch nie an, seit zehn Jahren habe ich ihn nicht gesehen.

Das einzige Mal, daß ich in diesem Film lachen mußte – als ich ihn wiedersah, hatte ich gerade kurz vorher DIE AMERI-KANISCHE NACHT *gesehen –, das ist die Szene mit der Katze, als Françoise Dorléac morgens das Frühstückstablett vor die Tür des Bungalows stellt.*

Ja, in der AMERIKANISCHEN NACHT erinnerte ich mich an die Spannung des ganzen Teams, als wir diese Einstellung für DIE SÜSSE HAUT drehten, und daß die Arbeit beim Drehen viel aufregender war als das Resultat, das man dann sieht. Deshalb habe ich die Szene übernommen.

Was bedeuten die Buchstaben STA, mit denen man das Plakat übermalt hatte, das in Reims Lachenays Filmvortrag über Gide ankündigte?

Das weiß ich nicht mehr. Sicher irgend etwas Politisches. Ich habe es vergessen.

Wie sind Sie auf den Roman von Ray Bradbury für FAHREN-HEIT 451 *gekommen, dessen Thema Ihnen ja so nahe liegen mußte?*

Ja, den Film wollte ich schon machen, bevor ich das Buch überhaupt kannte. Jemand hatte mir nur kurz die Geschichte erzählt, und ich war sofort ganz begeistert. Das passierte während einer Diskussion über Science-fiction. Ich schimpfte auf die Science-fiction, sie hätte nichts mit dem Leben zu tun, das seien nur Spielereien und so weiter. Da erzählte jemand die Geschichte von FAHRENHEIT 451, die Geschichte einer Gesellschaft, in der Bücher verboten sind und wo Bücher verbrannt werden. Ich war sofort Feuer und Flamme. Die Vorstellung, daß ich Bücher zeigen könnte und Feuer! Feuer mag ich wohl auch sehr gern.

Dann habe ich mir das Buch besorgt. Und da erst habe ich den Schluß erfahren: Leute, die Bücher auswendig lernen, um die Literatur zu retten. Damit war der ganze Film für mich da. Es war wohl auch das einzige Mal, daß ich mich sehr schnell entschlossen habe, den Film zu drehen. Normalerweise drehe ich einen Film erst, wenn ich vier bis fünf Jahre über ihn nachgedacht habe. Fünf Jahre lang wollte ich einen Film übers Kino drehen. Das Drehbuch von DER WOLFSJUNGE war schon drei Jahre vor Drehbeginn fertig. FAHRENHEIT 451 wollte ich gleich machen, wollte gleich die Rechte kaufen. Es hat dann allerdings doch lange gedauert, aus Geldgründen, es war schwierig, die Finanzierung zusammenzubekommen.

Sicher waren die Rechte an dem Buch teuer.

Nein, Bradbury war sehr liebenswürdig. Die Rechte haben 25.000 Dollar gekostet, und das ist nicht viel für einen amerikanischen Roman. Aber der Film war teuer, und das Drehbuch gefiel in Frankreich keinem. Außerdem war das gleich nach dem Reinfall mit der SÜSSEN HAUT. Es war also schwierig für mich, eine Möglichkeit zur Finanzierung zu finden. Das ist mir schließlich mit Hilfe von Julie Christie gelungen. Sie fand die Geschichte gut und wollte mitmachen. Da gelang es, den Film mit amerikanischen Mitteln in England zu finanzieren. Der Film war zu teuer, um ein französischer Film zu sein, er mußte in englischer Sprache gedreht werden.

Und diese Schwebebahn gibt es in England?

Nein, die gerade kommt aus Frankreich. Das sind die einzigen Szenen, die in Frankreich gedreht wurden, in der Nähe von

Fahrenheit 451

Orléans. Wir sind vier Tage dafür hier herübergekommen. Diese Schwebebahn ist nur ein Vorführmodell von einem Kilometer Länge für mögliche Käufer aus Japan und allen möglichen Ländern.

Die Vorstellung, daß Menschen ganze Bücher auswendig lernen, ist doch recht absurd und widerspricht dem Buch.

Ich mag diesen Einfall, weil er listig ist, weil er sich der List bedient. Ich war immer der Meinung, daß Menschen, die sich gegen ein herrschendes System stellen, die in den Widerstand

65

gehen, die Revolution machen, in dem Moment, wo sie ihr Leben aufs Spiel setzen, ihr Ziel nicht mehr erreichen können. Das machen sie dann nur noch aus einem Bedürfnis sich selbst gegenüber, meine ich. Ich habe immer den Eindruck gehabt, daß Menschen, die wirklich etwas wollen, es sich nehmen, es stehlen. Wenn man etwas haben will, das einem nicht gehört, und man bittet darum oder fragt, ob man es haben darf, dann riskiert man, eine negative Antwort zu bekommen. Wenn man stiehlt, riskiert man zwar, erwischt zu werden, aber man ist wenigstens sicher, zu bekommen, was man will. Wenn man also wirklich etwas haben will, muß man es sich nehmen. Diese Überzeugung erklärt sicher auch vieles in meiner Kindheit und in meiner Jugend.

Wenn man sich seinen Feinden offen stellt, dann heißt das, daß man die Spielregeln anerkennt, daß es sich um einen Kampf handelt und man unter Umständen auch der Gewinner sein kann. Das ist ein sportlicher Begriff vom Leben. Nun ja, ich kann dieser sportlichen Perspektive überhaupt nichts abgewinnen. Ich fand also den Einfall, in einer Gesellschaft, die Bücher verbietet, Bücher auswendig zu lernen, ausgesprochen listig. Das hat mir gefallen. Was man auswendig im Kopf hat, kann einem keiner wegnehmen. Das finde ich gut. Besser als die Vorstellung, jetzt gegen die Feuerwehrmänner anzutreten oder gegen die Regierung dort zu arbeiten. Man nimmt sich, was man haben will, ohne daß die Welt es bemerkt. Aber man hat es. Das Resultat zählt.

Das Resultat in FAHRENHEIT 451 *ist, daß die Leute mit ihren Büchern im Kopf draußen im Wald herumsitzen und frieren.*

Ja, darin steckt natürlich auch ein ganzes Stück Außenseiter-philosophie. Das liegt bei FAHRENHEIT aber wohl daran, daß diese Gesellschaft außer den verbotenen Büchern so absolut gar nichts zu bieten hat. Ich weiß, daß viele den Schluß recht trist finden.

Trist will ich nicht sagen. Aber recht melodramatisch. Fast von tragischem Ausmaß. Etwa wenn der alte Weir of Herminston, schon im Sterben liegend, seinem jungen Neffen noch ein letztes Mal das Buch rezitiert. Und als er tot ist, sitzt der Junge da und memoriert die Sätze, und man hat furchtbar Angst, daß er sich nicht mehr genau erinnern kann. – Könnten wir etwas über das Feuer sprechen, das bei Ihnen so häufig vorkommt?

Ich weiß nicht. Das kommt so unbewußt. Schon in SIE KÜSS-TEN UND SIE SCHLUGEN IHN die Geschichte mit Balzac und der Kerze. Auch in JULES UND JIM werden Briefe verbrannt und Catherines Hemd fängt dabei Feuer.

Das Feuer ist das erste grundlegende Verbot, dem das Kind begegnet. Sie haben doch so einen Sinn für das Verbotene.

Sicher, sicher.

DIE BRAUT TRUG SCHWARZ *ist ein Film, der deutlich (wie DIE SÜSSE HAUT) den Einfluß von Hitchcock verrät.*

Den Roman von William Irish habe ich schon als Kind gelesen. Meine Mutter las das Buch, und immer wenn sie fortging und ich allein war, las ich die Bücher meiner Mutter. Der Tod des Mannes in der Abseite unter der Treppe und der Tod des Malers durch den Pfeil hatten mich tief beeindruckt. Das habe ich nie vergessen. Später habe ich dann einmal Jeanne Moreau davon erzählt, und wir haben uns das Buch besorgt. Mich reizte es, einen Film mit Jeanne Moreau zu machen, in dem absolut nichts an JULES UND JIM erinnern würde. Es war auch kein Liebesfilm, denn die Liebe hatte schon vor der Geschichte stattgefunden. Außerdem habe ich ein Faible für Leute mit fixen Ideen. Ich glaube an die Kraft solcher Zwangsvorstellungen. Der Erfolg der AMERIKANISCHEN NACHT hängt sicher damit zusammen, daß die fixe Idee darin das Kino ist. Und ich mochte auch die Idee dieser recht idealistischen Rache. Diese Kriminalgeschichten, die ich benutzt habe – ganz gleich ob es sich um den PIANISTEN handelt oder DIE BRAUT oder DAS GEHEIMNIS DER FALSCHEN BRAUT oder selbst EIN SCHÖNES MÄDCHEN –, haben alle den großen Vorteil, daß sie mir eine gut gebaute und starke Situation liefern, die ein amerikanischer Schriftsteller erfunden hat. Am stärksten ändere ich immer den Dialog. Der Dialog des Films hat meist mit dem Dialog des Buches überhaupt nichts zu tun. Meine Vorstellung war, daß die Bilder eine Kriminalgeschichte erzählen sollten und der Dialog eine Liebesgeschichte. Der Dialog diente ausschließlich dazu, die Verhältnisse zu schildern. Von den Situationen brauchte nicht die Rede zu sein, die Situationen waren ganz simpel. Im PIANISTEN geht es um einen Mann und drei verschiedene Frauen, wie man sie so im Leben trifft. In DIE BRAUT ist es das gleiche Prinzip:

hier haben wir eine Frau und vier Männer, vier verschiedene Verhaltensweisen der Frau gegenüber. Das gleiche auch wieder in EIN SCHÖNES MÄDCHEN: eine Frau und vier Männer. Das ist die Gemeinsamkeit dieser drei Filme: es sind Kriminalfilme, in denen nur von Liebe die Rede ist. Im GEHEIMNIS DER FALSCHEN BRAUT auch, aber da handelt es sich nur um ein Paar. Übrigens der einzige Film von mir, der sich nur um ein Paar dreht. Das also war es, was mich an DIE BRAUT TRUG SCHWARZ interessierte.

Ich bin – unter uns gesagt – nein, natürlich überhaupt nicht unter uns gesagt – bin ich nicht sehr glücklich mit dem Film. Die zweite Hälfte gefällt mir gut, von der Szene mit dem kleinen Jungen in der Schule an. Aber auch der Schluß ist ziemlich unverschämt. Im Buch erlebt sie ja ein Fiasko, ein totales Fiasko, denn diejenigen, die sie umbringt, haben ihren Mann gar nicht getötet. Das wollte ich aber nicht. Huston würde einen solchen Film machen, ich nicht. Aber ich glaube, die Adaptation des Buches hätte doch besser sein können. Der Film wirkt stellenweise wie ein Episodenfilm. Das mag ich gar nicht. Es hätte mehr Verbindungen zwischen den einzelnen Figuren geben können. Das Ganze hätte sich etwas komplexer anlegen lassen, nicht ganz so simpel.

Mit GERAUBTE KÜSSE *sind wir im Jahr 1968. Wann in dem Jahr haben Sie den Film gedreht?*

Vor dem Mai, und herausgekommen ist er gleich danach. Die Montage des Films wurde durch die Ereignisse unterbrochen. Angefangen hatte das Jahr mit der Affaire um Henri Langlois und die *Cinémathèque.* Das war im Januar. Es handelte sich um einen Versuch der Regierung – Malraux war auch dahinein verwickelt, ebenso der Finanzminister –, Langlois abzuschieben und seinen Posten mit jemandem aus der Regierung zu besetzen. Sehr viele, die mit dem Kino zu tun hatten, taten sich zusammen, um das zu verhindern. Es kam zu Demonstrationen auf der Straße, die zum Teil sehr heftig verliefen. Zur gleichen Zeit bildeten sich die ersten Gruppen von Schülern und Studenten. Und bei unseren Demonstrationen tauchten immer häufiger Leute auf, die man aus der *Cinémathèque* gar nicht kannte. Die hatten sich uns aus ganz anderen, aus politischen Gründen angeschlossen.

Zu dieser Zeit drehte ich gerade GERAUBTE KÜSSE. Aber

außerdem trafen wir uns jeden Tag zu acht oder zehn hier in meinem Büro und berieten, was wir unternehmen konnten. Ich kam nicht einmal dazu, die Muster des Films zu sehen. Das Drehbuch bestand nur aus 40 Seiten. Der Dialog wurde wieder im letzten Moment geschrieben. Und gleichzeitig tauchten hier ständig Reporter auf, ich mußte Interviews geben, rief Filmregisseure in Amerika, in England und überall an. Sie sollten aus Solidarität mit Henri Langlois ihre Filme zurückfordern. Ich hatte mich mit der Vorstellung abgefunden, daß GERAUBTE KÜSSE ein unmöglicher Film werden würde. Ich ging immer noch jeden Morgen zu den Dreharbeiten, aber ich hatte kein einziges Muster gesehen. Es war das Gegenteil wie sonst. Normalerweise ist ein Film eine ausschließliche Anstrengung, und die Außenwelt gibt es gar nicht. Aber in diesem Fall ging die *Cinémathèque* vor. Dann waren die Dreharbeiten zu Ende, und auch unsere Bemühungen um die *Cinémathèque* hatten Erfolg gehabt. Die Regierung hatte nachgegeben. Das war der Moment, als die Studentendemonstrationen anfingen und die Sorbonne von der Polizei besetzt wurde.

An den *États généraux du cinéma* habe ich nicht teilgenommen. Ich fand die Vorstellungen der *États généraux* vollkommen unrealistisch und utopisch. Selbst wenn die Linke an die Macht gekommen wäre, hätte man das Kino nicht verstaatlicht. Da gab es wirklich zu vieles, was man vor dem Kino hätte verstaatlichen müssen. Deshalb schienen mir die Vorstellungen der *États généraux* über die Reorganisation des Kinos recht naiv, und ich habe nicht mitgemacht. Vielleicht auch aus dem Instinkt heraus, daß ich selbst ja eine gut gehende Produktionsgesellschaft habe. Sicherlich ist meine Perspektive in dieser Hinsicht nicht die Perspektive eines Regisseurs, der unter großen Schwierigkeiten arbeiten muß. Sicherlich ist meine Sicht schon die eines Unternehmers. Aber auch abgesehen davon hielt ich die Ziele der *États généraux* für verfrüht.

Ein Beispiel: 200 oder 250 Leute vom Film haben damals einen Aufruf gegen das *Centre national du cinéma* (CNC) unterschrieben. Das CNC gibt es seit dem Krieg, das kontrolliert die Einnahmen und kümmert sich um Verwaltungsgeschichten. Ich weiß, daß ich damals der einzige war, der den Aufruf nicht unterschreiben wollte. Mir war klar, daß eine Reform des CNC notwendig gewesen wäre, aber es abschaffen zu wollen, war einfach absurd. Vor dem Krieg, bevor es das CNC gab, wurde im Filmgeschäft wer weiß wie gestohlen. Die Einnahmen in der Provinz konnten überhaupt nicht kontrolliert werden. Man zeigte Filme, an denen man die Rechte gar nicht besaß. Dem hat das CNC ein Ende gemacht. Und die gesetzlichen Regelungen des CNC waren im großen und ganzen recht gut. Vieles ist dadurch leichter geworden.

Damals hatte sich auch eine *Société des réalisateurs français* gebildet. Man wollte, daß ich beitrete, und ich sollte *président* der SRF werden. Aber ich wollte auch das nicht. Ich habe nie an Gruppen und Vereinigungen geglaubt. In dieser Beziehung bin ich ausgesprochen individualistisch. Und skeptisch. Ich finde, wenn mehr als ein Dutzend Leute sich zusammentun, um etwas zu unternehmen, dann werden sie meist sehr kindisch. Diese *Société des réalisateurs* gibt es heute immer noch. Sie verfassen Petitionen, protestieren, wenn ein Film verboten wird, und so weiter. Aber es ist ihnen beispielsweise immer noch nicht gelungen, durchzusetzen, daß die Filme in den Kinos besser vorgeführt werden. Dafür sind sie in allen möglichen Gremien vertreten. Sie haben bei Unifrance mitzureden, bei der Auswahl von Filmen für Festivals. Aber die SRF hat nicht annähernd die Bedeutung der *Directors' Guild* in den Vereinigten Staaten.

In ihren Filmen beschreiben Sie häufig das Versagen von Erziehung, von Unterrichtung. Im WOLFSJUNGEN *ist das ganz offensichtlich.*

Das sehe ich nicht so. In meinen Filmen findet man doch vor allem einen großen Gefallen an Erziehung, an Unterrichtung. Ich bin Autodidakt. Aber nicht in dem Sinn, daß ich mir etwas beigebracht habe, was ich besser auf der Schule oder der Hochschule hätte lernen sollen. Ich habe sowieso immer nur gelernt, was mir nützlich schien, was mich reizte. Aber ich habe mit einem Autodidakten gemeinsam, daß ich überzeugen möchte. Deshalb mache ich ja auch Filme.

Gerade DER WOLFSJUNGE war kein Film in diesem heute so verbreiteten Trend gegen Erziehung, dieser Art Rückkehr zur Natur. Es war das genaue Gegenteil: ein Junge kommt aus dem Wald und lernt langsam, sich der Gesellschaft anzupassen. Man hat auch kritisiert, daß der Dr. Itard das Kind praktisch dressiert. Ich habe mich in allem sehr streng an den *Rapport sur Victor de l'Aveyron* des Dr. Jean Itard gehalten.

Das Buch wurde schließlich vor über 150 Jahren geschrieben, vor Freud, vor den modernen Erkenntnissen der Psychologie und Pädagogik. Aber viele seiner Methoden benutzt man heute noch bei der Erziehung Taubstummer.

Alles in allem ist dieser Film doch voller Zuversicht in die Erziehung. Was ich damit auch vor allem zeigen wollte, ist, daß unser alltägliches Leben eine Reihe von Wundern ist, daß man aufrecht geht, daß man sich zum Essen an einen Tisch setzt etc. Das fällt einem erst dann wieder auf, wenn man jemanden beobachtet, der das alles zum ersten Mal macht. Vielleicht gefällt der Film deswegen auch Kindern so gut, weil sie in gedrängter Form wiedererleben, was sie seit ihrer Geburt durchgemacht haben.

Eines weiß ich nicht genau. Ob es mir gelungen ist, spürbar zu machen, daß sich der Junge dort im Wald keineswegs wohl fühlte. Das ist sehr wichtig und das entspricht auch der wahren Geschichte. Die Existenz des Kindes war im Dorf bekannt. Im Winter, wenn es schneite, floh das Kind in das Dorf, weil es unter der Kälte litt. Leider konnte ich das im Film nicht deutlicher zeigen, weil ich nicht die Möglichkeit hatte, zu verschiedenen Jahreszeiten zu drehen.

Wie haben Sie Jean-Pierre Cargol gefunden?

Meine Assistentin Suzanne Schiffman hat ihn in Südfrankreich entdeckt. Zuerst hatte ich in Paris Probeaufnahmen mit jungen Tänzern gemacht, mit Kindern, aber das ging nicht, sie wirkten zu zivilisiert. Dann dachte ich mir, man solle wie bei den UNVERSCHÄMTEN verfahren und in der Gegend um Montpellier ein Kind suchen, diesen mediterranen Typus. Suzanne Schiffman hat an die hundert Fotos von Kindern gemacht und darunter waren auch die von Jean-Pierre Cargol, einem Zigeunerkind.

Verlangte die Arbeit mit dem Kind mehr Zeit bei den Dreharbeiten?

Nein. Wir haben ganz normal gedreht. Acht Wochen. Am schwierigsten waren die Aufnahmen im Wald. Das hat viel Arbeit gemacht.

Ein Jahr, nachdem Sie auf La Réunion DAS GEHEIMNIS DER FALSCHEN BRAUT *gedreht hatten, bin ich auf der Insel gewesen und habe sie ganz anders vorgefunden, als sie in Ihrem Film erscheint.*

Wir haben da viel mogeln müssen, denn die Insel hat ihr koloniales Gepräge ziemlich verloren. Wir haben die Orte genau auswählen müssen, um die hergebrachte Vorstellung von einer Kolonie zeigen zu können, eine Vorstellung von Wildnis und Exotik.

Die Vögel, die man in dem Film hört, hört man auf der Insel auch nicht.

Die Vögel sind eine Aufnahme aus Vietnam. Das erlaubte mir zu sagen: hört mal, auch in diesem Film ist Vietnam gegenwärtig.

Das Neue für mich im GEHEIMNIS DER FALSCHEN BRAUT war, daß ich es zum ersten Mal nur mit einem Paar zu tun hatte, nur mit dem Mann und der Frau und sonst nichts. Der Film wurde ganz und gar chronologisch gedreht. Wir haben auf La Réunion angefangen, dann Nizza, Antibes, Lyon, und schließlich die Berge und der Schnee. So konnte man den Veränderungen in den Beziehungen des Paares untereinander genau folgen. Das Drehbuch bestand aus etwa sechzig Seiten. Jeden Sonntag schrieb ich die Dialoge für die kommende Woche. Ich hatte wirklich das Gefühl, bei der Entwicklung der Beziehung zwischen zwei Personen dabei zu sein.

Was wahrscheinlich für den Reinfall – denn auch dieser Film war wieder ein Reinfall, sowohl bei der Kritik wie beim Publikum, mit Ausnahme von Japan – ausschlaggebend gewesen ist, war die Absicht, die Geschichte eines verkehrten Liebesverhältnisses zu zeigen: das Mädchen sollte der Mann und der Mann das Mädchen sein. Sie war in diesem Fall der üble Bursche, sie war im Erziehungsheim, sie war ein Dieb, sie war ein Verbrecher. Und er benimmt sich wie eine Jungfrau. Aber die Leute, die Belmondo sehen wollen, wollen eine Männlichkeit sehen. Diese Leute waren natürlich entsetzt, Belmondo in der Rolle eines schwachen Mannes zu sehen. Und umgekehrt kennen die Leute Catherine Deneuve als Prinzessin oder als hübsches junges Mädchen und waren schockiert. Überhaupt hat dieses Paar viel Anstoß erregt, das ist der Hauptgrund für den schlechten Erfolg.

Dazu kommt noch etwas. Ich glaube, es ist teilweise recht

Das Geheimnis der falschen Braut

schwierig, den Intentionen des Films zu folgen. Wenn Marion Louis mit Rattengift vergiftet und er sich in dem Augenblick darüber klar wird, daß sie ihn vergiftet, als er in der Zeitung einen Comic über Schneewittchen sieht, dann ist das Kino über Kino, und die Leute wissen nicht mehr, ob ich mich über sie lustig mache oder ob ich ernsthaft eine Geschichte erzähle. Tatsächlich ist es ja beides zugleich. Ich erwarte, daß sich das Publikum dem Kino gegenüber wie mein Komplice verhält und dennoch emotionell berührt wird. Im Grunde verstehen das nur die alten Freunde. Auch den Schluß haben die Leute nicht gemocht. Ein konventioneller Schluß wäre gewesen, wenn die Polizei sie gestellt hätte und beide schließlich umgekommen wären. Ich wollte den Schluß offen lassen. Sie gehen einfach durch den Schnee fort. Was weiter geschieht, weiß man nicht. Ich habe den Film seit damals nicht wiedergesehen.

Sie haben beim WOLFSJUNGEN *wieder Schwarzweiß benutzt.*

Ich glaube, daß sich Farbe für historische Filme nur schlecht eignet. Ich habe aber auch wegen des Kindes Schwarzweiß genommen. Der Film wurde fast ganz ohne künstliches Licht gedreht. Nestor Almendros ist ein hervorragender Kameramann. Er hat auf Kuba gelernt, wie man Licht macht. Er hat Spiegel auf den Boden gelegt, und wir kamen ohne künstliches Licht aus. Das ist sehr wichtig. Denn mir war schon früher aufgefallen, daß Kinder sich leicht durch künstliches Licht belästigt fühlen. Sie kneifen die Augen zusammen, können sich nicht konzentrieren und vergessen die Kamera nicht.

Auch die optischen Blenden verstärken den Eindruck des Altertümlichen.

Das haben wir gemacht, um uns Tricks beim Kopieren zu sparen, die nur das Bild kaputt machen. Es war ein Einfall des Kameramannes. Irgendwo beim Trödler hatte er so ein altes Ding gefunden, und wir waren ganz erstaunt, wie gut es funktionierte.

Wie sind Sie darauf gekommen, die Rolle von Itard selbst zu spielen?

Die amerikanische Nacht

74

Ich habe wohl gespürt, daß ich eifersüchtig auf denjenigen gewesen wäre, der die Rolle gespielt hätte, denn die wirkliche Arbeit innerhalb des Films war es ja, sich mit dem Jungen zu beschäftigen. Jetzt noch jemanden zu haben, der sich auch mit dem Jungen beschäftigt, das hätte einem die Freude an der Arbeit genommen.

In der AMERIKANISCHEN NACHT *spielen Sie einen Regisseur. Das liegt nun sehr eng beieinander: Truffaut und der Filmregisseur.*

Deshalb verrate ich auch so wenig über das Privatleben dieser Person. Man erfährt viel mehr über die anderen Figuren. Ich trete immer nur als Regisseur auf. Jean-Pierre Aumont z.B. kann man als eine Synthese aus allen französischen Schauspielern auffassen, die mal mit Hollywood zu tun hatten, Jean-Pierre selbst, Louis Jourdan und Charles Boyer. Bei mir würde man nie an eine Synthese aus mehreren Figuren denken, sondern immer nur an Truffaut. Deshalb gebe ich keine Details über diese Figur. Ich habe keine Familie, keine Kinder, kein Privatleben. Ich habe mir nur dieses Hörgerät ins Ohr gesteckt, um wenigstens eine kleine Unterscheidung zu haben.

Die Zahl 813 taucht in der SÜSSEN HAUT *zum ersten Mal auf und inzwischen mit wachsender Häufigkeit.*

Ja, die 813. Die erste 813 kam wohl in der SÜSSEN HAUT vor. Da gab es eine Szene, die wir geschnitten haben und in der man sich über »813«, einen Roman mit Arsène Lupin von Maurice Leblanc unterhält. In dem Roman bedeutet diese Zahl einen Code. Dann bekam ein Hotelzimmer die Nummer 813, und später haben wir dann diese Zahl immer wieder benutzt. Inzwischen läuft das schon von ganz alleine. Suzanne Schiffman weiß: immer wenn ein Kilometerschild vorkommt, dann läßt sie automatisch 813 km darauf malen. Wenn wir einen Polizisten mit einer Nummer brauchen, dann ist es die 813. Das gleiche gilt für den Requisiteur – ich habe seit langem schon denselben Requisiteur –, wo immer sich eine Gelegenheit bietet, setzt er die Zahl 813 ein.

Bestimmte Objekte kommen auch häufiger in Ihren Filmen vor. Etwa diese Zeichnung von Oskar Werner als Mozart.

Ja, es ist immer eine Schwierigkeit, irgend etwas an die Wand zu hängen. Also hängt man hin, was einem selber gefällt. Das ist eine Art Bequemlichkeit. Dieser Stich von Oskar Werner als Mozart kommt in JULES UND JIM vor und ...

... in TISCH UND BETT.

Ich fühle mich einfach wohler, wenn ich beim Drehen Dinge um mich habe, die ich schon seit langem kenne. Die Vase da stammt aus FAHRENHEIT 451. Ich habe sie dann aus England mitgebracht und sie in der AMERIKANISCHEN NACHT wieder benutzt. In Amerika lassen sich die Regisseure oft im Studio ihre Wohnung nachbauen, weil man an einem Ort, den man gut kennt, einfach besser dreht.

ZWEI MÄDCHEN AUS WALES *wirkt auf mich wie ein Vexierbild von* JULES UND JIM.

Ich wollte, daß der Film sehr viel körperlicher, physischer wirkt als JULES UND JIM. Man sollte das Fieber spüren, das Kranksein. Wenn Muriel sich übergibt, wenn sie in Ohnmacht fällt. Ich wollte, daß das alles direkter wird. Ich hatte den Eindruck, daß JULES UND JIM doch zu dekorativ ist, zu leicht. Ich wollte in der physischen Darstellung der Empfindungen direkter sein. Am liebsten hätte ich Menschen gezeigt, die an der Liebe sterben. Aber mir fehlt auch der Abstand zu einem Film wie ZWEI MÄDCHEN, um über ihn sprechen zu können. Ich kann über die Filme der letzten Jahre nicht viel sagen. Ich brauche lange Zeit, um sie mir so ansehen zu können, als sei ich bloß Zuschauer. Es gibt Filme, die ich seit dem letzten Tag der Mischung nicht wiedergesehen habe, wie DAS GEHEIMNIS DER FALSCHEN BRAUT, wie DIE SÜSSE HAUT und ZWEI MÄDCHEN AUS WALES. Ich habe diese Filme nie mit Publikum zusammen gesehen. Über alles, was nur so kurz zurückliegt, kann ich mich nicht sehr präzise äußern.
Mit ZWEI MÄDCHEN ist es mir sehr schlimm ergangen. Der Film wurde in Paris wirklich sehr schlecht aufgenommen. Es war mein dritter Reinfall mit der SÜSSEN HAUT und DAS GEHEIMNIS DER FALSCHEN BRAUT. Die Presse war richtig bösartig, und die Leute sehr unzufrieden. Der Film sollte so bald wie möglich wieder abgesetzt werden. Man wollte Schnitte machen.

Warum das?

Wegen der Länge. Oder weil Szenen zu sehr schockiert hatten. Es war alles sehr unerfreulich und bleibt eine unangenehme Erinnerung. Man fand den Film zu literarisch. Selbst Jean-Pierre Léaud bekam schlechte Kritiken, zum erstenmal. Irgendwie gab es mit dem Film überall Schwierigkeiten. Hat man eigentlich in der deutschen Fassung die Einstellung auf das blutbefleckte Laken gelassen, nachdem Claude das erstemal mit Muriel geschlafen hat?

Ja.

Mit der Einstellung hat es hier auch Ärger gegeben. Es gab überhaupt nur Ärger mit dem Film.

Manchmal bewegen sich die Schauspieler so, als würden sie tanzen, als hätten Sie während der Aufnahmen Musik laufen lassen.

Fast. Während der Aufnahmen las ich mit leiser Stimme den Text des Kommentars. Die Schauspieler spielten ihre Szene, und wenn dann Kommentar kam, verhielten sie. Oder ich bat Jean-Pierre Léaud, sich nicht umzudrehen, sondern langsam rückwärts zu gehen. Dadurch kamen tänzerische Bewegungen zustande. Bei den Monologen verfuhr ich genauso. Beispielsweise: wenn Muriel in ihrem Zimmer ganz verzweifelt ist, habe ich sie ihren Monolog auf eine Kassette sprechen lassen. Während der Aufnahmen hörte sie dann ihren eigenen Monolog von Band. Das gab ihrem Spiel einen bestimmten Rhythmus. Das ist fast wie Play-back, das ist eine sehr aufregende Methode.

In EIN SCHÖNES MÄDCHEN WIE ICH *fehlte bei der Groß-aufnahme von Bernadette Lafont und Charles Denner im Last-wagen immer die Windschutzscheibe im Wagen. Da haben Sie mit Originalton gearbeitet.*

Ja. Wo immer ich kann, nehme ich Originalton. Hier aber vor allem auch, weil diese Szenen für die Darsteller sehr schwierig im Ton waren, und es kaum möglich gewesen wäre, bei der Nachsynchronisation wieder diesen richtigen Ton zu finden. Außerdem spiegeln diese Scheiben sehr stark, und das kann ich nicht leiden. In den Filmen der jungen Regisseure seit zehn Jahren sieht man so etwas immer wieder. Die Gesichter sind wegen der Bäume und der Wolken nicht zu erkennen. Das finde ich fürchterlich.

Bei dem Trick mit der Kerze in der AMERIKANISCHEN
NACHT *mußte ich unwillkürlich an die Kerze in dem Glas
Milch denken, das Cary Grant in* Suspicion *zu Joan Fontaine
die Treppen hinaufträgt.*

Daran habe ich überhaupt nicht gedacht. Die Kerze stammt
aus dem WOLFSJUNGEN. Wenn ich eines Nachts den Jungen
suche und ans Fenster trete und sehe, wie er unten im Hof
den Mond betrachtet, wird mein Gesicht von dieser Kerze be-
leuchtet. Nestor Almendros hat sich den Trick ausgedacht. Und
ich habe ihn gebeten, ob ich ihn in der AMERIKANISCHEN
NACHT noch einmal benutzen darf.

*Sie benutzen mit Vorliebe Vogelstimmen, um einer Szene einen
bestimmten Akzent zu geben.*

Die habe ich von dem Sohne Henri-Pierre Rochés. Er interessiert sich für Vögel und Insekten. Deshalb habe ich Jules sich
auch für Insekten interessieren lassen. Für JULES UND JIM
hat er mir alle Vogelstimmen besorgt. Er besitzt ganz seltene
Aufnahmen. Von ihm hatte ich auch die vietnamesischen Vögel. Manchmal dienen die Vogelstimmen allerdings nur dazu,
um störende Nebengeräusche zu überdecken, Autos und ähnli-
ches. Wenn wir in Paris gedreht haben. Solche Geräusche wurden durch sehr starke Vogelstimmen überdeckt.

*Die Idee zu einem Film über Film taucht schon in Ihren Gesprä-
chen mit Hitchcock auf.*

Richtig konkretisiert hat sich der Gedanke erst während der
Dreharbeiten zu ZWEI MÄDCHEN AUS WALES. Da habe
ich angefangen, mir Notizen zu machen. Später dann auch bei
den Dreharbeiten zu EIN SCHÖNES MÄDCHEN WIE ICH.
Sonst bin ich ja immer etwas rückständig, aber dieses Thema
wollte ich gern als erster behandeln. Ein bißchen war ich dabei
von einem Film beeinflußt, den ich mir sehr häufig ansehe:
Singin' in the Rain von Stanley Donen.

Fellini hat in *8 1/2* erzählt, was sich alles abspielt, bevor man
zu drehen anfängt. Es gibt einen sehr schönen Vorkriegsfilm
von Marcel Pagnol zu diesem Thema, der heißt *Schpountz*. Und
dann noch Minelli mit *The Bad and the Beautiful*. Das waren

Die amerikanische Nacht

meine Anhaltspunkte. Ich wollte nun einen Film nur über die Dreharbeiten machen, und dieser Film sollte soviel wie möglich Informationen darüber, wie man einen Film dreht, enthalten. Ein Seminar über Filmarbeit sollte mit ihm eröffnet werden können. Deshalb sollte auch keine Figur bevorzugt werden. Der Requisiteur war genauso wichtig wie die Hauptdarstellerin. Das mußte ins Gleichgewicht gebracht werden.

Die Geschichte mit dem falschen Fenster stammt auch aus ZWEI MÄDCHEN AUS WALES. Madame Brown sagt doch zu Claude, er könne nun nicht mehr in ihrem Haus bleiben und müsse in das Haus nebenan ziehen. Aber dieses »Haus nebenan« gab es am Drehort gar nicht, es gab nur ein einziges Haus. Das »Haus nebenan« ist eine Aufnahme unseres einzigen Hauses, aber durch Gräser hindurch, damit man es nicht so genau erkennt. Dann steigt Jean-Pierre Léaud zu seinem neuen Zimmer hinauf, das haben wir wieder in dem Haus gedreht, und wenn er dann das Fenster öffnet, da haben wir auf dem Hügel ein kleines Gerüst mit einem Fenster bauen lassen. Vielleicht habe ich mich an diesem Tag zum erstenmal klar zu einem Film übers Filmen entschlossen: als ich dieses Gerüst mit dem falschen Fenster und Jean-Pierre Léaud sah und darunter das Haus mit den beiden Mädchen, da wurde mir klar, daß die Szene, die ich sah, viel aufregender war als die Szene, die im Film zu sehen sein würde.

Als ich aufbreche, schenkt Truffaut mir ein Buch von Bazin und Rohmer über Charlie Chaplin, zu dem er ein Vorwort geschrieben hat. Immer wieder hatte ich versucht, ihn auf das Thema Autismus zu bringen, das sich durch fast alle seine Filme zieht und in der Figur von Muriel so eindeutig behandelt wird. Er gibt mir das Buch und sagt: Dies hier à propos Autismus, ich habe Chaplin in meinem Vorwort als autistisches Kind gedeutet.

Später lese ich den Schlußsatz aus seinem Tagebuch über die Dreharbeiten zu FAHRENHEIT 451: »Ich bin ein französischer Filmregisseur, der noch 30 Filme im Laufe der kommenden Jahre zu drehen hat; manche werden mir gelingen, andere nicht, und das ist mir fast egal, wenn ich sie nur machen kann.«

Paris, den 25. Februar 1974

Interview 2

Von Serge Daney, Jean Narboni, Serge Toubiana

*Wir würden Sie gerne nach Ihrer »Karriere« fragen oder –
wenn Sie diesen Ausdruck ablehnen – nach der Kontinuität
Ihrer Arbeit.*

Mich schockiert das Wort Karriere nicht, weder das Wort noch
die Sache. Es ist weniger anspruchsvoll als das Wort Œuvre.
Immer wenn man etwas tut, wovon man lebt und das man
fortführen möchte, dann hat man eine Karriere. Ich habe
keine Lust, etwas anderes zu machen als Filme. Würde ich
blind werden, dann würde ich versuchen, als Mitarbeiter an
Drehbüchern weiterzumachen.
Die Angriffe gegen die arme französische Filmindustrie, gegen
das »Profit-Kino«, halte ich für verfehlt, da die Produzenten
nacheinander Pleite machen. Mal greift man die Produzenten
mit dem Vorwurf an, sie dächten nur ans Geldverdienen, mal
macht man sich über sie lustig, weil sie welches verlieren. In
Amerika ist alles einfacher: ein Film, der Geld einspielt, ist
gut, einer, der Verlust macht, ist schlecht. Das ist so mathema-
tisch wie der Profisport. In Hollywood verliert man wenig Zeit
mit ästhetischen Diskussionen!

*Sie wechseln Ihre Projekte durch die Jahre hindurch nach ei-
nem Plan ab, der ziemlich ausgeklügelt erscheint. Wenn man
die Abfolge Ihrer Filme sieht, hat man den Eindruck, Sie wüß-
ten, daß dieses oder jenes Projekt riskant ist und daß andere
besser gehen. Ihre Politik gleicht der eines Verlegers, der einen
schwierigen Essay hat, aber weiß, daß er durch andere Sachen
getragen wird ...*

Meine einzige Abwechslungstaktik besteht darin, daß ich nach
jedem teuren Film einen mit sehr niedrigem Budget drehe, um
mich nicht in eine Entwicklung hineinziehen zu lassen, die zu
schweren Zugeständnissen, in den Größenwahn oder in die
Arbeitslosigkeit führt. Nach meiner Rückkehr aus England[1]
hatte ich beschlossen, bevorzugt Filme in Französisch zu dre-

hen und mehrere Projekte gleichzeitig voranzutreiben. Während der Dreharbeiten zu GERAUBTE KÜSSE, Anfang 1968, bereitete ich DAS GEHEIMNIS DER FALSCHEN BRAUT und DER WOLFSJUNGE vor. Die Leute von United Artists mochten das Projekt des WOLFSJUNGEN nicht, hauptsächlich weil ich es in Schwarzweiß wollte. Sie sagten schließlich: »Wir sind mit dem WOLFSJUNGEN einverstanden, aber er wird mit dem GEHEIMNIS DER FALSCHEN BRAUT gekoppelt, und wir gleichen den Verlust des einen mit dem Gewinn des anderen aus.« Ich akzeptierte, und diese verrückte Sache wurde gemacht. Sie beweist, daß man nichts vorhersehen kann: DAS GEHEIMNIS hatte ein Budget von 750 Millionen und machte einen Verlust von 350, DER WOLFSJUNGE hingegen, der etwas weniger als 200 Millionen gekostet hatte, spielte einen Gewinn von 400 ein! – Eigentlich sollte man nicht nur von Erfolgen und Mißerfolgen, sondern auch von Erfolgs- und Mißerfolgseindrücken reden. Man sollte niemals aufgrund der Besucherzahl der pariser Erstaufführungskinos urteilen, denn ein Film kann diese Zahl in ganz Frankreich versechsfachen, und er kann zudem an die fünfzigmal auf der ganzen Welt verkauft werden.

Wie sehen Ihre Beziehungen zu United Artists aus, wie sind Ihre Arbeitsbedingungen?

Was ich an der Zusammenarbeit mit einer amerikanischen Gesellschaft schätze, ist die Freiheit, vor allem die Freiheit, die Schauspieler zu nehmen, die mir gefallen, ob sie bekannt sind oder nicht. In der LETZTEN METRO habe ich bedeutende Schauspieler, aber ich fand, daß der einzige »Schurke« im Film überzeugender wäre, wenn er von jemandem gespielt würde, dessen Gesicht man nicht kennt. Ich nahm meinen Freund Jean-Louis Richard, und ich glaube, er ist besser als jeder Star, der zu den anderen noch hinzugekommen wäre. – Nun muß man sich darüber im klaren sein, daß das Arbeitsverhältnis, das man zu einer Major Company haben kann, nicht zwangsläufig von großer Treue über einen langen Zeitraum hinweg bestimmt ist. Als das Drehbuch für DIE AMERIKANISCHE NACHT abgeschlossen war, brachte ich es natürlich zu United Artists, da wir schon vier Filme zusammen gemacht hatten. Zu meiner größten Enttäuschung lehnten sie es ab, wozu sie das Recht hatten. Glücklicherweise traf ich Bob Solo, der französische Projekte für Warner Bros. suchte. Er wollte es machen, er legte das Drehbuch den Leuten in Burbanks vor, und sie sagten ja. Der Film bekam einen Oscar und an die zehn andere amerikanische Preise, es herrschte Hochstimmung, es war die reinste Idylle mit den Leuten von Warner, und sie fragten mich: »Wann geben Sie uns Ihr nächstes Buch?« Ich gab ihnen ADÈLE H. zu lesen. Bestürzung, Absage. Das war ihr Recht. Ich gehe wieder zu United Artists, ihnen gefällt ADÈLE H., sie nehmen es und sind zufrieden damit, denn schließlich dehnten wir unseren Vertrag auf die drei folgenden Filme aus, auf TASCHENGELD, DER MANN, DER DIE FRAUEN LIEBTE und DAS GRÜNE ZIMMER.

Sie scheinen ein Regisseur mit einem sehr starken Schutzsystem zu sein. Das begnadete Genie möchten Sie nicht sein, also arbeiten Sie im Büro, mit festen Arbeitszeiten und einer Art von Zwang. Sie mögen den Paris-Zentrismus nicht, also arbeiten Sie mit multinationalen Produktionssystemen und einem internationalen Verleihsystem zusammen. Was es an Einschränkungen in einem bestimmten klassischen Kino gab, das schätzen Sie, aber Ihr Büro ist trotzdem in Paris. Mit einem Wort, Sie scheinen sich nicht abzustrampeln, und Sie haben offensichtlich einen Apparat organisiert, der Ihnen praktisch alle Vorteile eines bestimmten Produktionssystems gewährt, aber nur ein Minimum seiner Nachteile hat.

Ja, das stimmt. Aber wo sollte ich Ihrer Meinung nach meine Büros einrichten, wenn nicht in Paris? Seit es die Studios Marcel Pagnol in Marseille nicht mehr gibt, kann man nur noch in Paris Filme entwickeln lassen. Ich war sehr glücklich, als Pagnol mich im *Express* als seinen Nachfolger erwähnte, aber ich glaube, Claude Lelouch ist der Autonomie und der Unabhängigkeit Pagnols näher, und vor allem Claude Berri. Meine Organisation hat bescheidene Ausmaße, eher so wie die Films du Losange von Eric Rohmer. Es gibt noch einen, der diese Art von Unabhängigkeit erreichen konnte: Jean-Pierre Mocky. Kurz, ich verstehe mich mit den Regisseurs-Produzenten, die kämpfen und nicht jammern, besser als mit den Muttersöhnchen, die glauben, ihnen stünde alles zu. Die Verpflichtungen, finanzielle und andere, hindern einen daran, Stimmungen nachzugeben. Gewiß, jedesmal vor Beginn der Dreharbeiten

Liebe auf der Flucht

hat man Bammel und das Gefühl, bei Null anzufangen. Ich bin kein sehr schwieriger Charakter, ich glaube, ich könnte gut mit Produzenten wie Robert Dorfman, Mnouchkine oder Albina de Boisrouvray zusammenarbeiten, aber es ergibt sich jedesmal, wenn ich ein fertiges Skript bekomme, selbst wenn es ausgezeichnet ist, daß mir eine erfolgreiche Realisation schwieriger erscheint als bei einem eigenen Projekt.

Nein, ich bin nicht gegen die Avance sur recettes[2], aber ich lehne das Mäzenatentum ab, weil Mäzene per definitionem nicht danach streben, ihr Geld wiederzubekommen, was in neun von zehn Fällen das Begräbnis des Films bedeutet. Wenn Sie sich bei den Leuten erkundigen, die die kleinen privaten Kinos in Paris betreiben, werden Sie erfahren, daß ihre Vorführkabinen mit Kopien von Außenseiterfilmen vollgestopft sind, die niemand mehr abgeholt hat.

Das Gerede über die Krise des Kinos scheint Sie nicht sehr zu berühren, erstens, weil Sie Ihre Karriere »normal« weiterführen, indem Sie einen Film nach dem anderen inszenieren, und zweitens, weil Sie nicht in das Gejammere über das Los der

Regisseure einstimmen, das oft auf dieses weitverbreitete Krisengerede folgt.

Die Wirtschaftsexperten haben oft gesagt – ich weiß nicht, ob es stimmt –, daß die Filmindustrie *immer* defizitär war. Nach ihrem Urteil bekommen die Profis regelmäßig ihren Einsatz wieder, und das jährliche Defizit wird durch ein zeitlich begrenztes, aber immer wieder erneuertes Mäzenat ausgeglichen. Wenn das stimmt, was mich nicht schockieren würde, dann wäre das eine anarchische Version des kanadischen oder deutschen Abschreibungssystems, das die Industriellen dazu ermuntert, weniger Steuern für ihre Gewinne zu bezahlen und statt dessen in den Film zu investieren. – Man weiß genau, daß das, was man die Krise nennt, in Wirklichkeit eine Umstellung ist, da die Zuschauer nun einmal die Filme lieber zu Hause sehen. Man redet zuviel von dieser Krise, vor allem im Fernsehen, in den Sendungen, die vorgeben, das Kino zu fördern. Ich finde es ein wenig demagogisch, von einem Regisseur zu behaupten, die Zuschauer würden sich darum reißen, seinen Film zu sehen, wenn die Industrie keine Hürde zwischen ihm

Liebe auf der Flucht

85

und dem Publikum errichten würde. Ich glaube, den eigentlichen Kampf müssen wir mit uns selbst führen, mit unseren Zweifeln, unseren Unzulänglichkeiten, unseren Grenzen und unseren Irrtümern, und auf der anderen Seite mit der Gleichgültigkeit des Publikums. Alle, die auf dem Gebiet der Fiktion arbeiten, sind ein wenig verrückt, ein wenig neurotisch. Ihr Problem besteht darin, ihre Verrücktheit, ihre Neurose für die anderen interessant zu machen. Manchmal klappt das, manchmal nicht.

Avance sur recettes ist sehr gut, die Verleihförderung ist ausgezeichnet, die Steuererleichterung für die Kunstkinos ist zweckmäßig, aber man muß sich im klaren darüber sein, daß die folgende Etappe nicht darin bestehen kann, die Zuschauer zu subventionieren oder den Besuch bestimmter Filme vorzuschreiben. Die Schwäche der kulturellen Diskussion besteht im Verschweigen der Tatsache, daß ein Film attraktiv sein muß.

Um auf die Vorstellung vom Auftragsfilm zurückzukommen: wir haben nicht den Eindruck, daß Sie so etwas tun mußten, daß Sie gezwungen waren, eine Szene oder etwas Wichtiges in einem Film zu ändern.

Nein, ich mache meine Filme unabhängig, aber manchmal erlege ich mir selbst Zwang auf. Ich habe mir selbst Aufträge erteilt bei DIE BRAUT TRUG SCHWARZ, TISCH UND BETT und LIEBE AUF DER FLUCHT. Henri Langlois, der GERAUBTE KÜSSE mochte, sagte zu mir: »Jetzt muß man Jean-Pierre Léaud und Claude Jade miteinander verheiraten«, aber das war vielleicht nicht so zwingend. Bei LIEBE AUF DER FLUCHT wußte ich schon während der Dreharbeiten, daß ich eine Dummheit beging. Ich war wie ein Seiltänzer ohne Seil.

Jean-Luc Godard ist der Ansicht, daß etwas Gutes dabei herauskommt, wenn mindestens zwei Leute miteinander reden – zwei Drehbuchautoren in einer Hollywoodkantine, zwei Kritiker zur Zeit der Neuen Welle, heute vielleicht Coppola und Wenders. Reden Sie heute mit jemandem?

Sie zitieren Godard, aber dieses Beispiel ist schlecht gewählt, denn gerade er gehört zur Gruppe der zwanghaften Neider. Als Rivette die größte Avance sur recettes bekam, die jemals vergeben wurde – 200 Millionen für vier Filme –, tobte Godard: »Rivettes Vergnügen ist dasselbe wie das von Verneuil, und das ist nicht das meine. Rivette hat nichts Menschliches mehr.« Dann kam Rohmer an die Reihe, als jeder *Die Marquise von O.* bewunderte. Als Resnais sechs oder sieben Césars für *Providence* gewann, bekam Jean-Luc fast die Gelbsucht: »Resnais hat seit *Hiroshima* keinen guten Film gemacht.« Godards Haßausfälle gegen mich sind nicht mehr zu zählen, man könnte glauben, ich habe ihn um den Schlaf gebracht. Ich war immer der Auffassung, der Neid unter Kollegen könne nur dadurch gerechtfertigt werden, daß er bis zum Mord geht. Jemand besitzt die Unverschämtheit, denselben Beruf auszuüben wie Sie? Dann müssen Sie ihn umbringen oder sich so arrangieren, daß Sie damit leben können. Ich bin sicher, Godards Gesicht wird sehr häßlich, und ein Grinsen verzerrt es, wenn er sagt: »Truffaut? Der hat nie einen guten Film gemacht.« Der Held von Buñuels *El* war da aufrichtiger: »Das Glück der anderen verursacht mir Übelkeit.« – Wenn Ihnen wirklich daran liegt, reden wir ein andermal über Godard, man könnte sogar ein Buch daraus machen. Doch man muß auch erwähnen, daß bei jeder künstlerischen Arbeit eine gewisse Einsamkeit notwendig ist.

Und was Godard sagt, daß zu Beginn der Neuen Welle vieles möglich war?

Nein, das halte ich nicht für richtig, und ich weiß, daß Godard nur so tut, als glaube er das. Sogar damals während der Neuen Welle funktionierte die Freundschaft mit ihm nur in einer Richtung. Da er sehr begabt und schon so geschickt war, sich bedauern zu lassen, verzieh man ihm seine Engherzigkeit, aber seine Gerissenheit – das wird Ihnen jeder bestätigen –, die er nun nicht mehr verhehlen kann, war damals schon da. Man mußte ihm ständig helfen, ihm ständig einen Gefallen tun und hatte sich dafür auf einen Tiefschlag gefaßt zu machen.

Bei den Personen ihrer letzten Filme hat man den Eindruck, von außen betrachtet, sind das keine Außenseiter. Sie sehen aus wie Integrierte oder Integrierbare, aber sie gehören auf eine verborgene Weise nicht dazu. Das heißt, wenn sie einmal integriert sind, tun sie dennoch Dinge, die anormal sind. Sie haben eine fixe Idee, die sie von der Gesellschaft isoliert. Kein Außenseitertum, aber eine Art besessene Flucht ihres »Innern«.

Ich glaube, mit meinen ersten Filmen wollte ich überzeugen. Ich zeigte sogenannte »verwerfliche« Verhaltensweisen mit dem Wunsch, sie akzeptabel zu machen. Dann, aber ich weiß nicht mehr, zu welchem Zeitpunkt, interessierte ich mich für exaltiertes Verhalten, für Leute, die von einer fixen Idee beherrscht waren, immer mit dem Wunsch, sie liebenswert zu machen. Ich frage mich, ob der Gegensatz zwischen dem europäischen und dem amerikanischen Kino im Grunde nicht darin besteht: für die amerikanischen Regisseure heißt Inszenierung: das Drehbuch verstärken; für die europäischen: dem Drehbuch widersprechen. Wenn diese Vorstellung ganz oder auch nur halbwegs stimmt, dann ist die Inszenierung bei uns eine durchgehend paradoxe Übung. Sogar in der Literatur ist es so, jede gute Erzählung ist paradox: der Typ, von dem man glaubte, er sei so, ist in Wirklichkeit anders – wenn nicht, fragt man sich, wo ist der Reiz der Geschichte. Worin besteht nun die Alternative für den europäischen Regisseur? Entweder Sie haben eine banale, alltägliche Geschichte, und Sie arbeiten in der Inszenierung ihre außergewöhnliche Seite heraus, oder Sie haben eine außergewöhnliche Geschichte, und Sie versuchen, sie als normal erscheinen zu lassen.

Beschäftigen Sie sich zur Zeit mehr mit Stoffen, die Sie für die kommenden Jahre neu entwickeln, oder greifen Sie auf Stoffe zurück, die Sie seit langem verfilmen wollten? Die Idee mit dem Theater während der Okkupation ist doch vermutlich ein sehr altes Projekt von Ihnen.

Ja, ich habe alte Projekte, die nun endlich ans Tageslicht kommen. Es wäre sicher mutig von mir gewesen, wenn ich DIE LETZTE METRO vor sechs Jahren gedreht hätte, weil mich damals von der extremen Rechten bis zur extremen Linken alle beschimpft hätten. Heute gehen die Leute ohne Kompaß, aber mit größerer Aufrichtigkeit an die Sache heran. – Die Rolle des Schurken Daxiat, die von Jean-Louis Richard gespielt wird, wurde durch einen wichtigen, polemischen Theaterkritiker der Okkupationszeit angeregt. Die Antisemiten sind in Friedenszeiten schon ziemlich pathetisch, während des Krieges jedoch werden sie gefährlich. Kennen Sie den schönen Satz von Bernanos über Edouard Drummont, den Autor von *La France juive?* »Er, der mit so viel angeborener Bitterkeit die Sprache der Besiegten sprach, war nicht dafür gemacht, eines Tages den Sieg zu sehen.« Mit Daxiat habe ich immer ein Element der Bedrohung, das mir erlaubt, Theatergeschichten zu zeigen, ohne in das Dokumentarische zu verfallen.

In meinen nächsten Filmen werde ich sicher wieder auf frühere Filme zurückkommen. Ich habe noch zwei oder drei Filme mit Kindern vor. Ich werde meinen Freund Gruault[3] wieder treffen. Was ich aufgeben möchte, ist die Richtung GRÜNES ZIMMER, dieses Übermaß an Kerzen. Von den ZWEI ENGLÄNDERINNEN über ADÈLE H. gab es eine Steigerung in der Zurschaustellung von Kerzen, und der Rekord, das Maximum war im GRÜNEN ZIMMER erreicht. Dennoch bin ich von den historischen Filmen fasziniert, sie erlauben eine größere Heftigkeit in den Gefühlen, die Verhaltensweisen streifen die Choreografie – nun, man wird sehen.

DER MANN, DER DIE FRAUEN LIEBTE ist zwar ohne Kerzen, aber er scheint auf derselben Linie zu liegen: Personen, die ganz wie integrierte Leute aussehen, die aber im Grunde einer Idee folgen und sich gerade dadurch außerhalb stellen. Das ist unserer Meinung nach eine wichtige Ader in Ihren Filmen: Leute, die eine maßlose Aktivität entfalten, um Dinge zu tun, die in der öffentlichen Meinung als nicht produktiv gelten.

Ich dachte schon seit langem an den MANN, DER DIE FRAUEN LIEBTE, aber das Thema des Donjuanismus genügte mir nicht. Ich sprang ins Wasser, als mir der Gedanke kam, Bertrand ein Buch schreiben zu lassen, womit wir das zweite, parallele Thema hätten: man sieht ihn die Sätze mit dem Mund formen, dann auf der Maschine tippen, die Fahnen korrigieren, zur Druckerei gehen, und am Schluß kommt das Buch gerade zu dem Zeitpunkt heraus, als er in der Klinik stirbt, weil er versucht, die Beine der Krankenschwester zu erwischen.

Warum genügte die Idee eines Mannes, der alle Frauen haben will, nicht? Warum diese Idee mit dem Buch?

Ich weiß nicht genau. Ich wußte vermutlich, daß ich Charles Denners Stimme im Off verwenden würde (ich liebe Denners Stimme), weil er in diesem Film keinen Vertrauten hat, und daß der Kommentar – da ich ja einen haben mußte – weniger beliebig wäre, wenn ich den Text des Buches dafür nehmen würde, das er gerade schreibt. Sie sehen, Sie bringen mich dazu, meine wahren Gründe zu verraten. Vielleicht wollte ich unbewußt die Lehre aus dem Mißerfolg der ZWEI ENGLÄN- DERINNEN ziehen, wo der Kommentar reine Literatur und nicht gerechtfertigt war.

Die Idee, Tagebuch zu führen, ist mit der Idee vom MANN, DER DIE FRAUEN LIEBTE *verbunden. In gewisser Weise ist das der Donjuanismus: ich habe sie alle, und zugleich mache ich eine Liste. Die Idee, über sie Buch zu führen, ist nicht so weit von jener entfernt, sie »alle zu haben«, eine nach der ande- ren . . .*

Der Muskel-Don Juan zählt seine Abenteuer, der intellektu- elle hingegen neigt dazu, ein intimes Tagebuch zu führen. – Etwas anderes, das mich am MANN, DER DIE FRAUEN LIEBTE interessierte: einen Mann zu zeigen, der wirklich al- lein ist. Ich liebe *Pickpocket* von Bresson und *Der Mieter* von Polanski sehr, aber in diesen beiden Filmen wird mein Ver- gnügen jedesmal getrübt, wenn der Held sich einem Freund anvertraut. Ich denke, ich, der Zuschauer, müßte der einzige Freund des Helden sein. Zwischen der Einsamkeit auf der

Die letzte Metro

Die letzte Metro

Leinwand und der Einsamkeit im Zuschauerraum sollte eine affektive Beziehung hergestellt werden. Das ist das Geheimnis Simenons, und Simenon wird leider im Film oft entstellt. Aus diesem Grund bestand ich auf der Einsamkeit Denners. Einer seiner Bürokollegen sagt von ihm: »Diesen Typ sieht man niemals in Begleitung eines Menschen nach sechs Uhr abends.« Seine Einsamkeit ist zwar offenbar bevölkert, aber sein einziger Vertrauter ist der Zuschauer.

Sie sagten, daß Sie die Zeit der Okkupation am meisten begeistert. Warum?

In der Tat, jedesmal wenn ich ein Buch mit Erinnerungen von Zeitgenossen zur Hand nehme, schlage ich zuerst das Kapitel über die Okkupationszeit auf, weil ich mir hier eine Vorstellung vom Autor, von seiner Aufrichtigkeit und seiner Denkweise machen kann. Unter den Autobiografien von Schauspielern ist die von Jean Marais mit Abstand die ehrlichste. Andere Bücher sind interessant, aber man findet darin häufig dieselben Unwahrheiten. Die Theaterdirektoren und -direktorinnen sagen immer: »Deutsche Offiziere gab es in allen Theatern, außer in meinem.« In Wirklichkeit waren die Deutschen überall, sie sahen alles, und ihre Vorliebe führte sie in die Comédie Française. – Mehrere Jahre lang verwarf ich den Gedanken an einen Film über die Okkupation, weil ich durch *Der Kummer und das Mitleid/Das Haus nebenan* von Marcel Ophüls eingeschüchtert war. Für mich ist das vielleicht der einzige Film mit proustschem Parfüm, unter anderem weil er auf überzeugende Weise verschiedene Menschen mit verschiedenen Momenten ihres Lebens konfrontiert. Man hat viel Parteipolitisches über *Der Kummer und das Mitleid* veröffentlicht, in der intoleranten Atmosphäre der damaligen Zeit. Die Kommunisten fühlten sich nicht richtig dargestellt, die Gaullisten ebenfalls nicht, doch ich bin sicher, daß dieser Film an Bedeutung noch zunehmen wird. Im Jahr 68 stellte *Der Kummer und das Mitleid* die Vergangenheit der Gegenwart gegenüber, heute verarbeitet der ganze Film Vergangenheit. Er liefert nun ebenso genaue Informationen über die Geisteshaltung von 68 wie über die Zeit der Okkupation.

Ich brauchte also eine gewisse Zeit, um mich in eine Unternehmung hineinzuwagen, die bescheidenere Ambitionen hatte, die Chronik eines pariser Theaters von 1942 bis 1944. DIE LETZTE METRO ist nicht der entscheidende Film über die Okkupation, den ich machen könnte und den ich eines Tages vielleicht auch machen werde. Das wird die Geschichte eines kleinen Jungen sein, der die Lügen der Erwachsenen aufdeckt. Bei Kriegsbeginn war ich acht Jahre alt, bei Kriegsende zwölf, und in der Zwischenzeit entdeckte ich eine Welt der Erwachsenen, die mir als Heranwachsendem vorkam wie eine Welt der Fäulnis, in der es keine Strafen gab.

Wenn man alle Ihre Filme sieht, hat man jedoch nicht den Eindruck, daß Sie zu einem ähnlichen Schluß gelangen wie Hitchcock in Im Schatten des Zweifels: *daß die Welt ein Schweinestall ist.*

Nein, nein, ich bin kein Puritaner. Hitchcock zog sich aus der Welt zurück und betrachtete sie mit einer ungeheuren Strenge. Wenn ich sage, er hat das Filmemachen praktiziert wie eine Religion, dann ist das nicht eine Interpretation von mir, das ist die Wahrheit. Hitchcock selbst gebrauchte mehrmals in unserem Buch[4] die Wendung: »Als sich die schweren Portale des Studios hinter mir schlossen ...«

Werden Ihre Filme nicht falsch verstanden? Neigen nicht die
Leute, Publikum wie Kritik, dazu, sie für optimistischer zu hal-
ten, als sie sind? Uns erscheinen Ihre Filme indes immer ein
wenig aus einer bestimmten Vorstellung vom Tod gemacht, zu-
mindest wird das in Ihren jüngsten Filmen ziemlich deutlich.

Nein, ich bin Optimist, auf jeden Fall liebe ich das Leben, das
merkt man wahrscheinlich meinen Filmen an. Das kann die
Leute aufbringen, die es nicht lieben, und vor allem die, die so
tun, als liebten sie es nicht. Das einzige, was mich bei Sartre
stört, der doch so ehrlich war, ist, daß er den Anschein er-
weckte, er liebe das Leben nicht, obwohl alle, die ihn kannten,
das Gegenteil behaupten. In seinem letzten Interview, zwei
Monate vor seinem Tod, sagte er: »Ich habe noch fünf Jahre
zu leben, in Wirklichkeit, glaube ich, zehn Jahre ...« Im selben
Interview spricht er zum erstenmal von der Hoffnung. – Das
Bild eines Regisseurs im Smoking, der auf dem Festival in
Cannes einen Film zeigt, dessen Hauptfigur sich 15 Sekunden
vor dem Wort »Ende« ein Messer in den Bauch stößt, läßt
mich immer ratlos. Chaplin resümiert in seinen Memoiren
seine Arbeit am besten: »Es geht darum, den Menschen in
Unannehmlichkeiten zu stürzen und ihn wieder daraus herauszuholen.«

Ihn daraus herauszuholen – heißt das für Sie Happy-End?

Für mich stellt die letzte Rolle von ADÈLE H. ein glückliches
Ende dar: Adèle begegnet dem Leutnant Pinson und erkennt
ihn nicht wieder, sie ist also von einer Liebe geheilt, deren Last
unerträglich geworden war. Ich nehme an, daß Adèles letzte
vierzig Lebensjahre, die sie im Sanatorium von Saint-Mandé
verbrachte, die besten ihres Lebens waren, die angenehmsten.
Die Hauptperson aus DAS GRÜNE ZIMMER, Julien Davenne, liebt seine Toten ohne Traurigkeit, er zeigt dieselbe
Erregung wie ein Bibliophiler oder ein Briefmarkensammler.
Wieder haben wir hier, mit seinem Tod, ein glückliches Ende:
in der Kapelle blieb ein Platz für eine Kerze übrig. Davenne
begreift, daß es seine war! Diese Filme werden ganz wie Kam-
mermusik behandelt. Sie haben eine elegische Komponente,
sie trachten nach der visuellen Einheit, und sie sind gegen die
Idee der Varietät gedreht.

Was verstehen Sie unter Varietät?

Das Kino hat immer von der Idee der Abwechslung gelebt. Nach einer Liebesszene eine Verfolgungsjagd, nach der Verfolgungsjagd ein Duell, ein Sturz ins Wasser, ein Elefantenangriff, ein Feuerwerk. Um dem Zuschauer physische Schocks zu verschaffen, mußte man ihn an verschiedene Orte führen, und die Attraktionen jagten einander bis zum Beginn des Tonfilms und noch danach ... Man kann auch von der Vielfalt der Stile sprechen, der Vielfalt der Orte, der Personen, der Situationen. In Frankreich war Bresson der erste, der dagegen kämpfte, sogar gegen die Vielfalt des Lichts. *Ein zum Tode Verurteilter ist entflohen* ist grau von Anfang bis Ende, wie *Ordet*[5] von Anfang bis Ende weiß ist. Bresson sagte einmal: »Ich lege die Fäden bloß.« – In manchen Filmen scheinen Drehbuchautor und Regisseur die Wechsel des Schauplatzes willkürlich beschlossen zu haben. Der Streit des Paares hat in der Küche begonnen, er geht auf der Treppe weiter, dann auf dem Parkplatz und im Auto ... Warum nicht alles in der Küche filmen? Aus Mangel an Vertrauen in das Drehbuch? In den Dialog? In die Schauspieler? In die Inszenierung? Ich glaube, die visuelle Einheit muß mit der emotionalen Einheit korrespondieren.

Mögen Sie deshalb nach wie vor Bergman?

Ja, Bergman und auch Bresson und auch Pagnol. Man kann Leute mögen, die sich untereinander nicht verstehen, warum nicht? Die, die Bergman heruntermachen – wie durch Zufall, seit er Erfolg hat –, sollten darauf achten, wie er es bewerkstelligt, daß das Publikum ruhig ist, wenn er lange stumme Passagen filmt. Ist Ihnen aufgefallen, daß die Filme von Bergman und von Bresson besser ins Fernsehen passen als die von Hitchcock? Hitchcock braucht dieses unbestimmte Geräusch des Publikums in einem vollen Kino. Kurz, da das Fernsehen uns jeden Abend eine Rumpelkammer voller Bilder und Töne anbietet, wobei alle Stile vermischt werden, glaube ich, daß wir in den Kinofilmen daran interessiert sind, als Kontrast dazu die Einheit und die Einfachheit zu bewahren.

Was war das auslösende Moment für DIE LETZTE METRO?

Suzanne Schiffman und ich haben das Buch geschrieben, indem wir uns erinnerten. Suzannes Eltern versteckten sich während des Krieges, ihre Mutter kehrte aus der Deportation nicht mehr zurück. Einer meiner Onkel, der sich der Résistance angeschlossen hatte, wurde an der Gare de l'Est festgenommen, aber er konnte einem Kameraden, der sich mit ihm treffen wollte, ein Zeichen geben und verhinderte so dessen Festnahme. Und so weiter ... Wir schrieben das Buch in zwei Monaten, aber mehr als ein Jahr lang ließen wir unser Gedächtnis arbeiten, befragten wir Freunde und lasen alle möglichen Bücher über das Theaterleben während des Krieges und über die Kollaborationspresse.

Kann man sagen, daß es eine autobiografische Ader in Ihren Filmen gibt?

Die Ader ist nicht autobiografisch, aber stark biografisch. In dem Augenblick, wo man sie braucht, taucht oft eine Erinnerung auf, die eine Szene wieder in Gang setzt: »Ich erinnere mich an einen Typ, der ...« oder »Eines Tages sah ich auf der Straße ...« In EIN SCHÖNES MÄDCHEN WIE ICH hatte ich eine Szene mit Charles Denner, der Bernadette Lafont zu einem Rechtsanwalt bringt. Er muß unten auf der Straße warten, und ich mußte dort irgend etwas zeigen, um die Szene nicht zu unterbrechen, irgend etwas, das mit Denners Charakter zu tun hatte, der hier einen sittenstrengen katholischen Rattenvertilger spielt. Plötzlich fiel mir eine Szene aus dem Jahr 1945 ein. Auf dem Nachhauseweg von der Schule überquerte ich den Vorplatz der Gare Saint-Lazare und sah einen Priester, der gerade eine Zeitungshändlerin anschnauzte, weil sie *Paris-Hollywood* ausgehängt hatte, das erste Sexmagazin der Nachkriegszeit. Der Zorn des Priesters war übergroß, sein Gesicht war ganz rot, einige Passanten gaben ihm recht, die meisten machten Witze. Ich bildete nun diese Szene nach, die zu Denner paßte: »Sie finden das normal, Madame? Nun, ich finde das nicht normal.« Zum Glück ist dieser Fonds von Erinnerungen unerschöpflich. Sie tauchen im rechten Augenblick auf, jedesmal, wenn man sie braucht. Wie sich zeigt, strömen diese Erinnerungen stärker, je älter man wird, und sie sind um so häufiger mit unserer Jugendzeit verbunden.

Hatten Sie niemals Lust, einen Film in Amerika zu machen?

Die Alternative ist nicht, einen Film in Amerika oder in Europa, sondern in französischer oder englischer Sprache zu drehen. Das ist der eigentliche Zwiespalt.

Nein, ich glaube nicht, ich bin sicher, sie ist überall gleich. Als Steven Spielberg in Alabama oder in Wyoming drehte, waren wir ein Team von 250 Leuten, die aus Los Angeles kamen. 250 Leute anstatt der 30 bei der AMERIKANISCHEN NACHT oder der 10 bei *Die Mama und die Hure,* aber die Arbeitsweise ist immer gleich. Auf dem Set sah ich, wie Spielberg einen Zettel aus der Tasche zog und eine nicht geplante Einstellung drehte, die ihm in dem Wagen eingefallen war, der ihn zum Drehort brachte. – Ob mit einer 16 mm-, einer 35 mm- oder einer 70 mm-Kamera – die Arbeit ist dieselbe, ich sehe keine Unterschiede. Als wir in der Nähe von Bombay drehten, stießen indische Fachleute zum Team, selbst da gab es keinen Unterschied. Der indische Requisiteur war wie die Requisiteure auf der ganzen Welt, ein Spötter wie ein Taxichauffeur, unabhängig, frech, schlau und sehr produktiv.

Also, die Wahl ist, in Englisch oder in Französisch zu drehen. Wenn ich mich bei FAHRENHEIT 451 aus der Affäre gezogen habe, worüber sich noch streiten läßt, dann weil es sich um Science-fiction handelte, um ein imaginäres Land. Die Stimmigkeit der Sprache war da nicht wesentlich. Wie soll ich Ihrer Meinung nach zum Beispiel mit amerikanischen Kindern drehen? Ich glaube, daß GERAUBTE KÜSSE eine gewisse Euphorie vermittelt. Sie kommt aus dem Vergnügen, das ich hatte, als ich nach meiner Drehzeit in London wieder zu Hause war, in Frankreich, wo ich die Dialoge drei Minuten bevor ich eine Einstellung drehte, verbessern konnte. – »Double version« – man dreht eine Einstellung in Französisch und eine Einstellung in Englisch – kann eine Lösung sein, wenn der Stoff sich dazu eignet. Ich habe das in ADÈLE H. so gemacht, weil die Heldin eine Französin in einer angelsächsischen Welt war. Die Einwohner von Guernesey waren zweisprachig, und ich besetzte alle Nebenrollen an Ort und Stelle. Ich bin mit diesem Experiment zufrieden, es hatte zur Folge, daß der Film in den englischsprachigen Ländern gut lief. DIE AMERIKANISCHE NACHT hat bei der englischen Synchronisation, obwohl hier nicht gepfuscht wurde, sehr viel Charme und Humor verloren. Der Ernst verträgt die Synchronisation gut, aber nicht die Leichtigkeit.

Es ist so schwer, Filme in Frankreich und auf Französisch zu drehen, und es ist eine solche Erleichterung, wenn die Kosten eines Films beglichen sind, daß die Versuchung groß ist, einen amerikanischen Film zu akzeptieren, wenn ich daran denke, daß ich im Falle eines Erfolgs zwei Jahre Pause machen könnte, um zu verschnaufen und zu lesen. Kurz, ich kann nicht sagen, daß ich einen Film in Englisch drehen möchte, ich kann es aber auch nicht ausschließen, wenn sich ein passender Stoff anbietet.

Wann bekamen Sie Lust, Schauspieler zu sein?

Ich betrachte mich nicht als Schauspieler, nur als Gelegenheitsdarsteller. Als ich in London FAHRENHEIT 451 drehte, hatten die Schauspieler Doubles, die während des Einleuchtens ihren Platz einnahmen. Mir fiel auf, daß sich die Doubles, die das englische Kino der starren Einstellungen gewohnt waren, ungern innerhalb der Szenerie bewegten. Als ich mit Nicholas Roeg häufig Plansequenzen einrichtete, nahm ich ein paarmal den Platz von Oscar Werner ein. Dabei wurde mir klar, daß die Inspiration für die Inszenierung vor der Kamera ganz anders ist. Das hat mich dazu gebracht, die Rolle des Doktor Itard im WOLFSJUNGEN zu übernehmen, mich völlig dem Kind zu widmen und die absolute Neutralität zu spielen. Dasselbe tat ich in der AMERIKANISCHEN NACHT, wo ich mich mitten unter den Schauspielern bewege, statt ihnen aus der Entfernung Zeichen zu geben.

In *Unheimliche Begegnung,* wo ich mich nun endlich als Schauspieler fühlen mußte, hatte ich nie das Gefühl, eine Rolle zu spielen, sondern nur meine fleischliche Hülle zur Verfügung zu stellen. Spielberg hatte mir die 2000 Skizzen seines Storyboards gezeigt, ich wußte also, daß er einen großen Comic strip machen wollte und daß ich das Buch von Stanislawski, das ich für diese Gelegenheit gekauft hatte, in meinen Koffer packen konnte. Ich wollte der ideale Schauspieler sein und niemals Fragen stellen, ich wollte, daß Spielberg niemals Sorgen mit mir hatte. Für bestimmte Szenen wurden die Kamerabewegungen durch Computer gemacht, wegen der Genauigkeit der späteren Trickbearbeitungen, und wir konnten daher das Ergebnis alsbald auf Monitoren prüfen. Ich betrachtete nun mein Bild und sagte mir, daß es anmutiger wäre, die Arme ein wenig abzuwinkeln, um die Silhouette deutlicher zu machen. Es war das reinste Vergnügen.

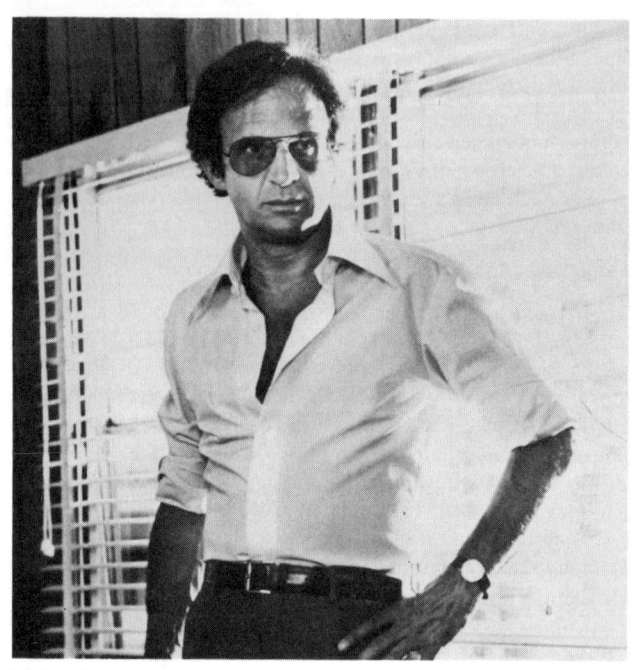

Unheimliche Begegnung der dritten Art

Das Spiel eines Schauspieler-Regisseurs ist immer etwas Besonderes, ich glaube, ich habe darüber im Zusammenhang mit Orson Welles etwas geschrieben. Nicht nur das Spiel ist anders, sondern auch die Art der Inszenierung. Wenn ich in einer Szene mit mehreren Personen spiele, dann verschwinde ich, sobald ich nichts mehr zu tun oder zu sagen habe, und kehre zur Kamera zurück, um die Szene zu verfolgen. Wenn es sich nun um einen Schauspieler handelte, würde ich ihm einen Platz vom Beginn bis zum Ende einer Einstellung anweisen. Daher sind die Auftritte und die Abgänge in den Filmen von Schauspieler-Regisseuren anders. Die Art des Spiels wird ebenfalls durch die doppelte Funktion beeinflußt, es ist ein überwachendes Spiel. Im *Tanz der Vampire* ist das aufregend und sehr komisch. Es gibt da einen alten Schauspieler und neben ihm Roman Polanski. Manchmal hat der Alte ziemlich lange Repliken, doch anstatt ihn anzusehen, beobachtet man

Roman: man sieht, wie er zur gleichen Zeit wie der Alte die Lippen bewegt und ihn aufmerksam anstarrt, in der Hoffnung, er möge seine Sätze ohne Fehler zu Ende bringen.

Godard wirft Ihnen vor, Sie vermittelten in der AMERIKANI-SCHEN NACHT *dem Zuschauer den Eindruck, er gehöre zu diesem Filmmilieu dazu. In Wahrheit aber würden Sie nichts aufhellen, sondern alles nur noch undurchsichtiger machen.*

Das ist eine Dummheit mehr, die auf Godards Konto geht, der immer über seine Verhältnisse gedacht hat. Zunächst: die Arbeit eines Regisseurs besteht gerade darin, dem Publikum die Illusion zu vermitteln, »es gehöre dazu«. Wenn man *Nachtflug* liest, lenkt man ein Flugzeug, man ist Pilot, aber wenn man das Buch wieder zuklappt, weiß man nichts mehr über Flugzeugmotore, und man ist gewiß nicht in der Lage, ein Flugzeug zu lenken. Undurchsichtig machen, soll das heißen verbergen? Bresson sagte ganz richtig, man müsse ständig zugleich verbergen und zeigen. Viele Leute kamen aus der AMERIKANI-SCHEN NACHT und sagten: »Ich hätte nie gedacht, daß es so anregend ist, einen Film zu machen.« Andere kamen aus dem Film und sagten: »Ich hätte nie gedacht, daß es so schwierig ist, einen Film zu machen.« Da beide Meinungen richtig sind, vermute ich, daß der Film stimmt. Ich fand immer, wenn man etwas sagen wolle, müsse man es sagen oder schreiben, aber man darf dann keinen Film drehen.
Ein Film sagt nichts, ein Film transportiert emotionale Informationen, die zu erschütternd, zu sinnlich und zu unterhaltsam sind, als daß sich daraus eine phlegmatische Botschaft machen ließe.
Als ich DIE AMERIKANISCHE NACHT drehte, wollte ich ursprünglich Musik über die Szenen aus dem Privatleben legen und die Arbeitsszenen wie einen Dokumentarfilm schneiden. Nach und nach wurde ich mit Yann Dedet dazu gebracht, das Gegenteil zu machen. Um eine Montageszene einzuführen, die den Fortschritt bei den Dreharbeiten zu »Je vous présente Paméla« illustriert, hatte ich als Kommentar geschrieben: »Die Dreharbeiten sind endlich auf dem richtigen Weg, die persönlichen Probleme zählen nicht mehr, der Film regiert.« Nun mußten wir auf den Schneidetisch eine provisorische Musik überspielen, um diese Szenenfolge rhythmisch zu gliedern.

Durch Zufall und durch eine Reihe von Assoziationen kamen wir auf eine Platte von Lulli: »Das paßt gut zu dem Wort regiert.« Das Resultat war erstaunlich. Zwei Monate später nahm ich Lulli heraus und bat Georges Delerue, einen Choral zu schreiben, der sich auf dieselbe Weise erhebt. Das zeigt, inwieweit der Geist des Films sich fast allein während der Dreharbeiten entwickelt.

Wären die Schauspieler der AMERIKANISCHEN NACHT unerträglich gewesen, hätte mich das Klima in Nizza deprimiert, wäre uns das Studio von La Victorine wie ein Gefängnis vorgekommen oder hätte ich einen Todesfall in meiner Familie gehabt, dann wäre der Film vermutlich ernst und traurig geworden, aber so haben wir uns köstlich amüsiert. Wir veranstalteten drei Feste pro Woche, ich schrieb am Abend die Dialoge für den nächsten Tag, einmal kam Graham Greene und spielte eine kleine Rolle als englischer Statist, kurz, wir waren in Hochstimmung, und die Stimmung beim Drehen hat sich natürlich auf den Film ausgewirkt. Gewiß hatte ich nicht vor, eine Tragödie über das Kino zu drehen. Meine schönsten Kindheitserinnerungen sind mit Ferienlagern verbunden, und ich wollte zeigen, daß sich die Dreharbeiten im Freien in einer ähnlichen Atmosphäre abspielen. Ich weiß genau, daß die Arbeit an manchen Filmen schmerzhaft und ärgerlich ist, und ich finde, wie bei den Liebesgeschichten, so müßte jeder Regisseur auch über das Filmemachen seinen eigenen Film drehen, und die würden sicher anders aussehen als DIE AMERIKANISCHE NACHT.

Immer wenn ein Regisseur versucht, die Dinge chemisch zu analysieren, kann er zwar Leute wie uns begeistern, aber er verliert das Publikum. Immer wenn er das Publikum halten will, ist er gezwungen, in großen Synthesen zu verfahren und dabei vieles zu idealisieren.

Sie haben vollkommen recht. Könnte man Bergson, Proust, Sartre im Film machen, könnte man die Synthese zugunsten der Analyse aufgeben? Ich glaube ja, aber nur für kurze Zeit, für bestimmte Szenen, und nicht einen ganzen Film lang. Der Erfolg von *Mein Onkel aus Amerika*[6] belegt das. Das ist eine Mischung aus dem Unmöglichen und dem Möglichen. Ein Film kann Subtilitäten enthalten, aber er kann nicht von Anfang bis Ende subtil sein. Der Filmstreifen läuft zu schnell, es sind Wechsel in der geistigen Geschwindigkeit notwendig. Wenn man ein Buch liest, verändert man seinen Leserhythmus ständig, je nach der Schwierigkeit der einzelnen Seiten. Als ich den WOLFSJUNGEN drehte, wo ich viele abstrakte Informationen geben mußte, habe ich einige Irrtümer begangen, weil es mir an Selbstvertrauen fehlte. Vor allem bedauere ich, auf eine wichtige Szene verzichtet zu haben, weil ich glaubte, sie sei konfus. Nach vielen Anstrengungen bringt Doktor Itard Victor dazu, einen Hammer, einen Schlüssel, einen Kamm und eine Schere zu identifizieren – zunächst anhand ihrer Darstellung auf der Wandtafel, dann anhand ihrer Bezeichnung, die auf Kartons geschrieben war. Als Jean Itard dem Kind einen Karton mit dem Wort »Schere« vorlegt, geht es in das Nebenzimmer und holt die Schere. In der Szene, auf die ich verzichtete, sieht man Itard, wie er das Buch, das Victor gewöhnlich bringt, durch ein anderes ersetzt. Deshalb erkennt das Kind das Buch nicht wieder, verzichtet darauf, es mitzubringen und erscheint mit leeren Händen vor Itard. Diese Szene, die nicht so abstrakt war, illustrierte die Vorstellung vom Umfang der Begriffe. Ich werde sie immer vermissen, aber ich hatte nur sechs Wochen Drehzeit, und da der Film allen sehr schwierig erschien, wollte ich neunzig Minuten nicht überschreiten.

Halten Sie sich für einen Neuerer? Wollten Sie das überhaupt sein?

Ich habe von Anfang an sehr laut versichert, daß ich kein Neuerer bin, aber das war vielleicht nur ein Schutz, da die Leute seit der Vorführung von SIE KÜSSTEN UND SIE SCHLUGEN IHN in Cannes sagten: »Aber es gibt darin nichts Neues!« Ich nehme an, im Gegensatz zu *Hiroshima mon amour.* Wenn man SIE KÜSSTEN UND SIE SCHLUGEN IHN angriff und sagte: »Das ist wie bei Pagnol«, wegen des Themas uneheliches Kind, oder: »Das ist wie bei Dickens« oder auch noch: »Das ist melodramatisch«, empfand ich keine dieser Behauptungen als abwertend. Nein, ich bin sicher kein Neuerer, denn ich gehöre zu dem kleinen Häuflein jener, die noch an der Vorstellung von Menschen und Situationen, von Steigerung, Peripetien und falschen Fährten festhalten, mit einem Wort: an der Darstellung. Nicht vielen Regisseuren ist es gegeben, Neuerer zu sein. Griffith erfand die Einstellungsveränderung innerhalb einer Achse, und seine Schüler John

Ford und Howard Hawks vervollkommneten diese Art zu erzählen. Hitchcock erfand sozusagen die subjektive Regie und die Einstellungsveränderung um 90 Grad. Orson Welles erfand die diagonalen Schwenks. Heutzutage macht ein großer Visueller wie Fellini Erfindungen, aber sie entfalten sich vor der Kamera. Die Grenzen meiner visuellen Seite spürte ich beim Drehen von FAHRENHEIT 451, es gibt darin eine große Diskrepanz zwischen der Originalität des Themas und der Banalität seiner Behandlung. Ich begriff, daß meine Domäne auf dem Gebiet des Schauspielerfilms liegt.

Was die Politik betrifft, so führen mich meine Vorstellungen zur Linken, einer Linken vom Typ Mendès-France, aber das kommt in meinen Filmen nicht direkt zum Ausdruck. Vielleicht weil ich finde, daß man zu viele Gefühle in die Politik bringt und daß man nicht links sein sollte, weil das jung und sympathisch macht, sondern einzig und allein, weil es richtig ist. Der Slogan »Alles ist politisch« gefällt mir nicht, denn wenn alles politisch ist, ist nichts politisch. Mitunter neige ich dazu, zu denken: alles ist affektiv, aber das ist derselbe Irrtum. Ein Typ, der sagt: alles ist erotisch, ist ein Besessener und nichts anderes. Meine Arbeit besteht oft darin, Szenen zu filmen, die ich erlebt habe und die ich nachbilden will, solche, die ich gerne erlebt habe, und solche, die zu erleben oder wieder zu erleben ich Angst hätte. Mit diesem System, das seinen eigenen Wert hat, schreibt sich das Drehbuch fast von selbst, wenn ich einmal das Thema gewählt habe, und ich beschäftige mich nicht allzusehr mit der Bedeutung, die sich dabei ergibt.

Arbeiten heißt für Sie, immer derselben Furche folgen. Sie haben einmal bemerkt, es gäbe nichts Schlimmeres, als sich mitten auf der Umlaufbahn zu sagen: »Ich werde den Kurs total ändern.« Es wäre besser, bis zum Ende weiterzumachen ...

Es ist sicher schlecht, mitten während der Dreharbeiten die Idee zu ändern, aber man kann sie von einem Film zum anderen ändern, und das macht man ja auch zwangsläufig. Diese Änderung ist insofern relativ, als man – wie ich mit Simenon glaube – mit allem arbeitet, was man zwischen der Geburt und dem Alter von vierzehn Jahren erlebt hat. Eines steht fest: wenn das Publikum nicht mehr an die Geschichten glaubt, die man ihm erzählt, wenn es die lineare Erzählweise ablehnt und

sich nur noch durch Schlager, Verfolgungsjagden oder Karate-
kämpfe unterbrochene Fiktionen vorsetzen läßt, dann werde
ich aufhören, Filme zu machen, weil ich mich nicht anpassen
könnte. Man spricht viel über Regie, aber ich habe noch nie
eine präzise Definition dieses Begriffs gehört. Meiner Auffassung nach könnte man Regie die Gesamtheit der Entscheidungen nennen, die vor, während und nach dem Drehen getroffen
werden, soweit sie das Endergebnis beeinflussen. Einen Film
machen oder einen Brief schreiben, das ist kein großer Unterschied. Es kommt vor, daß ich einen Film drehe und dabei
ausschließlich an eine Person denke, die ihn vielleicht gar nicht
sehen wird, und daß ich mir sage, nun gebe ich fünf Millionen
aus, obwohl ein Brief nur einen Franc dreißig kosten würde.

*Was macht man denn noch, wenn man einen Film dreht, außer
sich auszudrücken?*

Man drückt sich nicht nur aus – man zeigt auch das Vergnügen, das man dabei empfindet, und teilt dieses Vergnügen den
Zuschauern mit. Das Vergnügen des Arrangements. Die beiden Dinge, die das meiste Übel im Leben anrichten, sind der
Mangel an Phantasie und die Unfähigkeit, die Informationen
in die richtige Reihenfolge zu bringen. Wenn wir einen Film
machen, werden wir ständig dazu gebracht, daran zu denken,
was die anderen empfinden, und wir werden gezwungen, die
Informationen so anzuordnen, daß sie mehr Interesse erwek-
ken. Wenn ich einen ängstlichen Menschen zeigen muß, der
unbedingt jemanden treffen will, gebe ich mich nicht damit
zufrieden, ihn zu filmen, wie er die Treppe hinaufsteigt und an
die Tür des anderen klopft, der herein sagt. Ich zeige, wie er
vergeblich an die Tür klopft, traurig die Treppe wieder hinun-
tergeht und seinen Freund auf halbem Weg trifft. Dieses
simple Beispiel illustriert den Unterschied zwischen dem Dokumentarischen und der Fiktion. In der Fiktion arbeiten heißt
Begegnungen organisieren.
Davon abgesehen, daß man sich ausdrückt, wenn man einen
Film macht, heißt das auch, daß die anderen es wollen. Die
anderen müssen es wollen. Außer bei Super 8 erscheint mir
der Wille dessen, der drehen möchte, allein nicht ausreichend.
Die Techniker und die Schauspieler müssen den Wunsch haben, mit Ihnen zu drehen, sie müssen glauben, daß das gut für
sie sei. Die Produzenten müssen sich sagen: »Mit diesem Typ

werden wir vielleicht was verdienen.« Fellini formuliert das oft so: »Diesen Film habe ich gemacht, weil ich einen Vertrag unterzeichnet hatte.« Das ist wie in der Liebe, man muß gewollt werden. Wenn Sie sich beklagen, daß man Sie keinen Film drehen läßt, so ist das, wie wenn Sie eine Petition herumgehen ließen: »Das ist zu ungerecht, ich verlange, geliebt zu werden.« Was übrigens ganz schön wäre ...

Gekürzte Fassung eines Interviews für Cahiers du Cinéma, Nr. 315 und 316, September und Oktober 1980. Übersetzung Christoph Hummel.

1 Nach FAHRENHEIT 451, den Truffaut in England gedreht hatte.
2 Produktionsförderung der französischen Filmbehörde Centre National de la Cinématographie (C.N.C.). Wörtlich: Vorschuß auf die (zu erwartenden) Einnahmen.
3 Jean Gruault: Co-Autor der Drehbücher zu JULES UND JIM und DIE GESCHICHTE DER ADÈLE H.; tritt in DER WOLFSJUNGE als Besucher des Instituts auf.
4 François Truffaut: Le cinéma selon Hitchcock. Deutsch: Mr. Hitchcock, wie haben Sie das gemacht? München: Hanser 1973.
5 Von Carl Theodor Dreyer (1955).
6 Von Alain Resnais (1980).

Dreharbeiten *Die Frau nebenan*

Kommentierte Filmografie 1
Von Hanns Fischer

Die Unverschämten
Les mistons. 1957

In der Provence, bei Nîmes, wird ein Liebespaar immer wieder
von Jugendlichen gestört, die ihre erwachenden sexuellen Gefühle durch Haß und Verfolgung kompensieren. Als der Verlobte in den Bergen verunglückt ist, scheinen sie ihr Ziel erreicht zu haben.

Die 14-15jährigen Jugendlichen, die mit konsequenter kindli-
cher Bosheit das zerstören, was ihnen selbst noch verwehrt ist,
könnten Vorläufer von Antoine Doinel sein (SIE KÜSSTEN
UND SIE SCHLUGEN IHN). Genau wie er spüren sie die
ersten Regungen ihrer Sexualität, aber anders als er, der an
die Konventionen großstädtischen Zusammenlebens gebunden
ist, können sie frei realisieren, was ihre erwachende Sinnlichkeit
– und gleichzeitig die Furcht vor ihr – ihnen spontan eingibt.
Die These des Films: »Ein junges Herz hat seine eigene Logik«
enthebt sie der gesellschaftlichen Verantwortung, die sie noch
nicht kennen, zwingt sie zum Haß, wo ihre eigene Selbstverwirklichung keinen anderen Weg sieht.
Der 28-Minuten-Film verrät die Stärken und Schwächen des
Debüts, ein Übermaß an Ideen und gleichzeitig Nachlässigkeit
bei ihrer übersichtlichen Organisation. Das zeigt sich in über-
zogen gewählten Kameraeinstellungen, in denen das Bild durch
bewußtes Arrangement seine Natürlichkeit verliert. Manches
erscheint willkürlich, und Originalschauplätze gerinnen fast zu
gekünstelten Studiodekorationen, die der Kritiker Truffaut
vielen Regisseuren vorgeworfen hat. Den Reiz – und damit
die Persönlichkeit des Films – machen Einstellungen aus, in
denen die Kinder unvermittelt direkt erscheinen: in den Zeichen ihrer Freundschaft, der gleichen Interessenlage. Das zeigt

sich, wenn einer der Jungen am Fahrradsattel des jungen Mädchens riecht, im Bruch zwischen ungezwungener Natürlichkeit und geregelter Zivilisation. Hier werden – vom gegensätzlichen Ausgangspunkt – Verhaltensweisen vorweggenommen, die später der »Wolfsjunge« zeigt.

LES MISTONS ist deutlich der Film eines Cinephilen, des Kritikers Truffaut: in einer Szene wird Jean Delannoys Film *Chiens perdus sans collier* (Wie verlorene Hunde. 1955) als »Colliers perdus sans chien« persifliert; Verweisungen auf Lumière, Renoir, Jean Vigo oder Luis Buñuel sind die Zitate eines Kenners, der mit vorgefundenen Elementen spielt. Doch auch Stilelemente späterer Filme sind hier schon sichtbar, etwa der Stopptrick, mit dem Truffaut Schlüsselszenen verdeutlicht (der Schluß von SIE KÜSSTEN UND SIE SCHLUGEN IHN). Ein Kommentar verhindert (wie in JULES UND JIM) die Identifikation des Publikums mit den Protagonisten. Dennoch war Truffaut in LES MISTONS noch weit entfernt von dem überzeugenden Engagement, das er im WOLFSJUNGEN beweisen wird, und distanzierter als in den Doinel-Filmen, in denen er sich später mit der Leitfigur identifizieren konnte.

Eine Geschichte vom Wasser
Une histoire d'eau. 1958

Ein Mädchen will das Haus verlassen, um in Paris zu arbeiten, und stellt fest, daß die Umgebung unter Wasser steht. Gemeinsam mit dem Fahrer eines Autos, das angehalten hat, stellt man fest, daß man ein Boot nehmen muß. Schon bald ist der Eiffelturm in Sicht.

HISTOIRE D'EAU kann eigentlich nur als eine Fingerübung betrachtet werden. Keiner der beiden beteiligten Regisseure (Co-Regisseur war Jean-Luc Godard, der auch den Schnitt besorgte) gewinnt Profil. Der Ausgangspunkt, die Reise nach Paris, wird bald nebensächlich. In den Vordergrund rücken die Assoziationen der beiden Reisepartner, etwa ein Gespräch über Aragon, der dreiviertel einer Vorlesung über Plutarch mit Nebensächlichkeiten füllte und den Einwand eines Schülers, zur Sache zu kommen, mit den Worten zurückwies: »... Plutarchs ganze Kunst bestand in seinen Abweichungen!«

In diesen scheinbar nebensächlichen Bemerkungen über Kunst setzt sich die Haltung fort, die Truffaut und auch Godard in vielen ihrer Kritiken in den *Cahiers du Cinéma* eingenommen haben: der besprochene Film als Vorwand für die Darstellung persönlicher Assoziationen und Reflektionen. So wird auch die gemeinsame Fahrt nach Paris durch dauernde Richtungsänderungen gekennzeichnet. Nur Zwischenschnitte mit Luftaufnahmen des kleinen Boots auf der riesigen Wasserfläche deuten schon eines von Truffauts späteren Filmthemen an, die Isolation in einer eigenartig fremd wirkenden Welt.

Die Widmung an Mack Sennett im Schlußtitel des Films erscheint so als augenwischendes Feigenblatt von Filmemachern, denen ihr eigentliches Thema – Ausgangspunkt war eine große Überschwemmung im Jahr 1958 – mit den verflossenen Wassern zerronnen war.

Sie küßten und sie schlugen ihn
Les 400 coups. 1958/59

Antoine Doinel ist dreizehn Jahre alt und lebt in Paris bei seinen Eltern. Der Vater, augenscheinlich ein kleinbürgerlicher Versager, wird von seiner Frau betrogen. Der Indifferenz der Eltern ihrem Sohn gegenüber entspricht das autoritäre Verhalten von Antoines Lehrern. Mit einem Klassenkameraden will Antoine den schulischen und familiären Repressionen entfliehen: ans Meer. Beim Versuch, eine aus dem Büro des Vaters entwendete Schreibmaschine zurückzubringen, wird er ertappt. Antoine kommt in ein Zwangserziehungsheim, aus dem er nach einiger Zeit entkommen kann: ans Meer.

Bereits der Vorspann umreißt den Schauplatz des Geschehens: die Titel stehen über verschiedenen Kamerafahrten auf den Eiffelturm, durch Straßen, über Dächer, vorbei an Lagerhallen. Ein schmutziges, unpersönliches Paris, in dem das Wahrzeichen wie die Utopie einer heilen Welt oder wie der eitle Schmuck einer überkommenen Zeit wirkt. Der letzte Titel ist eine Hommage: »A la mémoire d' André Bazin« (Dem Gedächtnis André Bazins gewidmet). Erst dann kommt ein wesentlicher Teil der engen Welt des Antoine Doinel ins Bild, seine Schulklasse, und bereits seine erste sichtbare Reaktion zeigt ein Problem

Sie küßten und sie schlugen ihn

seines Alters, der Vor-Pubertät: auf ein Pinup-Foto, das von
Mitschülern weitergereicht wird, malt er einen Schnurrbart.
Daß gerade Antoine es ist, den der Lehrer ertappt und bestraft,
zeigt Truffauts Konzeption seiner Hauptfigur: der – hier von
der autoritären Lehrerfigur – unterdrückte und hilflose
Außenseiter, dem sogar die Pause gestrichen wird. »Die Pause
ist eine Belohnung für gute Leistungen und nicht für flegelhaf-
tes Benehmen«, definiert der Lehrer, den seine Schüler re-
spektlos »P'tite Feuille« (kleines Blättchen) nennen.
Hier setzt auch Antoines erste reflektierte Reaktion an. Auf
die Wand seines »Klassen-Gefängnisses« schreibt er: »Hier
leidet der arme Antoine Doinel, von P'tite Feuille ungerecht
bestraft wegen eines Pinups, das vom Himmel fiel … Zwischen
uns wird es so sein: Aug um Aug, Zahn um Zahn!« (Die ver-
kürzte Übersetzung dieses im Original gereimten Textes in der
deutschen Verleihfassung unterschlägt den kämpferischen Af-

front völlig und beschränkt sich auf die Formel: »Hier liegt Antoine Doinel, unschuldig verbannt von Lehrers Hand.«) Der Protest richtet sich nicht nur gegen ein pervertiertes Leitbild schulischer Tradition (P'tite Feuille droht, Antoine die Kreideschrift mit der Zunge ablecken zu lassen), sondern auch gegen den damit verbundenen Chauvinismus französischer Pädagogen. Nach dem bedauernden »Armes Vaterland!« des Lehrers zeigt das nächste Bild die Schüler, die die Schule verlassen und dem degenerierten Motto der Revolution: »Freiheit, Gleichheit, Brüderlichkeit«, das am Schuleingang eingemeißelt ist, keine Beachtung schenken.

Auch die andere, die familiäre Seite des Antoine Doinel wird ähnlich eingeführt. In kurzen Einstellungen wird die schäbige Dürftigkeit der bescheidenen Wohnung gezeigt: Antoine, der den Kohleofen beheizt und den Tisch gedeckt hat, bewegt sich in einer erdrückend muffigen Welt, in der die billigen Möbel kaum Platz finden. Und auch hier – wie in der Schule – Zeichen der besonderen Altersstufe Antoines: vor dem Frisierspiegel seiner Mutter kämmt er seine Haare kokett tief in die Stirn und parfümiert sich, bevor er seine Strafarbeit beginnt. Die Bezugspersonen zeichnen sich – ebenfalls wie in der Schule – durch aggressive Autorität aus: nach knappem Gruß gibt es nur Beschimpfungen und Forderungen der Mutter, die in ihrem ersten Erscheinen durch die zweifelhafte Eleganz eines billigen Pelzmantels definiert wird. Auch im erotischen Bereich zeigt die familiäre Szene Parallelen zur Schule: auf ihren Befehl hat Antoine der Mutter die Pantoffeln geholt und senkt schamvoll die Augen vor den Beinen der Frau, die lässig-lasziv die Strümpfe ausgezogen hat. Julien Doinel, der Vater, wird als oberflächlicher Duckmäuser vorgestellt, der einer direkten Kommunikation mit dem Sohn ausweicht, sich vor seiner Frau fürchtet und den objektiven Lebensbedingungen seiner Familie hilflos gegenübersteht. Seine Fluchtwelt – Fahnen seines Automobilclubs, Gespräche über Rallyes oder Vorstandswahlen – verrät seine Frustration, die allenfalls in Zoten ein Ventil findet: »Frag deine Mutter, ob der Schwamm heiß ist!« oder »Man hat nicht nur Titten, man muß sich auch ›titten‹ lassen!« Antoine über seinen Vater: »Er ist etwas feige, weil er weiß, daß meine Mutter ihn betrügt.«

Antoine Doinel lebt in einer feindlichen Welt. Seine Erzieher haben nichts Konkretes zu bieten: der Lehrer schwärmt von einer Zeit, »wo die Helden in Purpurpracht prangen«; der Vater pflegt seinen Autotick: »Du wirst das lernen!«; und die betrügerische Mutter weiß nur: »Man muß etwas wissen!« Für Antoine ist die Umwelt mit Widersprüchen gefüllt, Widersprüche, die Truffaut durch Gegenschüsse der Kamera aufzeigt: dem Fehlverhalten des jeweiligen Gegenüber folgen in Großaufnahme Antoines ratloses Gesicht, seine fragenden Augen, die hilflose Geste, mit der seine Hand übers Haar oder über ein Ohr streicht, Schulterzucken. Der Widerspruch beginnt schon, als Antoine bei elterlichen Gesprächen hört, daß sein Vater nur geheiratet habe, »um dem Kind einen Namen zu geben«. (Im ursprünglichen Skript des Films erzählt er der Psychologin, die ihn vor der Einweisung in die Erziehungsanstalt examiniert, daß er unehelich geboren worden sei. Psychologin: »Wie, und das hat dir nichts ausgemacht, daß dein Vater nicht dein richtiger Vater ist?« – Antoine: »Ich hatte eher angenommen, meine Mutter sei nicht meine richtige Mutter!« Dann beginnt er zu weinen.) Das zweideutige Verhältnis zur Mutter – »Sie wollte mich abtreiben lassen!« – zeigt sich auch in Antoines Ausrede, als er eines Tages die Schule geschwänzt hat: »Sie ist tot!« In diesem Zusammenhang kann auch die didaktisch gemeinte Frage eines Englischlehrers: »Where is father?« (Wo ist Vater?) nur als zynische Provokation gesehen werden. Antoines – und Truffauts – Alternative zu dieser Welt der Repression ist der Traum, ist die Flucht in die Illusion. Bummeln über die Pariser Boulevards, Karussellfahren, ausgelassenes Flippern in einem Spielkasino und immer wieder Kino: das Cinéma Astor spielt *Die weiße Sklavin*. Von einer Werbetafel stehlen Antoine und sein Freund ein Foto von Ingmar Bergmans Film *Die Zeit mit Monika*, das die Schauspielerin Harriet Andersson in provokativer Pose zeigt. Hierher gehört auch die Chiffre »Fliehkraft«: sie drückt Antoine an die Wand eines Karussells, preßt ihn, doch läßt ihn nicht los.

Zwang und Flucht: das sind nicht Antoines Probleme allein. Truffaut zeigt sie in einzelnen Szenen als repräsentativ für alle Kinder dieses Alters: bei einem Straßenlauf während der Sportstunde verdrücken sich nach und nach alle Schüler bis auf zwei. Ein schöneres Beispiel für die Flucht vor falscher Pädagogik zeigt Truffaut, als P'tite Feuille einen Aufsatz über eine Gelegenheit verlangt, »von der ihr persönlich betroffen wart«. Unter dem Titel »Der Tod meines Großvaters« (wieder durchdringen sich familiärer und schulischer Bereich) schreibt Antoine eine Passage aus Balzacs Roman *La recherche de l'absolu* ab (ein Buch, das in FAHRENHEIT 451 verbrannt werden soll). Auch Balzac ist für Antoine Traum und Mythos, dessen Bild er auf einem Wandregal wie auf einem Altar huldigt, indem er eine Kerze davor anzündet. Und wie bei anderen Fluchtversuchen ist das Versagen – und damit die Strafe – unausweichlich: die Kerze entzündet den »Vorhang«, der Lehrer merkt den Betrug. Die Reaktion auf des Vaters hilflosen Zorn und P'tite Feuilles Zynismus: Antoines Gesicht zeigt in Großaufnahme Angst.

Die Geschichte von SIE KÜSSTEN UND SIE SCHLUGEN IHN ist nicht im planen Sinne autobiografisch. Truffaut hatte das Alter Antoine Doinels im Jahre 1945. Über diese Zeit sagte er in einem Gespräch mit Jacques Rivette: »Mit dreizehn war ich ungeduldig, erwachsen zu werden, alle Verbrechen begehen zu können, ohne dafür bestraft zu werden... Wenn Doinel bisweilen an den stürmischen Jugendlichen erinnert, der ich gewesen bin, so ähneln seine Eltern keinesfalls den meinen, die ausgezeichnet waren.« An dieser Stelle wird die Wahrheit gebrochen. Tatsächlich kam auch Truffaut mit 16 Jahren in ein Heim für schwererziehbare Jugendliche, aus dem ihn André Bazin gerettet hat. So bekommt auch die abschließende Chiffre des Films ihre persönliche Bedeutung: das Meer, die Freiheit, die vor Antoine Doinel nach der Flucht aus dem Erziehungsheim liegt, ist die Freiheit des Regisseurs François Truffaut, Filme zu drehen, Filme nach eigener, persönlicher Maßgabe.

Schießen Sie auf den Pianisten
Tirez sur le pianiste. 1959/60

Charlie Koller ist Pianist in »Mammy's Bar«. Unter seinem eigentlichen Namen Edouard Saroyan galt er früher als begabter Virtuose. Der Selbstmord seiner Frau Thérésa, die seine Karriere durch intime Beziehungen zu seinem Agenten gefördert hatte, bestimmt seinen seelischen Zustand. Durch seinen Bruder Chico gerät Charlie mit seiner Freundin Léna, der Kellnerin des Lokals, in eine Auseinandersetzung mit einer Gangsterbande, die seinen jüngeren Bruder Fido entführt und Léna erschießt. Als Charlie seine Arbeit wieder aufnimmt, ist eine neue Kellnerin da.

Schießen Sie auf den Pianisten

Der Film beginnt im Dunkeln. Langsam wird das Bild erhellt. Ein Mann, Chico Saroyan, Bruder des Titelhelden, scheinbar auf der Flucht. Treffen und kurzes Gespräch mit einem Unbekannten, der über die Frauen von Paris spricht, dann über seine eigene: »Anfangs wäre es fast kaputtgegangen ... ich hatte ein Sauglück, sie kennengelernt zu haben ... ich habe sie angesehen, habe das Baby angesehen, und ich glaube, da hat alles richtig angefangen.« Schon in dieser ersten Sequenz des Films spricht Truffaut das Haupt- und ein wichtiges Nebenthema seines Films an: das Verhältnis seines Helden zur Frau und das zum Kind, eine Rolle, die stellvertretend von Fido, dem jüngeren Bruder, ausgefüllt wird. Erst dann kommt die eigentliche Welt des Pianisten ins Bild, jenes Abziehbild von schmuddeliger Pariser Kaschemme, in der ein linkischer Sänger um die Gunst eines desinteressierten Publikums buhlt. In wenigen Metaphern schildert Truffaut die Lebensbedingungen Charlies, der – Hinweis auf die Persönlichkeitsspaltung des Helden – zuerst im Spiegel hinter dem Piano sichtbar wird.
Truffauts angebliche Motivation, diesen Film zu drehen, war

ein Bild aus der Romanvorlage, dem amerikanischen Krimi *Down There* von David Goodis: »Eine abfallende verschneite Straße, die ein Auto ohne Motorenlärm hinuntergleitet«. Das könnte tatsächlich zutreffen, wenn man an die minutiöse Beschreibung (oder Decouvrierung) des Helden denkt, die Aufzeichnung von Mißerfolg und Enttäuschung eines Mannes, »der gegen alle anderen immer recht hat« (F.T.). Tatsächlich hat Truffaut mit SCHIESSEN SIE AUF DEN PIANISTEN ein eigentliches Melodram geliefert, ein Drama mit Musik, in dem Musik zugleich Movens und Inhalt ist. Doch im Gegensatz zu den herkömmlichen Werken dieses Genres aus Hollywood übernimmt die Musik hier mehrere Funktionen: sie dient zur Selbstverwirklichung des Helden (er spielt sein »Leitmotiv« selbst, das ihn identifiziert) oder als dramaturgisches Element, wenn sich die Barbesucher nach der Flucht Chicos durch Musik beruhigen lassen, oder als Untermalung der Liebesgeschichte zwischen Charlie und Léna, indem sie beide bis zu Lénas Tod im Schnee begleitet.

SCHIESSEN SIE AUF DEN PIANISTEN ist ein Film über Identität und Identitätsverlust. Das wird immer wieder unterstrichen durch Großaufnahmen des zerknitterten Gesichts von Charles Aznavour, durch Doppelbelichtungen, durch die Reflektion zerbrochener Spiegel. Ein doppeltes Ego, schwankend zwischen Vergangenheit und Gegenwart: »Was du gestern getan hast, wirst du heute nicht los!« Diese Bemerkung von Thérésa, der ersten Frau, bestimmt auch Charlie; seine neuen Freundinnen sind immer Wiederholungen der ersten Frau, genau wie die Musik, die er spielt. Dieser Charlie scheint in einer Einbahnstraße gelandet zu sein. Er ist ein Mann, der immer allein ist, »selbst wenn er mit anderen zusammen ist«.

Doch Truffaut interessiert sich weniger für die Psychologie seines Helden als für die Aufzeichnung seiner aktuellen Reaktionen. Hier verwirren sich die verschiedenen Bezugspersonen (Frau, Geliebte, Gangster, Bruder), Hoffnung und demoralisierende Realität überschneiden sich. Charlies Reaktionen zeigen sich in seinen inneren Monologen: seine Fragen und Äußerungen richten sich nicht an seine Umwelt, sondern an ihn selbst. Potentielle Kommunikationspartner werden nicht wahrgenommen. Wenn Charlie in der Nacht, nach Schließen des Lokals, in dem sie beide arbeiten, Léna nach Hause begleitet, verstummt nach einigen belanglosen Phrasen das Gespräch.

Als sein Versuch, Lénas Hand mit der seinen zu berühren, scheitert, gibt er auf. Stücke eines inneren Monologes geben weitere Aufschlüsse über seinen Zustand: »Ich muß etwas sagen. Irgend etwas. Damit sie nicht denkt, daß sie mich einschüchtern kann. Aber wenn sie nicht blöde ist, sagt ihr dieses Schweigen sehr viel. Es schafft ein heimliches Einverständnis.« Die Unfähigkeit zu kommunizieren, sich selbst zum handelnden Teil dieser unübersichtlichen Umwelt zu machen, bekommt bei Truffaut einen moralischen Aspekt. Nach Thérésas Geständnis, sie habe ihn mit seinem Impresario betrogen, isoliert sich Charlie sofort. Im Off hören wir seinen Monolog: »Sieh sie an! Geh zu ihr hin! Knie dich vor sie nieder und senke deinen Kopf! Schnell, solange noch Zeit dazu ist! Denk nach! Versuche nachzudenken. Wenn du aus dem Zimmer gehst, ist sie allein. Man darf sie jetzt nicht allein lassen.« Nach abruptem Umdrehen verläßt er das Zimmer. Eine dumpfe Trommel läßt ahnen, was geschehen wird: Thérésa nimmt sich das Leben. Diese Schuld wird Charlies Motiv für die Flucht aus der Gesellschaft und seinem bisherigen Leben, in »Mammy's Bar«. Als Charlie dagegen Plyne, den Wirt, im Streit um Léna unabsichtlich ersticht, enthält sich Truffaut jeder moralischen Akzentuierung; die Tat dient nur als beiläufiges Element einer Dramaturgie, die den Helden wieder mit den Gangstern in Verbindung bringen muß, die inzwischen seinen jüngeren Bruder Fido entführt haben.

Charlies individuelle Schwäche gegenüber Frauen wird von einer ausgemachten Misogynie der männlichen Kontrastfiguren begleitet. Das beginnt bei den ersten Tanzszenen in »Mammy's Bar«, wenn ein Tänzer seine Partnerin schlägt. Charlie zitiert seinen Vater: »Wenn man eine kennt, kennt man alle.« Das Verhältnis des Impresario Lars Schmeel zu Thérésa bekommt durch das Ende, Thérésas Selbstmord, einen zynischen Beigeschmack. Besonders ausgeprägt ist die misogyne Haltung bei Plyne, dem Wirt. Im Kampf mit Charlie definiert er seine Hilflosigkeit in seinem Begriff der Frau: »Eine Frau ist rein, zart und gebrechlich. Eine Frau steht über allem. Eine Frau ist etwas Überirdisches.« Im Gegensatz dazu steht Plynes eindeutige Unterlegenheit gegenüber Mammy und sein Angriff auf Léna, die seinen Antrag abgewiesen hat. Wie in fast allen Filmen

Schießen Sie auf den Pianisten

Truffauts sind Frauen die aktiven Figuren: Thérésa, die Edouard Saroyans Karriere ermöglicht; Mammy, die resolut ihr Geschäft ohne die Hilfe des schwachen Plyne betreibt; Clarisse, die für eine Nacht mit Charlie die Initiative ergreift; und Léna, die Charlie liebt. Sie sind Nachfolgerinnen von Gilberte, Antoines Mutter aus SIE KÜSSTEN UND SIE SCHLUGEN IHN, die libertinös ihren Mann betrügt, und sie sind Vorgängerinnen einer ganzen Phalanx von Frauengestalten bei Truffaut, dargestellt von Jeanne Moreau als Catherine (in JULES UND JIM) und als Julie Kohler (DIE BRAUT TRUG SCHWARZ), oder von Catherine Deneuve als Julie Roussel alias Marion Bergamo (DAS GEHEIMNIS DER FALSCHEN BRAUT), oder schließlich erst recht von Bernadette Lafont als Camille (EIN SCHÖNES MÄDCHEN WIE ICH). Eine andere kleine Chiffre ist typisch für Truffauts Präsentation von Frauen. Als Charlie und Plyne ihren Kampf erschöpft unterbrechen und sich fast versöhnlich gegenübersitzen, schwenkt die Kamera von dem zwischen ihnen liegenden Messer nach oben auf ein Fenster, aus dem eine Frau schaut. Nach dem Ende des Kampfs mit Plynes Tod ist das Fenster leer: die Frau hat sich zurückgezogen, sie verweigert Engagement – und verhält sich damit total anders als Charlie.

Wie sehr sich Truffaut auf die filmische Wirkung seiner trivialen Geschichte verläßt, zeigt die Darstellung der Auseinandersetzung zwischen den Brüdern Saroyan und den Gangstern in der idyllischen Schneelandschaft vor dem Berghaus der Saroyans: eine Montage von kurzen Totalen, unterbrochen durch längere Großaufnahmen von der fliehenden Léna und amerikanischen Einstellungen der lauernden Gangster, kulminiert, begleitet von einer sich steigernden Musik, im Schuß eines Gangsters, der durch kurze dazwischen geschnittene Einstellungen vorbereitet wird, etwa wenn der Revolver wie in einem amerikanischen Western um einen Finger wirbelt. Mit dem Schuß hört die Musik schlagartig auf und setzt erst wieder ein, wenn Léna den glatten Hang hinunterrutscht und mit ausgebreiteten Armen liegen bleibt. Auf der ganzen Bildfolge liegt nur ein einziges Wort: »Charlie«. Es ist Lénas Hilferuf.

Jules und Jim
Jules et Jim. 1961

Vor dem 1. Weltkrieg verlieben sich die beiden Schriftsteller
Jim, ein Franzose, und Jules, sein deutscher Freund, in dasselbe
Mädchen. Catherine heiratet Jules und zieht mit ihm nach
Deutschland. Der Krieg trennt die Freunde. Später trifft man
sich im Schwarzwald wieder. Ihre »reine Liebe zu dritt« währt
so lange, bis Catherine bei einer Autofahrt mit Jim den Wagen
in die Seine lenkt, wo beide ertrinken.

Die Vorlage, einen Roman des damals 74jährigen Henri-Pierre
Roché, hatte Truffaut zufällig gefunden; in seiner Kritik von
Edgar Ulmers *The Naked Dawn* (Santiago – der Verdammte.
1955) hatte er das Buch und die darin beschriebenen Personen
bereits erwähnt. Der daraus resultierende persönliche Kontakt
mit Roché führte zum Wunsch, das Buch zu adaptieren; vor
allem, weil Truffaut darin eine Glanzrolle für Jeanne Moreau
sah, die seiner Meinung nach in zu vielen unpersönlichen Rollen verschlissen worden war.
Doch gerade diese Besetzung, die von Truffaut favorisierte
Jeanne Moreau, wurde nicht der eigentliche Mittelpunkt des
Films. Es mag dagegen sprechen, wenn Claude Mauriac in seiner Rezension von JULES UND JIM meint: »Sie macht aus
einem *film d'auteur* einen *film de comédienne.*« Doch der Beginn des Films zeigt die eigentliche Wertigkeit ihrer Figur: auf
Schwarzfilm hört man ihre Stimme im Off. Sie sagt: »Du hast
mir gesagt: ich liebe dich. Ich habe dir gesagt: warte. Ich wollte
sagen: nimm mich! Du hast gesagt: geh weg!« Die Worte verweisen auf die eigentliche Hauptgestalt des Films, den deutschen Literaten Jules, dessen naive Direktheit ihn als Nachfolger Antoine Doinels, dessen Schüchternheit ihn als Artver-
wandten Charlies, des Pianisten, auszeichnen. Und tatsächlich
ist es Jules, der überlebt und damit die mögliche Identifikation
des Zuschauers bis zum Schluß behält. (Möglicherweise auch
die Identifikation des Autor-Regisseurs, wenn man an die vorangegangenen Filme denkt.)
Catherines Funktion ist die eines Katalysators für die Freundschaft zwischen Jules und Jim, der von ihr sagt: »Sie ist ein
Wesen, das allen gehört.« Und Jules beschreibt sie resümierend: »Catherine ist nicht besonders hübsch, noch intelligent,

noch aufrichtig, aber sie ist eine richtige Frau ... eine Frau, die wir lieben ... und die alle Männer begehren ... . Weil wir ihr vollkommen unsere Aufmerksamkeit schenkten, wie einer Königin.« Und diese »Königin« Catherine »ist eine Naturgewalt, die sich wie ein Wasserfall ausdrückt. Sie lebt unter allen Umständen in Klarheit und Harmonie, geleitet vom Gefühl ihrer Unschuld«. So trifft auf sie auch das Zitat aus Goethes *Wahlverwandtschaften* nur bedingt zu, welches Jules wie auch Jim charakterisiert: »All das Neigen von Herzen zu Herzen, ach wie so eigen schaffet das Schmerzen!« Schon ihre Einführung enthebt sie solchen Ebenen menschlicher Gefühle. Der Kommentar begleitet ihr erstes Auftreten: »Catherine, die Französin, hatte das Lächeln der Statue auf der Insel. Ihre Nase, ihr Mund, ihr Kinn, ihre Stirn waren die stolze Kühnheit einer Provinz, in die sie als Kind hineingewachsen war zur Zeit einer religiösen Feier. Das begann wie ein Traum.« Die Reaktion auf diese Figur, die sie auf einer Mittelmeerinsel besuchen, wird für Jules und Jim ebenfalls im Kommentar gegeben: »Waren sie diesem Lächeln jemals begegnet? ... Was würden sie tun, wenn sie ihm eines Tages begegneten?«

Eine ähnlich mythologisierende Präsentation der Filmgestalt Jeanne Moreau findet sich später auch in DIE BRAUT TRUG SCHWARZ, wenn die Mörderin bei einem ihrer Opfer, dem Maler Fergus, Zeichnungen begegnet, die ihr Gesicht zeigen. Catherine selbst unterstreicht diesen Mythos, als sie einen Traum ihrer Kindheit erzählt: »Er machte mir ein Kind, und ich sah ihn niemals wieder. Armer Napoleon!« Und Jules' Baudelaire-Zitat »Die Frau ist natürlich und daher abscheulich« beweist in der Entwicklung gerade seines Verhältnisses zu Catherine das genaue Gegenteil – denn Catherine wird für Jules in ihren sozialen Beziehungen immer unnatürlicher, daher liebenswerter. In dieselbe Richtung zielt auch seine Äußerung nach dem Krieg, er wolle vielleicht einen »Liebesroman mit Insekten« schreiben, und seine Charakterisierung Catherines: »Ich finde sie etwas weniger Grille ... etwas mehr Ameise.« Die Grille – das verweist auf das Chanson, das Catherine in Gegenwart ihrer drei Liebhaber (der dritte ist der Malerfreund Albert, der die Mittelmeerstatue zuerst entdeckt hatte) singt: »An jedem Finger trug sie Ringe, eine Menge Armbänder am Handgelenk, und sie sang mit einer Stimme, die mich alsbald erfreute. Sie hatte Augen aus Opal, die mich ganz faszinierten.

Da war der Opal ihres bleichen Gesichts, dieser *femme fatale,* die mein Verhängnis wurde.« Das Lied beschreibt in seinen Strophen die verschiedenen Phasen der Geschichte von Catherine und ihren Liebhabern, die Trennung, das Wiedertreffen, die Idylle und den Strudel des Lebens (das ist auch der Titel des Liedes). Und es kündet schon pessimistisch das Ende des Films an: »Man drehte sich immer weiter, doch beide waren unzertrennlich, blieben unzertrennlich zusammen.«

Der »Strudel des Lebens« (*tourbillon de la vie*) bestimmt auch die Übergänge zwischen den verschiedenen Phasen der Freundschaft zwischen Jules und Jim und ihrer Liebe zu Catherine. Truffaut enthält sich jeder Moralisierung, neutralisiert seine »reine Liebe zu dritt« immer wieder durch einen Kommentar, der Pathos und Dramatisierung völlig vermeidet. Immer dann, wenn Gefühle beschrieben werden, wenn Affektionen der Protagonisten im Dialog zu leeren, gewohnten Phrasen werden könnten, setzt der Kommentar ein, hält das Publikum auf Distanz. Den gleichen Effekt der Distanz erzielt Truffaut auch mit den Übergängen in der Montage, die gleichzeitig der Zeit- und Ortsbestimmung dienen, wenn die Kamera die sorgfältig genaue Zeichnung von Gesichtern und Bewegungen der Protagonisten aufgibt, in Totalen ihren Bewegungsraum zeigt (Luftaufnahmen im Schwarzwald) oder im Pariser Café, in dem Jim und Catherine verabredet sind, ein Picassoplakat, eine alte Ausgabe des *Figaro* oder der Zeitschrift *La Guerre Sociale.* Mit ähnlicher Absicht und mit ähnlicher Wirkung sind Archivaufnahmen behandelt, die den 1. Weltkrieg darstellen sollen: Explosionen, angreifende Truppen, Kanonen sind vom originalen Normalformat auf Scope-Format vergrößert. Schon die von Jules mit deutschem Akzent gesungene Marseillaise erweist sich als V-Effekt, der durch Dokumentaraufnahmen von Bücherverbrennungen im Dritten Reich noch verstärkt wird (ein Thema, das in FAHRENHEIT 451 wiederkehren wird).

So wie die Kamera fast neutral die Beziehungen der Protagonisten registriert – typisch ist die Stellung im Bild zueinander: Jules und Catherine bekommen immer mehr räumliche Distanz –, so sorgen auch Schnitt, Musik und Sprache dafür, daß der Zuschauer den Film als reines Schau-Objekt aufnimmt: die Sprechweise der Schauspieler bleibt fast immer flach, melancholische Sequenzen werden durch scherzhafte Überraschungseffekte aufgelöst, etwa durch Jules Erinnerung an eine chinesische Komödie, als Catherine sich ihm wieder nähert: »Der Kaiser beugte sich zum Publikum und sagte: In mir sehen sie den unglücklichsten Menschen, weil ich zwei Ehefrauen habe: die erste Ehefrau und die zweite!« Oder durch sarkastische Distanzierungen wie in dem Gespräch zwischen Jules und Jim über die deutsche Sprache: »Das Leben ist Neutrum.« Die Distanz nimmt zu, wird größer, und genau darin unterscheidet sich das Leben von Catherine, Jules und Jim von einem Erlebnis, das Jim im Krieg hatte und von dem er berichtet.

Jules und Jim

Ein Kriegskamerad hatte einer zufälligen Urlaubsbekanntschaft geschrieben. Der Briefwechsel begann mit »Liebes Fräulein« und endete mit: »Ich drücke dich ganz nackt an mich.« Das Verhältnis von Jules zu Catherine entwickelt sich genau umgekehrt: von der Liebe zur Göttin-Frau bis zu einer Reduktion, die der Kommentar in den Schlußeinstellungen im Krematorium konstatiert: »Die Liebe konnte die Freundschaft von Jules und Jim nicht aufwiegen. Zusammen hatten sie ihre ganze Freude an Nichtigkeiten, ihre Abweichungen stellten sie mit Zärtlichkeit fest. Von Anfang an hatte man sie Don Quichotte und Sancho Pansa genannt.«

120

Antoine und Colette
Antoine et Colette. 1961/62
(Episode in: Liebe mit Zwanzig. L'amour à vingt ans.)

Antoine ist 16 Jahre alt und arbeitet in einer Schallplattenfirma.
Bei einem Konzert, das er gemeinsam mit seinem alten Freund
René besucht, trifft er Colette, in die er sich verliebt. Obwohl
sie ihn häufig zu sich einlädt, erwidert sie seine Gefühle nicht.
Als Colette von einem neuen Verehrer abgeholt wird, setzt
sich Antoine mit ihren Eltern vor den Fernsehapparat.

Das ist ein anderer Antoine als der in SIE KÜSSTEN UND
SIE SCHLUGEN IHN: allein in einem Zimmer an der Place
Clichy wohnend, integriert in eine Arbeitswelt, deren Regeln
mit dem Stechen der Zeituhr und nicht gerade anspruchsvollen
Handreichungen im Magazin der Schallplattenfirma angezeigt
werden. So wie in SIE KÜSSTEN UND SIE SCHLUGEN
IHN die soziale Stellung Antoines im Verhältnis zu René, dem
Sohn reicher Eltern, definiert wurde, sind es hier Colette und
ihre Klassenkameraden vom Lyzeum, die Antoine zum
Außenseiter machen. Eine Bemerkung von Colettes Stiefvater
deutet das an: »Junge Leute sollten früh ihren Lebensunterhalt
verdienen«, ein beiläufiger Hinweis, den Truffaut in seinem
Film nicht weiter verfolgt.
Optische und akustische Verweisungen auf seinen ersten Essay
über Antoine zeigen die Präsenz und die Entwicklung des jungen Doinel auf. Schon sein erstes Treffen mit René, der jetzt –
seiner Herkunft angemessen – an der Börse arbeitet, stellt
durch eine Rückblende den direkten Bezug her: eine Szene
mit Renés Vater, die in SIE KÜSSTEN UND SIE SCHLU-
GEN IHN nicht verwendet worden war. Als Verweisung funktioniert auch die für den Kenner des ersten Films ironisch
klingende Frage des Stiefvaters nach Antoines Eltern: »Ihre
Mutter muß sehr betrübt sein, Sie nicht mehr zu sehen.«
Antoine ist auf der Suche nach Glück, das sich ihm in einer
Welt außerhalb der Realitäten des Alltags anzubieten scheint,
in einem Universum aus Musik (Berlioz, Mussorgsky, Boro-
din), zu der – für ihn unverzichtbar – Colette gehört. Dennoch
bleibt er den Realitäten zugewandt: im Konzert bemerkt er
zuerst ihre Beine. Wenn man sich an den ersten Doinel-Film
erinnert, ermißt man die ganze Strecke, die zwischen beiden

Filmen liegt: der jüngere Antoine schlug noch die Augen nieder, als die Mutter die Strümpfe auszog, und er ließ sich noch die Warnung gefallen, der Jugendpsychologin nicht auf die Beine zu sehen. Beim zweiten Treffen mit Colette sagt Antoine (im Off): »Ich habe den ganzen Abend ihre Haare und ihren Nacken angesehen« – und man erinnert sich an die noch schüchterne Pose von Jim, der Catherine betrachtet (JULES UND JIM).

Wie in JULES UND JIM wird die Handlung von einem Kommentar begleitet und erläutert, der die äußere Entwicklung der Geschichte rafft und zu starke Emotion und Identifikation abbaut. Ähnliche Wirkungen werden erzielt mit einem Prinzip, das später in ZWEI MÄDCHEN AUS WALES UND DIE LIEBE ZUM KONTINENT wiederkehren wird: als Antoine einen Brief Colettes liest, hört man ihre Stimme im Off. Kommunikation findet zwischen den Protagonisten im Grunde nur statt, wenn sie durch ein Medium vermittelt wird: Konzert, Schallplatte, Film. Dieselbe Linie wird verfolgt, wenn Antoine in ein Haus einzieht, das dem von Colette gegenüberliegt; was er sucht, ist – da sich die Unmittelbarkeit (der Liebe) nicht einstellen will – wenigstens die Mittelbarkeit von optischer und akustischer Nähe. Trotzdem: das ist nicht mehr die unerbittlich feindselige Umwelt aus SIE KÜSSTEN UND SIE SCHLUGEN IHN. Der Kontakt mit Colettes Eltern zeigt Möglichkeiten der Integration, ohne daß sich der Protagonist total anpassen müßte.

Die süße Haut
La peau douce. 1963/64

Pierre Lachenay, 43 Jahre alt, Herausgeber einer Literaturzeitschrift, seit 10 Jahren verheiratet und Vater einer Tochter, lernt auf einer Reise nach Lissabon die Stewardeß Nicole kennen. Das Verhältnis, das sich zwischen beiden entwickelt, wird zu einem nervösen Versteckspiel. Als Franca Lachenay die Untreue ihres Mannes entdeckt, will sie sich scheiden lassen. Nach einer letzten Aussprache erschießt sie ihn in einem Restaurant, in dem Nicole ihn gerade endgültig verlassen hat.

»Jede Liebe ist etwas Eigenes und keine gleicht der anderen. Jede Liebe aber gewinnt auch, wenn sie minutiös erzählt wird, den Wert eines Exempels. Und je eigenartiger sie ist, um so beispielhafter wird sie.« Diese Bemerkung von Truffaut, dem Kinostart des Films als unverbindliche Public-Relations-Hilfe auf den Weg zum Erfolg mitgegeben, ist nicht viel mehr als ein Kommerzspruch. Er scheint eine Wandlung des Regisseurs von JULES UND JIM anzuzeigen, eine Abwendung von künstlerischer Subtilität und eine Hinwendung zu trivialen, publikumswirksameren Geschichten. Prominente Kritiker haben denn auch in der Tat den Vorwurf erhoben, Truffaut habe mit der SÜSSEN HAUT die »Neue Welle« verraten und der einst geschmähten *tradition de qualité* gehuldigt. Truffaut scheint das in seinem Film auf subtile Art zu bestätigen: immerhin ist Lachenays Referat auf einer Tagung in der Provinz (Reims) dem Thema »Balzac und das Geld« gewidmet und nicht »Balzac und die Liebe«. Das zeigt den deutlichen Unterschied zur Figur des Antoine Doinel (SIE KÜSSTEN UND SIE SCHLUGEN IHN).

DIE SÜSSE HAUT ist – und das widerspricht dem Verdacht, es handle sich dabei um rein kommerzielle Spekulation – ein Versuch über die Möglichkeit von Kommunikation oder Frustration, wenn Kommunikation, wie hier, unmöglich geworden ist. Denn die Bilder von sich zärtlich berührenden und streichelnden Händen, Bilder, auf denen die Vorspanntitel liegen, erweisen sich als Falle für das Publikum, das in eine Welt geführt wird, in der eben diese Zärtlichkeit fehlt. Das ist nicht die Welt um den Montmartre, in der Antoine Doinel lebt und liebt, sondern, angefangen beim Villenviertel Passy, eine künstliche Welt mit klaren, geradlinigen Formen, die fast immer anonym bleibt. In dieser Welt findet Kommunikation weitgehend nur noch mit Hilfe technischer Apparate statt, sie ist etwa aufs Telefonieren reduziert. Es erscheint nur konsequent, daß die direkte Folge eines vergeblichen Telefonanrufs von Pierre bei seiner Frau der eigene Tod ist.

Bedürfnis nach Kommunikation und gleichzeitig die Unfähigkeit, das Bedürfnis zu erfüllen – das ist der Zwiespalt, in dem Pierre Lachenay lebt. Nicht von ungefähr zitiert er in seinem Vortrag André Gide: »Ich habe herausgefunden, daß das Unglück des Menschen nur von einer einzigen Sache herrührt, daß er nämlich nicht für sich allein bleiben kann.« Der so postulierte Kommunikationszwang wird jedoch von ihm selbst desavouiert. Gespräche mit Franca, seiner Frau, erschöpfen sich in Hinweisformeln zur täglichen Lebensführung; der Dialog mit Nicole, der Stewardeß, beginnt durch konventionellen Zwang, wenn der berühmte Schriftsteller bei seiner Ankunft in Lissabon zusammen mit ihr für die Lokalpresse fotografiert wird.

Pierres Kommunikationsbedürfnis ist a priori durch seine Sehnsucht nach erotischer Freizügigkeit eingegrenzt. Das zeigt sich in der kurzen Bildchiffre, die in den Filmen Truffauts so oft vorkommt (s. z. B. SIE KÜSSTEN UND SIE SCHLUGEN IHN, ANTOINE UND COLETTE usw.), wenn Lachenay unter einem Vorhang auf die Beine von Nicole sieht, die vor der Landung die Schuhe wechselt. Dazu findet sich eine Variation, die fast schon Fetischistisches anzudeuten scheint, im Hotel in Lissabon: während Pierre über den Flur geht, werden bei der Kamerafahrt Damenschuhe vor den Türen erfaßt. Eine differenzierte Darstellung erfährt das Bedürfnis nach erotisch akzentuierter Kommunikation und deren Vermittlung durch Sachen, Kleidungsstücke auch in einer Bemerkung, die freilich durch Pierres Alter und seine soziale Stellung bedingt ist: »Lieber sehe ich dich im Kleid.« Das wird von der Montage gleich konterkariert, wenn die Kamera Nicoles deftiges Hinterteil in engen Blue Jeans erfaßt, während sie sich im Auto zum Rücksitz hinüberbeugt.

Pierres Versuche der Kommunikation werden von Truffaut immer wieder gebrochen. Ein Gespräch mit Franca über Kollegen wird durch den Badezimmerspiegel geführt. Kurze Zeit später stört das Spiegelbild seiner Sekretärin ein Telefongespräch mit Nicole. Personen der näheren Umwelt werden nur noch indirekt aufgenommen; direkte Mitteilung scheint unmöglich geworden zu sein. Die Folge ist eine Reduktion auf sich selbst, wieder nach einer Formel von André Gide, die Pierre in seinem Vortrag erwähnt hat: »Bei irgendeiner Diskussion gehe ich sofort in Deckung. Aber ich weiß folgendes: denen, die im dunkeln gehen und unsicher sind, und nicht wissen, wem sie vertrauen sollen, denen will ich sagen: glauben Sie denen, die nach der Wahrheit suchen, und mißtrauen Sie denen, die sie gefunden haben. Zweifeln Sie an allem, aber zweifeln Sie niemals an sich selbst!« Doch damit ist gleichzeitig gesagt, daß Zweifel möglich ist, und die Möglichkeit des Zweifels forciert das Bedürfnis nach Bestätigung. Lachenay erfährt sie als Angebot willigen Glücks, wenn eine Begleiterin bei der Veranstaltung in

Die süße Haut

Reims ihn unkritisch anhimmelt, oder als Besitzerstolz: das letzte einer Serie von Fotos von Nicole ist eine gemeinsame Aufnahme mit Selbstauslöser. Gleichzeitig jedoch, und das paßt genau ins Bild dieses Charakters, wird mit affektiven Bekenntnissen gegeizt. So fragt ihn Nicole: »Liebst du mich noch?« – »Ja!« – »Warum sagst du es mir dann nicht?« Als Pierre Nicole auf dem Flughafen zunächst vergeblich sucht – ein Zwischenschnitt zeigt eine startende Maschine ihrer Fluggesellschaft –, schreibt er ihr ein Telegramm: »Seitdem ich Sie kenne, bin ich ein anderer Mensch.« Doch er hat sich keineswegs gewandelt: als Nicole überraschend auftaucht, wirft er das Telegrammformular (und das Bekenntnis) einfach weg. Die Egozentrik des Helden bestimmt den Gestus des Films. Lokale und persönliche Details werden aus Lachenays Perspektive gezeigt, für den Zuschauer ein eindeutiger, von Truffaut bewußt intendierter Zwang zur Identifikation. Pierres Welt des gehobenen Bürgertums ist Traum- oder Wunschwelt eines mittelständischen Publikums, und Truffauts Kritik analysiert sie als Scheinwelt. Die Harmonie, welche die ersten Bilder vom Familienleben der Lachenays ausstrahlen, erweist sich als brüchig. Franca, in den Konventionen dieser Welt erzogen, bleibt ihnen unverbrüchlich treu und führt sie konsequent durch: ad absurdum, als sie Pierre erschießt. Und auch Nicole denunziert diese Welt als eigentlich unmenschlich: »Wenn man noch nicht losgekommen ist, so wie du, kann man keine Zukunftspläne machen.«

DIE SÜSSE HAUT bestätigt einen charakteristischen Zug auch anderer Filme Truffauts bis zum Kulminationspunkt EIN SCHÖNES MÄDCHEN WIE ICH: schwachen, zweifelnden, unentschiedenen, nach Selbstbestätigung und Kommunikation lechzenden Männern stehen Frauen gegenüber, die sich durchweg als stärker, realistischer erweisen. Das erinnert keineswegs zufällig stark an Alfred Hitchcock, dessen Frauentypen das Identifikationsobjekt »Mann« immer wieder infrage stellen. Daß Truffauts Erfahrungen mit Hitchcock dem Film zugrundeliegen und daß Hitchcock tatsächlich Pate gestanden hat, bekennt eine Szene der Rohschnittfassung geradezu »wörtlich«: an einem Zeitschriftenstand des Flughafens Orly suchen Pierre und Nicole nach Filmbüchern; er sucht *Arsène Lupin* und sie nach der Taschenbuchausgabe von Godards *Bande à part*. Im Hintergrund sieht man das Titelbild einer Wochenzeitschrift: Alfred Hitchcock.

Fahrenheit 451
Fahrenheit 451. 1966

In einer Welt der Zukunft, die nirgendwo zeitlich oder örtlich definiert wird, legt der Feuerwehrmann Montag Feuer, statt Feuer zu löschen. Er verbrennt Bücher, denn in dieser Gesellschaft ist es verboten, Bücher zu lesen und zu besitzen. Als er eines Tages trotz der Warnung seines Vorgesetzten selbst der Faszination des Lesens unterliegt, wird er verraten und flieht in die Wälder, wo Bücherfreunde leben, die ihre Lieb-

lingsbücher auswendig gelernt haben, um sie der Nachwelt zu
erhalten.

Truffauts erster Farbfilm bezeichnet im Titel – wie Ray Brad-
burys gleichnamige Vorlage – den Angelpunkt seiner Ge-
schichte: bei 451 Grad Fahrenheit beginnt Papier zu brennen.
Das Science-Fiction-Thema, neu für Truffaut, verlangt schon
im Vorspann den neuen Ansatz. Lagen die Titel der bisherigen
Filme immer auf Realaufnahmen, die den humanen Raum des
Films vorwegnehmend beschrieben, so zeigen jetzt schnelle
Kamerafahrten auf Antennen über blauem oder gelbem Hin-

Fahrenheit 451

tergrund eine total entpersönlichte Welt. Es ist eine Welt, in
der Kommunikation völlig technisiert ist (der Gebrauch von
technischen Kommunikationsmitteln in Schlüsselsituationen
anderer Truffaut-Filme hat dieses Thema schon vorbereitet),
in der aber eine kleine Anzahl von Leuten Sensibilität entwik-
kelt: »Selbst mit geschlossenen Augen könnte ich ihren Beruf
erraten«, sagt Clarisse, das Mädchen, das Bücher liebt, als sie
den Feuerwehrmann Montag im Monorail trifft. Kein Wunder:
er riecht nach Kerosin, wie ein Metzger nach Blut. Wo Macht

und Gewalt zur täglichen Gewohnheit geworden sind, kann man sie mit der einzelnen Person kaum optisch identifizieren. Wo Perversion so normal ist, daß sie von Gelassenheit im physiognomischen Ausdruck überdeckt werden kann, bedarf es anderer Gefahrenzeichen.

Angesichts anonymer Manipulation und Bedrohung kann auch der Held nur anonym bleiben. So wird Montag zum Versatzstück seiner eigenen Geschichte, ein Anti-Held, mit dem man sich nicht mehr identifizieren kann (im Gegensatz zum Anti-Helden aus SCHIESSEN SIE AUF DEN PIANISTEN); denn Montags Beziehungen zu anderen Menschen sind total versachlicht, im Beruf auf das Vernichten, im privaten Leben auf kommunikative Kurzformeln, später auf Möglichkeiten des Überlebens. Unmenschlichkeit zeigt sich in dieser Ordnung weniger im Verbot der Kommunikation als in der Bereitwilligkeit der Betroffenen, Verbote zu akzeptieren. Personen sind austauschbar wie das Blut, das Sanitäter bei Linda wechseln, Typen, die eher wie Catcher als wie medizinische Helfer aussehen. Ähnlich konträr und dialektisch sind die Rollen der »Feuerwehrleute« besetzt, so daß sich von ihnen ein eher »gemütliches« Erscheinungsbild ergibt; sie scheinen behäbigem Kleinbürgertum zu entstammen und verhalten sich brutal destruktiv: programmierte Unpersonen.

Es gibt nur wenige Menschen in FAHRENHEIT 451, die eigene Initiative zeigen (Montag ist im Grunde nur Außengeleiteter): Clarisse, die zum aktiven Widerstand entschlossen ist, und besonders die alte Frau, die sich mit ihren Büchern verbrennen läßt. Sie ist eine Schlüsselfigur des Films: »Ich will so sterben, wie ich gelebt habe«; ähnlich reagiert die Verwandte von Clarisse, der die Bücher geraubt werden: »Ihr werdet sie nie besitzen!« Mit ihnen verbrennen jene Bücher, die als anerkannter Kulturbesitz seit Generationen überkommen sind, sterben Balzac ebenso wie die *Cahiers du Cinéma*: eine persönliche Chiffre von Truffaut ebenso wie andere Dekorationen, die er eigenen Filmerlebnissen nachgestellt hat: Kleider von Carole Lombard oder Debbie Reynolds; Hörrohr-Telefone, die man aus Filmen von Griffith kennt; der Feuerwehrwagen ist ein Zitat aus *Mr. Deeds Goes to Town* von Frank Capra. Truffaut führt seine Welt ohne Bücher durch Kameraeinstellungen der rotgestrichenen Feuerwache, durch den Alarm und die beflissene Einsatzbereitschaft der »Feuerwehrleute« ein.

Ein kühler Ablauf von Warten – Alarm – Vollzug: staatliche
Gewalt, die überall und jederzeit zuschlagen kann, Perfektio-
nismus einer Macht, die im Film anonym bleibt. Hier setzt die
Alarmanlage nicht den Feuerlöscher, sondern den Flammen-
werfer in Gang. Totaler kann die Perversion menschlichen Zusammenlebens kaum gezeigt werden. Deshalb trifft auch der
in der Kritik gegen FAHRENHEIT häufig erhobene Vorwurf
nicht zu, der Totalitarismus mit Personen identifizieren will
(Hitler usw.). Der konkrete historische Hinweis (er war als
Bücherverbrennung dokumentarischer Einschub in JULES
UND JIM) verfängt hier nicht. Solcher Argumentation fehlt
jede Grundlage in einer Welt, die Persönlichkeit nur noch in
ihren Verfallsformen zeigen kann. Und auch die Gegenwelt,
die der Film als Alternative vorstellt, ist von instabilen, entfremdeten Individuen bevölkert, wenn Persönlichkeit zum
Buch wird: »Hinter jedem dieser Bücher steht ein Mensch«,
sagt Montag und meint den jeweiligen Autor; Truffaut / Bradbury meinen den, der sich mit Büchern, ihrem Inhalt total identifiziert.
Doch diese vollkommen außengeleitete Identifikation ist zentrales Thema des Films nicht nur dann, wenn es um Bücher
geht; sie erreicht ihren Höhepunkt, wenn das vorherrschende
Kommunikationsmittel einer so formierten Gesellschaft dargestellt wird: das Fernsehen. »Was denkst du darüber, Linda?«,
überrascht der Moderator einer Sendung Montags Frau und
hat damit »alle 200 Lindas im ganzen Land angerufen«. Fernsehen, als wichtigster Agent einer anonymen Macht gezeigt,
wird so dämonisiert. Die Kritik an optischen und inhaltlichen
Programmformen ist jedoch zu wenig differenziert, um die
Identität der gezeigten »Fiktion« mit der aktuellen Realität
deutlich zu machen.
Die Bücher, um die es hier geht, bleiben nicht Objekte. Sie
bestimmen das Verhalten von Menschen. Schon deswegen erfaßt die Kamera sie nicht im Anschnitt, sondern total; Truffaut
hat dazu in seinem Tagebuch von den Dreharbeiten notiert:
»Die Bücher sind hier Personen, und sie auf ihrem Weg abzu-
schneiden, käme auf das gleiche heraus, wie wenn man den
Kopf eines Schauspielers außerhalb des Filmausschnitts ließe.«
Die Identität von Buch und Mensch, welche die »homme livres«

Fahrenheit 451

(die französische Synchronisation nähert sich gelegentlich der Aussprache »hommes libres«) am Schluß des Films praktizieren, ist nicht »Ergebnis«, sondern bis in formale Einzelheiten hinein bestimmendes Thema des Films. Auch das Buch, auch die absolute, nicht mehr differenzierte und kritisch befragte Herrschaft der Literatur trägt – so könnte man sagen – zur Außenleitung und Entfremdung des Menschen bei. Als Montag die ersten Kapitel von *David Copperfield* gelesen hat, kann er die Rutschstange in der Feuerwache nicht mehr benutzen; er läuft die Treppe hinunter. Und genau deswegen ist für ihn die Kommunikation mit dem, der ein Kommunikationsmittel vernichtet, nicht mehr möglich: er kann seinem Hauptmann nicht mehr antworten – erster, stummer Versuch des Ausbruchs.

FAHRENHEIT 451 ist ein misogyner Film wie fast alle frühen Filme von Truffaut. Die ehelichen Beziehungen des Helden zu seiner Frau beschränken sich auf das gemeinsame Fernsehen. Die einzige erotische Aktivität geht von Linda aus, allerdings nur unter Einwirkung von Drogen. Die Beziehung, die sich zwischen Clarisse und Montag entwickelt, bleibt beim Gedankenaustausch über Bücher stehen. Daß Truffaut Clarisse anders präsentiert – sie wird meistens en face gezeigt, im Gegensatz zu den Profilaufnahmen von Linda – ist eine »falsche Fährte« des Regisseurs, der herkömmliche Formen des Kinos benutzt, um sie später gründlich zu desavouieren. Konsequent verbrennt Montag am Ende statt der Bücher sein eigenes Bett.

Die Braut trug schwarz
La mariée était en noir. 1967

Als Julie Kohler nach ihrer Hochzeit die Kirche verläßt und sich die Gesellschaft zu einem Hochzeitsfoto aufstellt, wird ihr Ehemann David erschossen. Julie macht sich auf die Suche nach dem oder – in diesem Falle – den Mördern. Nach und nach tötet sie alle für diesen Tod Verantwortlichen.

Julies erste Worte sind zugleich Inhalt wie Methode des Films: »Ja, Mama, ich weiß, was ich tue«, sagt sie, nachdem sie ihren Koffer mit 100 Francs-Scheinen und Wäsche gefüllt hat. Der Zuschauer, durch den Vorspann – die Titel laufen über das Bild einer Druckmaschine, die ein Aktgemälde reproduziert,

Die Braut trug schwarz

dessen Bedeutung erst gegen Ende des Films klar wird – ohnehin fehlgeleitet, muß sich verwirrt fühlen. Und wenn Julie anschließend schwarz gekleidet das Haus verläßt, so ist ihre
Nichte, die vor dem Haus Ball spielt, ein optischer Hinweis,
der in Verbindung mit dem Filmtitel Fragen stellen läßt und
Erwartungen weckt: das Mädchen trägt ein weißes Kleid. Doch
das ist ein Hinweis, der sich dem Zuschauer nur nach der Sicht
des ganzen Films erschließen kann: eigentliche Unschuld der
Titelheldin, die durch Willkür der Umwelt (die Schüsse vor
der Kirche) sich in Schuld verkehrt. Ursprüngliche Sensibilität
verwandelt sich in ihr Gegenteil, in Zynismus, der mehr ist
als der Zorn (*colère*), den Julies Familiennahme Kohler, französisch ausgesprochen, anzudeuten scheint.
Nun setzt – für den Zuschauer – der eigentliche Bruch ein,
Fragwürdigkeit und Attraktion zugleich. Noch ist das Motiv
unklar, das Julie zum Mord an Bliss treibt, einen jungen Lebe-
mann, der von seinem Balkon in die Tiefe stürzt, während Julies
weißer Schleier durch die klare Luft weht. Auch wenn das Motiv für den Reihenmord allmählich klar wird, bleibt der Film
jede Erklärung dafür schuldig, wie Julie Namen und Adressen

ihrer Opfer ermittelt hat. Er zeigt einen Ablauf mit diversen Spannungs- und Retardierungsmomenten, dessen Ende immer – in fünf Fällen – der Tod der Beteiligten ist. »Madame will anonym bleiben«, sagt einer der Hochzeitsgäste von Bliss, des ersten Opfers; und dabei bleibt es. Julie ist weniger Person – sie ist mit einem persönlichen Motiv regelrecht »ausgestattet« – als Funktion, die Film und Handlung in Bewegung hält. Nach dem ersten Mord, der noch den Ruch des Zufälligen hat, folgt ein Flug in die Schweiz. Im Gespräch mit der Wirtin des Mannes, den sie sucht, äußert Julie scheinbar belanglos: »Es ist ein Mann, der in einer Traumwelt lebt.« Tatsächlich jedoch ist es innerhalb der Traumwelt Kino und dieses Films eine Traumwelt, die Julie für Coral nach ihrem Treffen im Konzert und ihrer Verabredung für den nächsten Tag erst schafft: »Ist das nun Wirklichkeit oder wieder nur ein Traum?« Denn für Coral waren bisher, wie er sagt, »die Frauen und ich zwei Welten«, eine Bemerkung, die Truffaut bildlich auffängt, indem er Julie in Doppelbelichtungen und Spiegeleffekten tanzen läßt. Erst Julies Aufklärung für Coral, woher und seit wann er sie kennen müsse (»Aber da trug ich nicht schwarz. Da trug ich

Die Braut trug schwarz

134

Die Braut trug schwarz

weiß«), ist Anlaß für eine kurze Rückblende auf die Hochzeit; dann folgt der qualvolle Tod Corals.

In der Typologie der Opfer hat Truffaut seine ganze Verachtung für bestimmte Gruppen der französischen Gesellschaft zum Ausdruck gebracht: Bliss, der erfolgreiche Verführer; Coral, der täppische Biedermann; Morane, der schleimig-korrupte Politiker; Delvaux, der kriminelle Betrüger; Fergus, der geile Maler, dem Kunst nur Serienprodukt ist. Nur an einer Stelle versucht Truffaut, Julies Verhalten moralisch zu bewerten: im Gespräch mit einem Priester, der sie von weiteren Morden abhalten will. »Wenn sich jeder rächen wollte«, sagt der Priester, »dann müßte man nicht nur die Tat, sondern auch den Gedanken rächen.« Hier zeigt sich Julie nicht mehr als normales menschliches Wesen (als das ihre Figur freilich von Anfang nicht angelegt ist), hier stilisiert sie sich zum überirdischen Racheengel: »Das ist eine Pflicht, die schulde ich David ... ich muß den Weg weitergehen bis zum Ende ... Mich kann man auf dieser Welt nicht mehr bestrafen. Ich bin bereits tot. Ich bin mit David gestorben ... Aber erst wenn er völlig gerächt ist, werde ich mit ihm vereint sein.« Genau wie Julie in diesem Gespräch alle Emotionen von sich weist – »Nein, weder Reue noch Furcht« –, so entfernt auch Truffaut alle Möglichkeiten emotionalen Engagements aus dem Handlungsablauf. Fast widersprüchlich erscheinen in diesem Kontext nur Julies Telefonanruf, der die Freilassung der Lehrerin bewirkt, welche des Mordes an dem Politiker Morane verdächtigt wird, und eine sentimentale Unsicherheit nach der Liebeserklärung des Malers Fergus an sein Modell Julie, deren erster Mordversuch mit dem Bogen gerade erst gescheitert ist.

DIE BRAUT TRUG SCHWARZ ist eine einzige Hommage an Alfred Hitchcock. Hitchcocks Einfluß zeigt sich in der ganzen Konstruktion des Verwirrspiels, in bildlichen Verweisungen und inszenatorischer Methode, in der anfangs fehlenden Motivation der Titelheldin, in ihrer fortdauernden Anonymität, in der Bedeutung, die einzelnen Gegenständen (der Schleier, der Bogen) oder dem erhellenden Déjà-vu-Erlebnis von Gesten (das Ausschütten des Wassers aus einem Trinkglas) zugemessen wird, bis hin zum nur akustisch, nicht direkt optisch vermittelten letzten Mord. Die Episode mit Fergus ist ein exakt getimetes Wechselspiel von Unsicherheit, Bedrohung, Verzögerung und Ablenkung bis hin zum tödlichen Bogenschuß. Als Julie mit dem Bogen Modell steht, ist die Morderwartung beim Publikum bereits fixiert. Gegenschnitte tauschen die Perspektiven von Opfer und Mörderin. Das Vorwissen des Zuschauers über Julies Absichten gibt der Szene eine Spannung, für die das Arrangement – die Aufstellung und Bewaffnung, die der Maler seinem Diana-Modell gibt – als unbewußt vorprogrammierter Selbstmord erscheinen muß.

»In jedem Roman, den eine Frau geschrieben hat, betrachtet sich eine Frau nackt im Spiegel«, hatte Corey, ein Freund des Mörderquintetts, gesagt. Als Spiegel wirken hier die Porträts, die Fergus von einer Unbekannten gemalt hat, deren Gesichtszüge mit denen von Julie identisch sind. Daß ausgerechnet Fergus es ist, bei dem Julie zum erstenmal versucht scheint, ihre Absicht aufzugeben, ist weiteres retardierendes Moment, das um so konsequenter überspielt wird.

Die Braut trug schwarz

Geraubte Küsse
Baisers volés. 1968

Obwohl er sich freiwillig verpflichtet hatte, wird Antoine Doinel wegen Verfehlungen und Unzuverlässigkeit vorzeitig aus der Armee entlassen. Er versucht sich als Nachtportier, wird gefeuert und kommt bei einer Privatdetektei als Assistent unter. Zwischen seiner alten Freundin Christine und der schwärmerisch verehrten Frau eines reichen Klienten schwankend, entscheidet sich Antoine schließlich für Christine.

Ein Stück Nostalgie verspricht Charles Trénets Chanson, das den Vorspann des Films begleitet: »Verwelktes Glück, die Haare im Wind, gestohlene Küsse, bewegende Träume – sag mir, was ist davon geblieben?« Was das erste Bild, eine Totale des Jardin du Trocadéro, unter diesem Text als lyrischen Kontrast zum elenden Gefängnisdasein von Antoine Doinel andeutet, wird unterbrochen durch ein Titelinsert, das nach einem Panoramaschwenk auf die französische Kinemathek beginnt:

Geraubte Küsse

138

»Dieser Film ist dem Leiter der *Cinémathèque Française*, Henri Langlois, zugeeignet.« Diese direkte Reaktion auf die Repressionen, denen die *Cinémathèque* (wichtige Station in Truffauts eigener Biografie) ausgesetzt war, bleibt der einzige konkrete Hinweis auf Vorkommnisse im Paris des Jahres 1968, als GERAUBTE KÜSSE gedreht wurde, bis auf Christines Hinweis, sie habe an einer Demonstration teilgenommen.

Ausgangspunkt für die Präsentation Antoine Doinels ist eine repressive Situation ähnlich der in SIE KÜSSTEN UND SIE SCHLUGEN IHN: in einer Gefängniszelle sieht man Antoines Kopf halb verborgen hinter einer Ausgabe von Balzacs *Lilie im Tal (Le lys dans la vallée)*. Die Flucht in die Literatur läßt ihn die Vorwürfe und Beleidigungen lächelnd ertragen, die seine Entlassung begleiten. Truffaut zeigt diese Welt von Autorität und Subordination nicht nur in ihrer schmutzig-traurigen Optik: die Sprache der soldatischen Ausbilder verrät in ihrer fäkalischen Diktion das genaue Gegenstück zum Universum Antoines. Hier wird der Traum des Kindes Antoine – damals war es die Marine – gründlich desavouiert. Persönliche Erfahrungen des Regisseurs mag man unterstellen können.

Die Welt, in die Antoine entlassen wird, ist anders als die fixierte Ordnung, die ihn in ANTOINE UND COLETTE umgab, denn seine Perspektive auf diese Welt ist eine andere geworden: die des – fast – autonomen Erwachsenen, der seine sexuellen Gefühle nicht mehr unterdrückt, sondern gleich nach der Entlassung ein Freudenhaus aufsucht. Doch auch das – das Abenteuer wird flüchtig, nicht ohne Ironie dargestellt – ist nur *eine* Version der Ausbruchsversuche, die Antoine unternimmt, um einer endgültigen Fixierung auf Christine zu entgehen. Das Verhältnis zu Christine ist der Leitfaden des Films, in ihm spiegeln sich Bewußtsein und Verhalten vor der Heirat, dem Abschied von der Jugend. Doch vorher muß noch der jugendliche Traum von der absoluten Liebe geträumt werden, und der Traum inkarniert sich – gemessen an den spezifischen Bedingungen von Antoines Alter und seiner sozialen Stellung – in Fabienne Tabard, der Frau des Schuhsalonbesitzers, für den Antoine als Detektiv arbeitet. Eine solche Frau muß für Antoine geradezu zwangsläufig zum Mythos werden, und Truffauts Regie unterstützt diese Perspektive. Wie aus dem Nichts erscheint sie eines Tages im Geschäft nach Ladenschluß, am Telefon spricht sie Englisch, das Antoine nicht versteht: »Sie hat eine bezaubernde Stimme und spricht Englisch mit bewundernswerter Reinheit«, beschreibt er sie in der Agentur, »ihr Gesicht ist wie von innen erleuchtet.«

Das entspricht durchaus der Rezeption, die Jules und Jim von Catherine hatten. Antoines Verwirrung provoziert Fehlleistungen (»Ja, Monsieur«, antwortet er, als sie fragt, ob er Musik liebe) und Identitätsunsicherheit, als er ihren und Christines Namen vorm Spiegel wiederholt und schließlich nur noch den eigenen Namen prononciert ausspricht. Und diesem Zwiespalt zwischen Realität und Traum, Wirklichkeit und Wunschvorstellung, entspricht der literarische Hinweis – wieder auf Balzacs *Lilie im Tal* –, den Fabienne interpretiert: »Schließlich ist sie« (Madame de Mortsauf im Buch) »gestorben, weil sie seiner Liebe nicht teilhaftig werden konnte … Und ich bin keine Erscheinung, sondern eine Frau. Das ist genau das Gegenteil!« Eben das beweist sie, als sie die Zusammenkunft mit Antoine auf das eine Mal beschränkt und ihm diese Bedingung wie einen Vertrag serviert.

Was Antoine Doinel wie die Erfüllung aller Wünsche erscheinen mochte, als Chance des Ausbruchs aus einer Entwicklung, an deren Ende auch ihn nur die bürgerliche Existenz in einer in bürgerlicher Gesellschaft bürgerlich geführten Ehe erwarten kann – zu der dann auch Bordellbesuche gehören werden (TISCH UND BETT) –, das ist ironisch ins genaue Gegenteil verkehrt. Das kurzfristige, von Anfang an begrenzte Verhältnis mit einer verheirateten Frau paßt ausgezeichnet in den Rahmen bourgeoiser Wertvorstellungen, als Einübung, Erfahrung und notwendige Ersatzhandlung anstelle einer radikalen Negation. Fabienne ist doch nicht Catherine (JULES UND JIM), sie kann ihre bürgerliche Herkunft nicht abschütteln. Sie steht ihrem Mann näher, als sie glauben mag, einem Mann, den seine Angestellten »Dinosaurier« nennen, und der von Hitler nicht ohne Bewunderung als »kleinem Landschaftsmaler« spricht.

Am Ende funktioniert die Begegnung Antoines mit Fabienne Tabard nicht anders als andere beiläufige Chiffren von Liebe in diesem Film. Auch der kleine Homosexuelle, der sich in einen Varieté-Zauberer verliebt hat, oder die Frau, die im Hotel von ihrem Mann und einem Detektiv in flagranti erwischt wird, sind nur Spielarten der Liebe, die Antoines Verhältnis zu Christine kontrastieren. Von jenem leidenschaftlichen Kuß im Weinkeller, der Christine schockiert, bis zu den Liebeser-

klärungen, die sie sich gegenseitig aufschreiben, und dem gold-
glänzenden Flaschenöffner, den Antoine ihr über den Ringfin-
ger streift, vertieft Truffaut auf subtile Art ihre Gefühle
füreinander. Jener Unbekannte, der Christine in der letzten
Einstellung seine Liebe versichert und Antoine niemals an-
schaut, kann nur dessen alter ego sein, der Traum von sich
selbst, den Antoine jetzt träumt: »Ich, ich bin endgültig.«

Das Geheimnis der falschen Braut
La sirène du Mississipi. 1968/69

Louis Mahé, Zigarettenfabrikant auf der Insel Réunion, hat
per Zeitungsinserat eine Frau gesucht. Er heiratet die Betrügerin Marion Bergamo, die sich als Julie Roussel ausgibt und
nach kurzer Ehezeit mit dem Geld ihres Mannes verschwindet.

Das Geheimnis der falschen Braut

Louis beauftragt einen Privatdetektiv mit Nachforschungen und begibt sich selbst zur Kur an die französische Riviera. Dort trifft er seine Frau wieder, verliebt sich wirklich in sie und bringt den Privatdetektiv um, der Marions Geheimnis herausgefunden hat. Gemeinsam fliehen Marion und Louis in die Berge.

»Dieser Film ist Jean Renoir gewidmet«, verkündet der Vorspann, und schon vorher bringt ein Filmausschnitt aus Renoirs *La Marseillaise* den optischen Beleg. Doch Renoir ist nur einer der illustren Filmregisseure, die zitiert werden; außerdem wird an Alfred Hitchcock, Max Ophüls, Nicholas Ray erinnert. Verschwunden sind dafür die Details der Originalvorlage, dem Kriminalroman *Waltz into Darkness* von William Irish, dessen Buch *The Bride Wore Black* bereits von Truffaut adaptiert worden war. Die Originalgeschichte spielt in New Orleans, der Mississippi ist tatsächlich der Fluß und nicht der Name des Fährschiffs, das die obskure Betrügerin in den Ehehafen bringt. Was Truffaut an der Geschichte am meisten gereizt hat, ist nach eigenem Bekenntnis der *amour fou*: »Was mich bewegt hat, war der Umstand, daß William Irish ein traditionelles Sujet des Vorkriegskinos behandelte. Das ist *La femme et le pantin*, *Der blaue Engel*, *La chienne*. Dieses Thema vom Vamp, von der *femme fatale*, die einen ehrenwerten Mann zum Hampelmann degradiert, hat alle von mir geschätzten Cinéasten beschäftigt. Ich habe mir gesagt: du mußt es auch machen ... Und dann stellte ich fest, daß ich dazu nicht in der Lage bin.« Die Off-Stimmen, die über dem Vorspann liegen, künden das nur vorgegebene Glück an, die Illusion, die sich selten bewährt: Texte von Heiratsannoncen, die alle die Eigenschaften propagieren, die der Film (jedenfalls in seinen Hauptpersonen) nicht halten kann. So wird aus dem »glücklichen Heim ohne materielle Sorgen« eine Flucht, die nichts garantiert, eine Flucht vor der »Garantie«. Schon der Vorspann desavouiert die – vielleicht – möglichen Hoffnungen für ein ganzes Leben. Eben diese Erwartungen – die des Zuschauers wie die der Protagonisten – bringt Truffaut erst einmal in Einklang mit der überlieferten Form: ein farbiger Pfarrer schließt die Ehe des weiß und weiß gekleideten Paares, ein Weiß, das sich freilich bei der Abfahrt von der Kirche ins Schwarz verdunkelt. Daß der

Das Geheimnis der falschen Braut

Ehering nicht paßt, weil das Maß vom Finger der wirklichen Braut Julie Roussel, der Marion Bergamo die Identität gestohlen hat, genommen wurde, ist ein Verdachtsmoment, dem Truffaut in den Anfangssequenzen nicht nachgeht. Doch er hat damit schon einen Effekt ins Spiel gebracht, der die Spannung, welche bei Truffaut immer aus der Konstellation von Personen entsteht, anreizt und durchhält.

Wieder also werden Fragen der Identität zum Ausgangspunkt eines Films. Man erinnert sich an SCHIESSEN SIE AUF DEN PIANISTEN (Edouard Saroyan alias Charlie Koller ist Konzertpianist, dann Kneipenspieler), doch auch DIE BRAUT TRUG SCHWARZ, wenn Julie Kohler bei dem Maler Fergus Porträts vorfindet, die ihrem Gesicht gleichen, obwohl der Maler sie nicht kennt. Auch im GEHEIMNIS DER FALSCHEN BRAUT spielt ein Frauenporträt, eine Fotografie, eine wichtige Rolle, aber es verhält sich damit umgekehrt, das Bild dient nicht der Identifikation; seine Funktion ist pervertiert und wird ironisiert: »Das Bild in dem Brief war nicht von mir«, sagt Marion / Julie, »es fällt eben schwer, sich jemandem in solchen Briefen anzuvertrauen.« Wo in anderen Filmen der Traum Realität wird (auch in Antoines Fluchtversuchen), gleicht sich hier die Wirklichkeit Marion, der falschen Braut, an.

Diese Entwicklung wird von Truffaut nicht linear aufgezeichnet. Sie bildet sich vielmehr bruchstückhaft im Lauf der Erzählung heraus. Noch auf Réunion sagen beide, Louis und Julie, unter einem »Wunschbaum« gleichzeitig: »Wär komisch, wenn wir denselben Wunsch ...« Doch im Krankenhaus an der Riviera träumt Louis nach der Beraubung durch Marion von einer Autofahrt, und der Traum zeigt ihm deutlicher, als er bisher ahnen konnte, wie es um ihn steht: »Frauen, weiß gekleidet. Sie stehen mitten auf der Straße, winken mir zu und haben keine Angst ... Ich hab' eine furchtbare Angst, daß ich sie überfahre.« Und als Louis der Wiedergefundenen erzählt, er habe sie in dem Tanzcafé beobachtet, gibt er zu: »So glücklich habe ich Sie niemals gesehen. Da verstand ich plötzlich, daß ich Ihnen nichts zu bieten habe, daß ich in Ihrem Leben keine Rolle spiele.«

Obwohl der Film – für französische Verhältnisse – eine Superproduktion war, hat sich Truffaut an die Regeln und Obsessionen gehalten, die schon seine früheren Filme ausgezeichnet hatten. Die Exotik der Insel Réunion wird ebenso privatisiert

Das Geheimnis der falschen Braut

wie die noble Riviera oder die Schneeidylle an der Schweizer Alpengrenze, die bereits in SCHIESSEN SIE AUF DEN PIANISTEN eine Rolle gespielt hatte. Den Verführungen des hohen Produktionsbudgets entgeht der Regisseur durch eine ganz persönliche Interpretation des Stoffs, die seinen »kleinen« Filmen näher steht als den spekulativen Superproduktionen des Genres. Truffaut gibt seinen Ausbruch aus dem Genre selbst zu: »Auf *Johnny Guitar* habe ich mich bezogen, weil es ein falscher Western ist, so wie LA SIRÈNE ein falscher Abenteuerfilm ist.« Die prächtigen Dekors bleiben austauschbarer Hintergrund in einer Geschichte von Leidenschaft, die in verschiedener Form die Protagonisten des Films aneinander bindet. Leidenschaft für Geld fesselt Julie / Marion an den Mann. Leidenschaft, die sich nach jeder Enttäuschung steigert, bestimmt das Verhalten von Louis Mahé. Fanatische Leidenschaft gegenüber der detektivischen Aufgabe ist das Motiv für Comolli (der Name eines Kritikers der *Cahiers du Cinéma*): »Sie engagieren ausgerechnet einen Detektiv, der, wenn er eine Sache einmal anfängt, sie auch durchführt. Koste es, was es wolle.«

Réunion, Côtes d'Azur, die Alpen – das ist viel Landschaft in einem Film, zu dessen wahrer »Landschaft« jedoch das Verhalten der Schlüsselpersonen, ihr psychischer Gestus, ihre Physiologie werden. Hier spielt sich alles ab, die äußere Landschaft ist Dekor, Staffage. Das Gesicht wird zum Bild; Truffaut zeigt es immer wieder in Nah- oder Halbnahaufnahmen, und er scheint sich mit Louis zu identifizieren, der Marions Gesicht beschreibt: »Dein Gesicht ist wie eine Landschaft.« Emotion im Kino wird körperlich: »Wenn ich blind wäre, würde ich dein Gesicht mit den Händen abtasten … Wäre ich taub, so würde ich auf deinen Lippen lesen, mit den Händen.« Affektion ist vollkommen von ihren äußeren, etwa gesellschaftlichen, Bedingungen gelöst. Die spontane Zuneigung beim ersten Treffen auf Réunion stand noch unter dem Zwang der eigenen sozialen Position und ihrer Verpflichtungen, die zweite Begegnung baut bei Louis den Haß durch Argumente der Armut und Bedürftigkeit ab. Die Liebe, die Marion ursprünglich nur auf einer Schallplatte erklären kann (wieder ein technisches Kommunikationsmittel, das die Person verdecken soll), als Louis seine Firmenanteile auf Réunion verkauft, äußert Marion offen resümierend am Schluß des Films: »Vielleicht glaubst du mir nicht, aber es gibt viele Dinge, die unglaublich und doch wahr sind.« Besser könnte man DAS GEHEIMNIS DER FALSCHEN BRAUT kaum definieren.

Der Wolfsjunge
L'enfant sauvage. 1969

Im Jahre 1798 wird in Mittelfrankreich ein Kind gefunden, das allein im Wald lebt und nicht sprechen kann. Dr. Jean Itard vom Pariser Taubstummen-Institut versucht, das Kind in die Gesellschaft zu integrieren. Durch Einübung in die Zivilisation verliert das Kind seine animalischen Instinkte.

»Gewidmet Jean-Pierre Léaud« bestätigt der Vorspann dem Schauspieler, der nach Auswahl aus einer großen Gruppe von Bewerbern die Hauptrolle in Truffauts erstem abendfüllenden Spielfilm übernommen hatte und seitdem aus dem Schaffen des Regisseurs nicht mehr wegzudenken ist (sechs Filme, wenn man die Episode aus LIEBE MIT ZWANZIG dazuzählt). Dieser Erinnerung, die durch die Widmung hervorgerufen wird,

Der Wolfsjunge

will scheinen, daß DER WOLFSJUNGE in einem diametralen
Gegensatz zu den Antoine-Filmen und damit auch zu Truffauts
Gesamtwerk steht: immer ging es um Möglichkeiten der Flucht
aus einer Gesellschaft, die sich als repressiv erwiesen hatte
(Antoines Flucht ans Meer; die Buchmenschen in FAHREN-
HEIT 451 separieren sich; Louis und Marion fliehen über
schneebedeckte Berge in ein anderes Land). Aber der Widerspruch ist nur scheinbar, denn die Welt, der der Wolfsjunge
(später Victor genannt) entrissen wird, ist ebenso feindlich wie
die schulische oder familiäre Umwelt des Antoine Doinel oder
die totalitäre in FAHRENHEIT 451. Die Umgebung, in die
Victor aufgenommen wird, ist ein humaner Raum, in dem Bezugspersonen Kommunikation erst ermöglichen.
Ein größerer Gegensatz allerdings läßt sich kaum denken, als
zur Einführung des bücherverbrennenden »Feuerwehrman-
nes« Montag in die Welt der Literatur: da Kommunikation
anders nicht mehr möglich ist, werden Menschen zu Büchern;
ihre ohnehin instabile Identität löst sich in Literatur auf. Im
WOLFSJUNGEN zeigt Truffaut das genau umgekehrte Ver-

147

fahren: die Begegnung mit »Literatur«, mit artikulierter Sprache begründet allererst Identität. Itard hat den Namen Victor an die Tafel geschrieben. Als der Junge versucht, ihn abzuschreiben, sagt Itard: »Du bist das, Victor!« Eine neue Identität ist entstanden, die der Junge jedoch vorerst ablehnen wird.

Die Geschichte vom WOLFSJUNGEN enthält durchaus romanhafte Züge. Dennoch entspricht der Film in seiner sorgfältigen Dramaturgie aber eher dem Memorandum, das Jean Itards Bericht über den Fall des »wilden Kindes« darstellt: peinlich genaue Beobachtungen eines Jungen durch Kamera und Regie. Doch der WOLFSJUNGE erschöpft sich nicht darin, ein Dokument filmisch zu reproduzieren; der Film ist vielmehr gleichzeitig auch ein Dokument des Regisseurs François Truffaut, der die Rolle des Erziehers Itard spielt, und zwar in einer nahezu totalen Identifikation. Nichts anderes als Rollenverständnis wird vom Wolfsjungen gefordert, übermittelt durch Forderungen, die Regieanweisungen sind und im Kommentar begründet werden. Die Rolle heißt »zivilisierter Mensch«, und Truffaut schreibt selbst dazu: »Der Film reiht eine Serie von Übungen, die Itard das Kind machen läßt, um seine Ohren, seine Augen, seine Sinne zu erziehen ... Diesen Übungen sollte man folgen können. Am Anfang jeder Übung sollte das Publikum wissen, was Doktor Itard beim Kind erreichen wollte, um dadurch den Ablauf zu verstehen und ihm von einem Punkt zum anderen mit Interesse zu folgen.« Das macht aus dem WOLFSJUNGEN einen Film, der gleichsam *live* vor den Augen des Publikums inszeniert wird.

Die Erziehung des Wolfsjungen ist gleichzeitig Erziehung einer Gesellschaft, die immer noch dem Ideal nachhängt, der Mensch sei frei und könne sich autonom entwickeln. Bereits die Memoiren von Jacques Itard waren eine Antithese zu den Pädagogen und Philosophen in der Nachfolge von Jean-Jacques Rousseau, die in jedem Menschen einen »guten Kern« sahen, dabei aber vernachlässigten, daß der Mensch soziabel sein und aus der Isolation gelöst werden muß. Diesem Ziel soll vor allem der Versuch dienen, Kommunikation zu einem bewußten Prozeß zu machen, sie aus animalischer Bewußtlosigkeit herauszuheben: »Er hört uns, ohne uns zuzuhören. Er sieht uns, ohne uns anzuschauen«, stellt Itard fest und desavouiert damit Pro-

Der Wolfsjunge

fessor Pinel, den Leiter des staatlichen Erziehungsheims, der meinte: »Er steht noch unter den Tieren.«

»Es hat ihn noch niemand weinen sehen«, kommentiert Itard das Gesicht, das, häufig in Groß- und Naheinstellungen gezeigt, eine Welt zu erkennen sucht, mit der sich Victor noch nicht identifizieren kann. Die Begriffe, die er lernen soll, sind ihm inhaltlich nicht vertraut: Hammer, Schlüssel, Buch. Der Versuch, ihn erst über die Abstraktion des Wortes zum Inhalt zu führen, schafft Aggressionen gegen den Lehrer und die Gegenstände des Unterrichts. Nur auf der Basis des Vertrauten oder Notwendigen, das dem Kind in einem animalisch sehr reduzierten Sinn ein »Begriff« ist (Milch, *lait*), läßt sich »Kommunikation«, ebenfalls äußerst reduziert, bewerkstelligen. Obwohl Truffaut die Unterwerfung von Victor – die gleichzeitig Victors Sieg über eine ihm bis dahin unbekannte Umwelt ist – nicht als mechanische Folge inszeniert, die Gehorsam als Aktionsersatz interpretiert, bleibt DER WOLFSJUNGE ein eher pessimistischer oder mindestens skeptischer Erziehungsroman. Daß erst eine harte Strafe (Itard hat Victor in eine dunkle Kammer eingeschlossen) dem Kind eine »menschliche« Regung abnötigen kann, wird durchaus zwiespältig registriert, wenn Itard, triumphierend und trauernd zugleich, in sein Tagebuch schreibt: »Heute hat Victor zum erstenmal geweint.«

Truffaut sympathisiert deutlich mit der Überzeugung des Dr. Itard, daß der Mensch erst durch die Gesellschaft (und durch Zuwendung und Liebe) zum Menschen werde und durch Erziehung bildungsfähig sei. Aber es bleibt ein Rest von Trauer: Erziehung scheint ohne Unterdrückung nicht möglich zu sein. Die Frage des Englischlehrers aus SIE KÜSSTEN UND SIE SCHLUGEN IHN hat ihre Antwort gefunden: »Where is father?« (Wo ist Vater?). Hier ist er in Gestalt des Regisseurs François Truffaut.

Tisch und Bett
Domicile conjugal. 1970

Antoine ist mit Christine verheiratet. Während er im Hof handgefärbte Blumen verkauft, gibt sie Violinstunden. Als Christine ein Kind erwartet, nimmt Antoine in einer amerikanischen Firma eine Stellung an. Ein Streit um Namen und zukünftigen Beruf des Sohnes entzweit die beiden. Christine entdeckt, daß

Antoine sie mit einer Japanerin betrügt. Nach kurzer Trennung finden sie wieder zusammen.

Durch einen kurzen Dialog zwischen Christine und der Verkäuferin in einem Obstladen definiert Truffaut schon in der ersten Szene: »Nicht Mademoiselle; Madame!« Der Geigenkasten, bekannt aus GERAUBTE KÜSSE, verrät, wer sie ist: Frau von Antoine Doinel. Der Blick, den ein einfach gekleideter alter Mann im Treppenhaus auf ihre Beine wirft (dieser Blick ist aus vielen vorhergehenden Filmen Truffauts geläufig), zeigt das Milieu, in dem sie leben: ein einfaches Wohnhaus, vermutlich am Montmartre, mit Hinterhof und Bistro, die ständige Kommunikation ermöglichen. Die Umwelt, in den früheren Doinel-Filmen noch in verschiedene Schlüsselplätze aufgeteilt, ist hier konzentriert.

Ähnlich konzentriert sind auch die Kontrasttypen, die das eheliche Leben der Doinels begleiten (abgesehen von Antoines japanischer Geliebten): liebenswerte Karikaturen einer kleinbürgerlichen Gesellschaft (ähnlich angelegt waren die Gangster in SCHIESSEN SIE AUF DEN PIANISTEN); ein fragwürdiger Würger-Typ, der sich als Fernsehimitator entpuppt; eine Kellnerin, die Antoine dieselben Avancen macht, die früher seine Art waren; ein Pensionär, der solange seine Wohnung nicht verlassen will, bis Marschall Pétain in Verdun beigesetzt wird; oder ein italienischer Opernsänger, der unter der Willkür seiner Frau leidet. Die Konstellation erinnert an Filme von Jean Renoir; der ganze Film könnte eine Hommage an diesen von Truffaut verehrten Regisseur sein.

Antoine hat sich nicht verändert. Zu Mister Max, dem Direktor der amerikanischen Firma, sagt er, als sie in Englisch über ihre verschiedenen Lebensbereiche sprechen: »I prefer poetry to prose« (Ich ziehe Poesie der Prosa vor). Dichtung ist für ihn Zufluchtsort geblieben. In SIE KÜSSTEN UND SIE SCHLUGEN IHN fand er Trost bei Balzac. Jetzt will er selbst einen Roman schreiben, um vom Persönlichen ins Allgemeine überzugehen (und er dementiert damit wieder seine Behauptung über Poesie und Prosa). »Baudelaire hat auch im Blumenladen angefangen«, meint der Wirt des Bistros. – »Aber Baudelaire hat keine Romane geschrieben«, ist Antoines Antwort.

Wo sich an der konkret gegebenen Lage, an der Einbindung in eine durchaus bürgerliche Existenz auf bürgerlichem Hinter-

grund nichts ohne Gewalt (die Antoine ebenso fernliegt wie Truffaut) ändern läßt, da bleiben für Antoine nur Projektionen seines Ego ins Exotische oder Abstrakte. Sein Versuch, beim Blumenfärben das absolute Rot zu erzielen, ist ähnlich motiviert und hat einen ähnlichen Stellenwert wie das Verhältnis, das er mit Kyoko, der jungen Japanerin, beginnt: »Kyoko ist keine Frau wie andere, Kyoko, das ist ein anderer Kontinent« (womit schon das zentrale Thema von Truffauts nächstem Film ZWEI MÄDCHEN AUS WALES UND DIE LIEBE ZUM KONTINENT vorweg zitiert wird). »Ich mag alles, was klar ist«, umreißt Christine ihren entgegengesetzten Standpunkt. Und Antoines Mißerfolge bestätigen sie nachdrücklich. Von den Blumen behält eine immer ihre ursprüngliche Farbe. Von den verräterischen Tulpen, die Kyoko ihm geschickt hat, kann Antoine sich nicht befreien.

Diesen Tulpen hat Truffaut eine Schlüsselfunktion zugewiesen und sie in subtilen Bildern und überlegter Montage ironisch vorbereitet: ausgehend von der eigenartigen Phonetik der japanischen Sprache (*Moshi, moshi* = hallo!) über den Fatalis-

Tisch und Bett. Links: Dreharbeit

mus von Kyoko (sie möchte Selbstmord begehen: »am liebsten mit dir«), kommt unter Donnergrollen und Sturmgetöse das Modell eines japanischen Gartens ins Bild. Ein fremdartiges Geräusch, das Christine überrascht, als sie ihr Kind versorgt, ist die Fortsetzung. Die Tulpen öffnen sich und die Liebesbotschaften, die Kyoko auf kleine Zettel geschrieben und in den noch geschlossenen Blüten versteckt hatte, fallen heraus. Dazu hört man (doch nur der Zuschauer!) Kyokos Stimme im Off: »Sie heißt Kyoko, und sie liebt dich.«

Die Regeln, gegen die Antoine in allen bisherigen Filmen protestiert hatte oder vor denen er die Flucht wenigstens noch mit einigen Aussichten auf Erfolg versuchte (GERAUBTE KÜSSE) – diese Regeln erweisen sich endlich als stärker. Was er für das Werk von Landstreichern (*truands*) gehalten hat, die Politik nämlich, die er verachtet und gemieden hat, sie gewinnt konkrete Gestalt: »Wenn du dich nicht um Politik kümmerst, kümmert sich die Politik um dich – jedenfalls am Ende des Monats«, sagt ein Freudenmädchen in einer der letzten Szenen; für Truffaut Anlaß genug, das Ende des Films mit sarkastischem Pessimismus in Szene zu setzen. Doch »Politik«, eine neue Realität, hat Antoines Leben schon geändert. Die Geburt seines Kindes eröffnet ihm freilich eine neue Dimension und eine andere Möglichkeit der Selbstverwirklichung. Ohne zu ahnen, daß er damit nur ein altes bürgerliches Klischee nachvollzieht, schwört er im Angesicht des Säuglings: »Ich werde das aus ihm machen, was ich selbst nie erreicht habe.« Der große Schriftsteller, der Victor Hugo unserer Zeit, den Antoine dabei im Sinn hat, soll ohne die Zwänge aufwachsen, die den Vater selbst geprägt haben; er will ein Vater sein, der sich selbst um die Erziehung seines Sohnes kümmern wird (wie Truffaut es selbst im WOLFSJUNGEN tut): »Alphonse wird keine Schule besuchen. So lernt er nur, was wirklich wichtig ist!« Doch freilich, das ist und bleibt eine Utopie, die in Antoines Situation allerdings logisch und notwendig erscheint.

Aber schließlich, wenn Antoine in den letzten Einstellungen genau das Verhalten des Opernsängers kopiert (und sich damit identifiziert), Handtasche und Pelzmantel der verspäteten Christine auf die Treppe wirft, hat ihn die bürgerliche Wirklichkeit eingeholt. »Jetzt lieben sich die beiden wirklich«, meint Sylvana, die Nachbarin. Die im Bild für Sekunden arretierten Blicke des Sängers auf seine Frau zeigen Stillstand.

Zwei Mädchen aus Wales und die Liebe zum Kontinent
Les deux anglaises et le continent. 1971

Zwei puritanisch erzogene Schwestern aus Wales, Muriel und
Anne, verlieben sich in den Franzosen Claude, der sich für
keine von beiden entscheiden kann. Als die fast blinde Muriel
sich von ihm trennt, wendet er sich Anne zu, die ihn in Paris
besucht. Später kommt auch Muriel und schläft mit Claude.
Als Muriel einen Lehrer geheiratet hat und Anne an Tuberku-
lose gestorben ist, hat Claude sein Buch über die Erfahrungen
mit den beiden Mädchen beendet.

Die literarische Vorlage von Henri-Pierre Roché, der auch die
Vorlage zu JULES UND JIM geliefert hatte, kehrt das intime
Verhältnis um: statt zweier Männer und einer Frau sind zwei
Frauen und ein Mann Vehikel des Films. Gleichzeitig illustriert
der Film eine Strophe des Chansons, das Jeanne Moreau in

JULES UND JIM singt: »Man hat sich wiedergefunden, dann hat man sich getrennt.« Wieder, wie so oft bei Truffaut, ist auch ZWEI MÄDCHEN AUS WALES ein Film über Kommunikation und ihre Unterbrechung. Schon die einleitende Sequenz zeigt optisch die Struktur des ganzen Films: während seine Mutter im Garten liest, reißt ein Seil der Schaukel, die Claude unter Beifall von Kindern benutzt. Genauso reißen Claudes Verbindungen zu Anne und Muriel, den beiden Mädchen aus Wales. Und so zerbricht auch das Monument, das Claudes Mutter in ihm errichten wollte: »Ich habe dich mein Denkmal genannt. Ich habe dich aufgebaut, Stein für Stein.« Muriel hat ein anderes Bild für diesen Zustand: »Das Leben besteht aus Bruchstücken, die sich nicht zusammenfügen.« Waren Truffauts Filme bisher an Innenräume gebunden, arretierte die Kamera das Bild vor der Freiheit, zu der die Personen unterwegs waren (SIE KÜSSTEN UND SIE SCHLUGEN IHN, DAS GEHEIMNIS DER FALSCHEN BRAUT), so zeigt der Regisseur hier Möglichkeiten, frei zu sein. Freiheit – das fällt auf – verwirklicht sich dabei immer »draußen«, außerhalb der Räume, die schon im Dekor die reine Konvention favorisieren; so stellt sich Assoziation von Freiheit ein beim Tennisspielen, bei Claudes und Annes Aufenthalt auf einer Insel in einem Schweizer See, beim Picknickausflug in Wales. Es ist schließlich nur diese intensive Erfahrung von Freiheit, die Konventionen abbaut und Claude von einseitiger Fixierung abhält. »Ich möchte nicht zwischen euch beiden sitzen. Ich möchte euch beide gleichzeitig sehen.«

Sehen, Dinge und Personen körperlich erfassen – das ist ein zentrales Thema des Films. Als Anne im elterlichen Haus in Wales die verschiedenen Zimmer zeigt, folgt die Kamera ihren Gesten. Das Paar selbst wird in der ersten Einstellung dieser Szene durch ein Gitter gefilmt, das bei Truffaut fast jede Wohnung, jeden persönlichen Innenraum von der Umwelt trennt. Und Muriel, die eine Augenbinde trägt, hebt sie, um heimlich Claude zu betrachten. Anne hatte Claude den visuellen Kontakt vorher verboten: »Sie dürfen sie noch nicht ansehen!« Immer wenn das persönliche Gespräch verstummt oder gar nicht zustandekommt, läuft die Kommunikation über optische Elemente, Natur oder Kunstwerke. Claude sieht Muriel zuerst auf

Zwei Mädchen aus Wales und die Liebe zum Kontinent

Zwei Mädchen aus Wales und die Liebe zum Kontinent

einem Foto, das Anne ihm zeigt. Eine Rodin-Ausstellung ermöglicht den ersten persönlichen Kontakt zwischen Anne und Claude. Die Statuen von Rodin sind es auch, die Claude an Muriel erinnern, als eine Gruppe englischer Schulmädchen sie besichtigen und ein Foto-Insert Muriel als Kind zeigt.

Die »Liebe zum Kontinent«, die der Titel offeriert, wird zur Selbstbestätigung des Regisseurs, auch wenn Jean-Pierre Léaud hier nicht sein alter ego ist wie in den Doinel-Filmen. Denn Liebe meint und produziert zugleich Distanz und Entfremdung. Einzige Ausnahme bleibt der Urlaub, den Claude und Anne auf der Insel verbringen: »Laß uns leben, das Etikett kleben wir später drauf«: Freiheit ist nur dort, wo die Formulierungen (in Wort oder Bild) noch nichts unverrückbar festgelegt haben. Doch auch hier bleibt der Einfluß der Welt, der Claude und Anne entkommen wollten, bestehen. Anne scheint Claudes Mutter zu imitieren, wenn sie sagt: »Ich will keine Kinder machen, sondern Statuen«. Und der Kommentar beschreibt ironisch den Ballast ihrer puritanischen Erziehung, ihre Unterwäsche »aus rotem Flanell, das sehr militärisch aussah«.

Ein schönes Mädchen wie ich

Trotz aller Intensität besteht Truffaut auch in dieser für den ganzen Film paradigmatischen Szene auf Distanz. Lange Auf- und Abblenden trennen die einzelnen Einstellungen. Das schafft Entfremdung, die primär den Zuschauer betreffen sollte; doch auch die Personen des Films, die kein Bewußtsein von den technischen Machinationen des Regisseurs haben kön- nen, sind von Erfahrungen geprägt, die in den formalen Zei- chen nur eine adäquate Vermittlung erfahren. Anne stellt fol- gerichtig fest: »Das sind noch nicht wir, es ist, als spieltest du allein.«

Ein schönes Mädchen wie ich
Une belle fille comme moi. 1972

Bei einer Studie über Frauenkriminalität lernt der Soziologe Stanislas Prévine die junge Mörderin Camille Bliss kennen, die ihn stark beeindruckt. Durch seine Recherchen brechen die Indizien, die zur Verurteilung geführt hatten, zusammen.

Endlich freigelassen, begeht Camille ein neues Verbrechen, für das Stanislas verhaftet wird. Während sie ein Show-Star wird, bleibt ihr Helfer im Gefängnis.

»Wenn ich einen traurigen Film beendet habe, habe ich nur den einen Wunsch, einen lustigen Film zu drehen«, so propagierte François Truffaut seinen Film EIN SCHÖNES MÄDCHEN WIE ICH. Der Satz, als Teilstück einer Vorauspublicity-Kampagne lanciert, verrät den Taktiker, der auf dem Gebiet des Kommerzfilms augenscheinlich überlieferte Regeln anerkennt, diese aber in seinem Werk um so gezielter unterläuft. Denn natürlich stimmt es, wenn der Regisseur behauptet: »UNE BELLE FILLE COMME MOI ist ein Film mit komischen Absichten, das heißt: ein Ausbleiben von Lachen im Publikum würde nicht nur Mißerfolg bedeuten, sondern auch Schmach.« Doch ebenso sicher ist, daß Truffaut und seine amerikanische Produktions- und Verleihgesellschaft unterschiedliche Auffassungen vom »lustigen Film« und bestimmt vom »Mißerfolg« haben. So gewinnt das Zusammentreffen mit der Columbia Pictures, die die Rechte an der Vorlage *Such A Gorgeous Kid Like Me* von Henry Farrell bereits gekauft hatte, von dem Projekt aber wieder abgekommen war, selbst einen Hauch von Komik, wenn man die für eine Gesellschaft diesen Ranges gewiß unterdurchschnittlichen Einspielergebnisse in Betracht zieht.

Ähnlich entlarvt sich auch der »Humor« des Films als »schwarze« Satire, das Lachen nicht als Befreiung, sondern als Schock, der Gag als makabre Falle. Camille, die Titelheldin, eingeführt als skurriles, unreflektiert-flatterhaftes Allerweltsmädchen, überrascht in der ersten Rückblende auf ihre Kindheit bereits durch Gewalt, die noch eindeutig als Gegengewalt definiert ist: nachdem ihr autoritärer Vater, ein Bauer, das heißgeliebte Banjo zerstört hat, zieht sie ihm die Leiter weg, so daß er in tödlichem Sturz vom Dach fallen muß.

Dieser Beginn ihrer Laufbahn ist bezeichnend für die Weiterentwicklung von Camilles Bewußtsein, das man gemeinhin als kriminell bezeichnen wird. Doch das Bewußtsein ist nicht von der überlegten Tötungsabsicht geprägt, die Julie Kohler (DIE BRAUT TRUG SCHWARZ) geleitet hatte. Mord ist im Fall von Camille Bliss eher *acte gratuit*, mutwillige oder unkontrollierte Handlung, ein Verhalten, das die Kritiker der *Cahiers du Cinéma*, unter ihnen Chabrol, Godard und natürlich auch Truffaut, bei amerikanischen Regisseuren wie Hawks, Walsh und nicht zuletzt Hitchcock bewundert hatten. Was Figuren von Hawks oder Hitchcock und nun auch Truffauts Camille Bliss bestimmt, das ist eine Zwangsläufigkeit, die durch ihre vorläufige Unverständlichkeit beim Publikum eine längerwährende und damit gründlichere Reflexion des Gesehenen auslösen muß.

Acte gratuit als Handlungsschema der Protagonistin erscheint als der totale Gegensatz zu einer geordneten Männerwelt, deren Vertreter gleichzeitig Auslöser der Aktionen und deren Opfer sind. Die Methoden des Wissenschaftlers Prévine müssen an dem »Gegenstand« Camille versagen: sie bringt ihn ins Gefängnis. Clovis, kleinbürgerlicher Sohn einer überaus autoritären Mutter (auch das erinnert an Hitchcock) und vorübergehend Camilles Ehemann, wird überfahren. Bei seinem Aufenthalt im Krankenhaus werden seine wahren Intentionen bei Frauen überdeutlich: er hält sich eine Gummipuppe mit großen Brüsten im Krankenbett; Camille fühlt sich jedenfalls hinreichend motiviert, Clovis zu erschießen. Daß es dann Prévine ist, der mit der Tatwaffe aufgefunden und verhaftet wird, wirkt in diesem Zusammenhang sarkastisch.

Der Show-Sänger Sam Golden erweist sich als impotent: seine Sexualität braucht zu ihrer Entfaltung die Motorengeräusche eines Autorennens in Indianapolis. Ein Sinnbild männlichen Selbstverständnisses in westlichen Kulturen wird so entmythologisiert und zur billigen Karikatur reduziert. Der »Rattenfänger« Arthur erweist sich als moralinsaurer Klerikalist, der den körperlichen Kontakt mit der Verführerin Camille so tätig bereut, daß er vom Kirchturm springt. Nur der Anwalt Murène entzieht sich einer eindeutigen Fixation; er lebt in beiden Welten, jener der gesellschaftlichen Konventionen (sein Beruf) und der Welt der Spontaneität: »Die Einsamkeit, ich kenne sie« – solche Worte sind Vorwand für sexuellen Kontakt. Und sowenig wie er kann auch der Anwalt des unglücklichen Prévine, Marchal, verhindern, daß er wie alle anderen wird. Das jedenfalls scheint das letzte Bild von ihm zu sagen, das ihn mit einer Krawatte zeigt, mit der schon Prévine zu kokettieren versuchte. Wo die Männer allenfalls Objekte und Produkte ihrer jeweiligen Umwelt sind und im Grunde genau das, als was sich Camille in einem Chanson (»que je suis une pute«) bezeichnet, nämlich

Nutten, da erscheint einzig die Verbrecherin Camille als menschlich, denn nur sie hat den *contact affectueux,* die liebevoll-zärtliche Berührung mit der Realität, die sie umgibt. Die Hilflosigkeit des Mannes – die SCHIESSEN SIE AUF DEN PIANISTEN oder, in anderer Form, DAS GEHEIMNIS DER FALSCHEN BRAUT gezeigt hatten – bekommt hier eine neue Dimension. Die Unterlegenheit der Männer ist Resultat einer falschen, traditionell gebundenen Außenleitung, die dem Direktkontakt zur Ungebrochenheit in Camille nicht mehr gewachsen ist. Nur einem einzigen »Mann« gelingt es, gegenüber Camille und der Umwelt bestimmendes Subjekt in Selbstbestimmung zu bleiben; es ist der »Filmemacher« Michou Farrell, ein Kind noch, dem Truffaut kaum zufällig den Nachnamen des Verfassers der literarischen Vorlage seines Films gegeben hat – damit wird eine heimliche Identität angedeutet: denn Michou hat alle Fäden in der Hand, er nämlich hat Arthurs Selbstmord gefilmt und kann den Beweis für Camilles Unschuld liefern; er weigert sich zunächst, »will keinen Film zeigen, der noch nicht fertig ist«.

Wahrheit – so scheint der Film zu sagen – ist nicht eine Summe naturalistischer Aufnahmen der realen Erscheinungen, sondern ein Akt bewußter Gestaltung. Deutlicher und entschiedener läßt sich Truffauts Erfahrung von der Herrschaft des Regisseurs über die »Wahrheit« – seine Wahrheit – kaum noch formulieren. Aber damit ist das Thema der AMERIKANISCHEN NACHT schon vorweggenommen.

Die amerikanische Nacht
La nuit américaine. 1972/73

In Nizza wird der Film »Je vous présente Paméla« (Ich stelle Euch Pamela vor) gedreht, die Geschichte eines jungen Mannes, dessen Vater ihm die gerade angetraute Frau entführt. Technisch-organisatorische Schwierigkeiten beim Drehen, menschliche Verwicklungen bei Stab und Besetzung sowie inszenatorische Probleme des Regisseurs verzögern die Fertigstellung des Films. Erst nach Änderungswünschen des Produ-

Ein schönes Mädchen wie ich

zenten können die Dreharbeiten abgeschlossen werden, und die Beteiligten gehen auseinander: bis zum nächsten Film.

Film im Film. In jedem Werk von François Truffaut spielen Film, Kino, audio-visuelle Kommunikation eine gewichtige Rolle. DIE AMERIKANISCHE NACHT macht sie zum zentralen Thema. Der Titel, ein terminus technicus aus der Welt des Films, ist ein Fachbegriff für einen Aufnahmetrick, der mit Kamerafiltern und Blenden Bildern, die bei Tageslicht aufgenommen wurden, den Charakter von Nachtaufnahmen verleiht. »Day for Night«, wie die Amerikaner selbst sagen, trifft sowohl die Funktion des Verfahrens wie auch den inhaltlichen Bezug des Films – gemeint sind mit »Pamela« alle Filme – zur Wirklichkeit genauer: das Dargestellte wird Filmbild erst nach der bewußten Brechung durch die Beteiligten, durch die Gestalter – vom Nebendarsteller bis zum Star, vom Requisitionsassistenten bis zum Producer, vom Scriptgirl bis zum Regisseur. Und schon die Widmung (»Dieser Film ist Dorothy und Lilian Gish gewidmet«) weist ihn aus als Huldigung ans Kino von seinen Anfängen an.

DIE AMERIKANISCHE NACHT, von Truffaut als vorläufiger Schlußstein in seinem bisherigen Oeuvre gedacht, ist vor allem eine Auseinandersetzung mit der eigenen Existenz als Filmemacher; sie ist eine reflektierte Abrechnung mit den Schwierigkeiten des Metiers ebenso wie der offene Rückblick auf Phasen des eigenen Schaffens, die Truffaut selbst in der Rolle Ferrands, des Regisseurs von »Paméla«, formuliert. Er umreißt seine Unsicherheit schon in den ersten Szenen: »Einen Film drehen, das ist wie eine Kutschenfahrt durch den Wilden Westen. Zu Beginn hofft man noch auf eine schöne Reise. Und sehr bald fragt man sich, ob man wohl am Ziel ankommen wird.« Und: »Ein Regisseur ist jemand, dem man unaufhörlich Fragen stellt, Fragen über alles.« Die Fragen stellt hier – gemeinsam mit dem Publikum – der Regisseur François Truffaut sich selbst. Dabei macht er sehr schnell die Grenze deutlich, die seinen Film (und seinen Begriff vom Kino) etwa von Fellinis *8 1/2* trennt: Truffauts Thema sind nicht die künstlerischen Obsessionen des Regisseurs oder private, existentielle Fragen, sondern die technisch-kommerziellen Schwierigkeiten, die ihn in die schizophrene Situation zwischen eigenem Anspruch und den Möglichkeiten seiner Realisation bringen. Damit ist von

Anfang an ein Bruch zwischen Realität und Fiktion institutionalisiert, der sich – in fast allen Figuren – durch den ganzen Film zieht.

Aus der dialektischen Grundposition (Realität – Fiktion) ergibt sich zwangsläufig die Frage nach einer die Antithesen übergreifenden Wahrheit. Truffaut faßt sie in das (scheinbare) Gegensatzpaar Leben – Film und stellt der Antwort auf die Frage, ob Leben oder Film »wahrer« sei, in vielen Aspekten nach. Wenn Julie, Titelstar von »Paméla«, nach dem Zwischenspiel mit Alphonse sagt: »Ich will allein leben«, und eben diesen Satz am nächsten Tag in ihrem Drehbuch findet, zeigt das, daß auch Truffaut sich nicht ganz dem entziehen kann, was er an anderer Stelle des Films als *cinéma direct* und Fernsehmethoden verurteilt. Als sein Hauptdarsteller stirbt, kommentiert Ferrand: »Mit Alexandre verschwindet eine ganze Kinoepoche. Die Ateliers veröden nun, die Filme werden auf der Straße gedreht, ohne Stars und ohne Drehbuch …« Doch Ferrand überläßt nicht der Kamera die ungebrochene Umsetzung seiner Geschichte, sondern er mischt sich ein und stellt die Reflexion des Regisseurs voran, der vorgefundene Wirklichkeit – Schauspieler und Gegenstände – allein durch die Suggestion seiner eigenen Perspektive vermittelt. Es ist, als folge Truffaut Kracauers Thesen von der »Errettung der physischen Realität« in seiner *Theorie des Films*, in der es vom Filmregisseur heißt, er würde »aufhören, Künstler zu sein, wenn er Leben im Rohzustand, wie es von der Kamera wiedergegeben wird, seinem Werk einverleibte«.

Filmemachen – das ist laut Truffaut ein permanenter Vermittlungsprozeß von Realität, ein Prozeß, in dessen Zentrum als Medium und Autor neuer, filmischer Realität zugleich der Filmemacher steht. Wird diese Auffassung thematisiert, kann es nicht ausbleiben, daß der Filmemacher selbst zum Gegenstand von Betrachtung und Reflexion wird. Dieser autobiografische Aspekt stellt DIE AMERIKANISCHE NACHT unvermutet in eine Reihe mit den Doinel-Darstellungen (SIE KÜSSTEN UND SIE SCHLUGEN IHN usw.), doch das Identifikationsobjekt ist diesmal nicht Léaud, sondern Truffaut selbst. Er teilt sich nicht als der souveräne Künstler mit, sondern als ein Individuum, das – wie auch Doinel – abhängig ist von seiner Umgebung, in diesem Fall von den Produktionsbedingungen. Die Motivation dieser Selbstdarstellung klingt in einer Äußerung des Arztes Nelson an, der mit dem Star Julie verheiratet ist: »Jeder hat davor Angst, beurteilt zu werden; doch in Eurem Metier gehört es zum Leben, beurteilt zu werden bei Eurer Arbeit und außerhalb der Arbeit.«

Die einzelnen Phasen dieser Arbeit gewinnen in ihrer Beschreibung nicht den Charakter einer Entschuldigung des Regisseurs, sondern werden sachliche Darstellung eines Umsetzungsprozesses: »Im Film ist alles harmonischer als im Leben. Es gibt keine plötzlichen Hindernisse, keinen Leerlauf. Filme rollen wie ein Zug, wie ein Zug in der Nacht.« Auch das ist Interpretation des Titels, denn »Paméla« wäre ungebrochene Illusion, wenn Truffaut nicht das filmische Prinzip, den Tag zur Nacht zu machen, umkehrte und das Dunkle, eben die Illusion, im Licht der Entstehung zeigte. Dabei hält sich Truffaut durchaus an die Realitäten seines Metiers. Filmtechnik und Filmästhetik werden sichtbar gemacht, werden zu dem Abenteuer, das Truffaut als »Fahrt durch den Wilden Westen« bezeichnet. Die Umsetzung in filmische Aktion erfolgt durch Personalisierung von Schwierigkeiten, wobei die im Metier angelegte Arbeitsteilung als dramaturgisches Prinzip und als Erklärung für das Publikum dienen kann: Beleuchtungstricks (Requisiteur: »Und dann muß sie schon gut aufpassen, daß sie das Licht niemals in Richtung zur Kamera dreht«); Kameraeinstellung (Ferrand: »Die Kamera bleibt draußen … So sieht man nur das Bett. Das einzige was wichtig ist, ist das Bett«); Filmmusik (der Komponist Delerue spielt Ferrand die Musik, die als Playback für die Ballszene bestimmt ist, am Telefon vor); Stuntman (ein Double ersetzt den Star beim Autounfall).

Zu den Üblichkeiten des Metiers gehören auch Umgang und Auseinandersetzungen mit Produzenten. Da kann Truffaut seine eigenen Erfahrungen mit amerikanischen Produzenten einbringen, wenn er den Produktionsleiter Bertrand sagen läßt: »Die Amerikaner sind glücklicherweise großzügiger als die Franzosen. Sie teilen das Risiko mit uns. Aber wenn was passiert, dann stehen wir garantiert allein da!« Wenn das noch ein recht plumper Hinweis auf den geschäftlichen Mißerfolg von ZWEI MÄDCHEN AUS WALES ist, so zeigt sich Truffauts Verhältnis zu amerikanischen Geldgebern sehr viel subti-

Die amerikanische Nacht

ler in Ferrands Bemerkung: »I speak English very well, but I don't understand it.« (Ich spreche sehr gut Englisch, aber ich verstehe es nicht). Das zeigt die Taktik des europäischen Regisseurs, der amerikanische Finanziers von einem neuen Thema überzeugen kann, sich amerikanischen Produktionsmethoden aber nicht unterwerfen möchte, eine Haltung, die Ferrand-Truffaut jedoch an anderer Stelle differenziert: »Vor Beginn von Dreharbeiten wünsche ich mir vor allem, daß der Film schön wird. Sobald die ersten Schwierigkeiten auftauchen, werden meine Ambitionen kleiner, und ich hoffe einfach nur noch, daß wir den Film zu Ende bringen. Gegen Mitte der Dreharbeiten prüfe ich mein Gewissen und sage mir: ›Du hättest besser arbeiten können, du hättest mehr geben können!‹ Doch jetzt bleibt nur noch die zweite Hälfte des Films, um das wiedergutzumachen. Und von diesem Moment an gebe ich mir Mühe, alles lebendiger zu machen, was auf der Leinwand gezeigt werden soll.«

Obwohl im Mittelpunkt der AMERIKANISCHEN NACHT niemand anders steht als der Filmemacher selbst, bleibt die Figur des Regisseurs Ferrand im Vergleich zu den anderen Gestalten des Films abstrakt, fast anonym. Das Hörgerät, das er bei der Arbeit trägt – vordergründig ein bewundernder Verweis auf Luis Buñuel –, wird zum Mittel der Distanzierung; auch diese Kommunikation im Arbeitsprozeß funktioniert – wie so oft bei Truffaut – nur mit Hilfe eines technischen Geräts; Unmittelbarkeit wird fast ängstlich gemieden. Die zwischenmenschlichen Beziehungen, die sich im Team entwickeln, bleiben Ferrand fremd. In einer Umgebung, die wesentlich durch Frauen (Stars, Scriptgirl etc.) bestimmt wird, bleibt der erotische Kontakt aus. Bemerkungen über Verwandte, die bei allen Mitspielern gemacht werden, fehlen. Einzige emotionale Verbindung und Gemeinsamkeit ist die Liebe zum Kino. Es ist freilich eine Liebe, die erwidert werden will, wie Alexandre, männlicher Star von »Paméla«, einmal erklärt: »Ich glaube, es geht allen Künstlern so ... Als Mozart ein Kind war, und man bat ihn zu spielen, da sagte er: ›Ich spiele für dich, was du willst, aber sage mir vorher, daß du mich liebst!‹«

Kommentierte Filmografie 2

Von Peter W. Jansen

Die Geschichte der Adele H.
L'histoire d'Adèle H. 1975

1863. Im Hafen von Halifax, der Hauptstadt der kanadischen Provinz Neuschottland, schmuggelt sich eine junge Frau durch die Militärkontrolle. Sie nimmt, da ihr die Hotels zu teuer sind, Wohnung bei dem Ehepaar Saunders und nennt sich Miss Lewly. Am nächsten Tag erscheint sie bei einem Notar, gibt sich als Frau eines Arztes in Paris aus und erklärt, sie suche einen jungen britischen Offizier, den Leutnant Pinson, der ihrer Nichte die Ehe versprochen habe. Später beobachtet sie durch das Fenster in einem Buchladen einen jungen Offizier, der von einer Frau begleitet wird, die kleine Hunde mit sich führt. Sie versteckt sich, um nicht selbst gesehen zu werden, und läßt sich nachher vom Buchhändler bestätigen, daß der Offizier der Leutnant Pinson gewesen ist, von dem sie nun behauptet, er sei der Schwager ihrer Schwester. Sie kauft Papier, kehrt überstürzt in ihr Zimmer zurück und schreibt an Albert Pinson einen Liebesbrief, den sie Mister Saunders mitgibt, der zu einem Offiziersbankett geht. Als er ohne Antwort zurückkehrt, flüchtet sie in ihr Zimmer und hat in der Nacht einen heftigen Alptraum, in dem sie sich an der Stelle ihrer älteren Schwester sieht, die – wie sie Mrs. Saunders erzählt hat – mit ihrem Mann ertrunken ist. Am Schalter einer Bank, wo sie Post mit Geldanweisungen aus Europa erwartet, gibt sich »Miss Lewly« als Adèle Hugo zu erkennen. Sie ist, wie immer deutlicher wird, auf der Flucht vor der Autorität des Vaters und in die Liebe zu Albert Pinson, einen Spieler und Frauenhelden, den sie – wieder durch ein Fenster von außen – bei einer Liebesszene (mit der Dame mit den Hündchen) beobachten, durch falsche Nachrichten (über eine Eheschließung mit ihr) sowie eine

169

vorgetäuschte Schwangerschaft kompromittieren wird, dem sie ihr Geld zusteckt oder eine Prostituierte schickt und den sie immer wieder durch Briefe und bei meist heimlich arrangierten Begegnungen drängt, sein Eheversprechen, das vor dem Beginn des Films liegt, einzulösen. Sie versucht durch parapsychologische Manipulationen (Tischerücken) oder mit Hilfe eines Hypnotiseurs (eines Betrügers, wie sich zeigen wird), den Willen Pinsons zu beeinflussen, und verströmt ihre ganze Kraft in ein Tagebuch, an dem sie immer hektischer und fahriger schreibt. Als Pinson mit seinem Regiment auf die Insel Barbados verlegt wird, folgt sie ihm. Inzwischen in geistiger Auflösung begriffen und ihr Äußeres völlig vernachlässigend, irrt sie durch die Straßen, erkennt Pinson, der sich ihr stellt, nicht wieder, während eine mütterliche Negerin, die sich um die Geistesverwirrte kümmert, einen Brief an Victor Hugo schreiben läßt.

Mit dieser letzten Einstellungsfolge (und Montage: während Adèle langsam auf die Kamera zuschreitet, hört man – im Off – eine Männerstimme ihren desolaten Zustand beschreiben; es ist die Stimme eines Schreibers, der Madame Baa, der Negerin, den Brief vorliest – im Bild –, den er für sie geschrieben hat) vollendet sich das Schicksal der Adèle Hugo – und gewinnt eine neue Qualität und Dimension. Sie, die erst viele Jahre später, 1915, in einem Pflegeheim in Frankreich sterben wird, tritt in dem Augenblick in die Geschichte ein (auch in die, die Truffaut von ihr erzählen kann), in dem sie zum Gegenstand der Darstellung anderer wird. Sie hat ihr Ich verloren und Geschichte gewonnen, indem sich die Geschichte (oder ihr Schreiber oder Filmer) ihres Ich bemächtigt – ein geschichtsnotorischer Prozeß, der exemplarisch vor Augen geführt wird. Die Schlußsequenz ist nur Übergang, kein Ende; ihr eignet sogar, dialektisch betrachtet, die Qualität eines Happyends, das stets, selten erwartet, eine Fortsetzung über das »Ende« hinaus anzeigt, jenseits der Szene und der Leinwand; das Happyend des Persönlichkeitsverfalls der Adèle Hugo ist die sichere Aufhebung in der Geschichte, die sie nur erreicht durch vollendete Selbstverlorenheit.
Das Ende beugt sich, reziprok, zum Anfang zurück. Adèle, sich selber unkenntlich geworden, wird zugleich für andere zum Gegenstand des Erkennens und der Erkenntnis (auch

Pinson hat eine, als er sich ihr, zum erstenmal aus freien Stücken, gegenüberstellt), während sie bei ihrer Ankunft in Halifax alles unternahm, sich für andere unkenntlich zu machen. Daß sie falsche Fährten auslegt, ist freilich (für den Zuschauer) erkennbar durch die Widersprüchlichkeit der Aussagen und die Darstellung der Isabelle Adjani, die »sichtbar« lügt, indem sie gleichsam neben ihrer Rolle steht und sich selbst in ihr zu beobachten scheint. Der Anfang – Miss Lewly schläft schon in der ersten Nacht bei den Saunders äußerst unruhig, was durch die Musik aus *L'Atalante* (von Jean Vigo) kommentiert wird, ohne daß man den Alptraum selbst zu sehen bekommt – ist als »très hitchcockien« charakterisiert worden[1], weil er durch eine Mischung von Freundlichkeit und Angst, Eindeutigem und Verrätseltem den Zuschauer engagiere. »Très hitchcockien« ist darüber hinaus die ganze Konstruktion. Der Zuschauer, der, vom Titel geleitet, wissen kann, wer Miss Lewly in Wahrheit ist, richtet seine Aufmerksamkeit (mit Suspense) auf den Vollzug der Decodierung durch die anderen Personen des Films.

Mit ihr korrespondiert die gegenläufige Entwicklung der Psyche. Auch sie decodiert sich, könnte man sagen, indem sich Adèle (nicht nur im Traum) mit ihrer Schwester Léopoldine, der geliebteren älteren Tochter Victor Hugos, identifiziert und indem sie sich selbst Schritt für Schritt aus dem Realis in den Irrealis überführt. Ihre Machinationen gegen Pinson werden, objektiv betrachtet, nicht nur immer feindseliger (und für seine Existenz als Offizier bedrohlicher), sondern in ihrer langfristigen Strategie immer weniger taktisch kontrolliert. Ihr mit Heftigkeit vorgetragenes Verlangen, ihre Erfindungen, Intrigen und Verkleidungen führen sie je weiter von Pinson weg, desto »körperlicher« die Zeichen werden: das geht von einem weiteren Brief, den sie durch Bestechung des Offiziersburschen in eine Uniformjacke des Leutnants schmuggelt, über eine Verkleidung als Mann, wodurch sie Zutritt findet zu einem Ball der Offiziere in einem zweifelhaften Etablissement, bis zu der durch ein Kissen vorgetäuschten Schwangerschaft, mit der sie eine von Pinson vermutlich seriös gemeinte Verbindung stört: sie präsentiert sich den Eltern der Braut als Ehefrau des Leutnants. So auch stellt sie sich dem an der Spitze seines Trupps reitenden Husaren auf freiem Feld entgegen, ein Bündel Banknoten in Händen, eine

Die Geschichte der Adele H.

leere Geste schon, bevor sie das Geld fallen läßt und das Kissen unter ihrem Kleid hervorzieht und wie das Geld dem Leutnant hinstreckt: alles, was sie jemals mit Pinson verband oder hätte verbinden können und was sie gleichzeitig von ihm entfernte, das Geld ihres Vaters, das der Leutnant früher eher verächtlich und sich selbst verachtend annahm, und der Körper, durch Verweigerung entfremdet, der sich einem entfremdeten und entfremdenden Popanz anvertraut zum Zeichen seiner Körperlichkeit – alles das fällt endgültig, verbraucht und unnütz von ihr ab. Daß die Szene eine der wenigen Totalen des Films enthält, teilt ihre Verlorenheit umso empfindlicher mit. Abstand zu nehmen vom Schmerzlichen, entfernt die Empfindung nicht vom Zentrum des Schmerzes, sondern nötigt ihr eine eigene Annäherung auf: man ist dabei und doch ganz fern und weiß, daß die Größe des Schmerzes durch nichts einzuholen wäre, weil sie jene, die den Schmerz trägt, aus jedem Maß entrückt.

Die Zeichen der Entkörperlichung sind dicht gesetzt. Daß Adèle dem unerreichbaren Geliebten eine Prostituierte kauft und schickt, gehört noch zu den trivialsten; der käuflich erworbene und verschenkte fremde Körper ist genauso wie das Geld, das er kostet, ein Tauschmittel, Ersatz für das Naturale. Diese Funktion hat für Adèle freilich schon längst eine andere Sorte Papier als das der Banknoten übernommen. Beim hinkenden, still in sie verliebten Buchhändler, der mit ihrem Bedarf nicht Schritt zu halten vermag, kauft sie ganze Stöße und Rollen von Schreibpapier für ihre Aufzeichnungen, die bis zum Abschied von Halifax immer unbedingter, fordernder und verzehrender an die Stelle der Erfüllung ihrer Liebe treten. Als Ersatzhandlung begonnen, ersetzt das Schreiben das Leben, bis sich das Leben in ihm erst auflöst und dann (womöglich) erfüllt. Dieser zentrale Topos des truffautschen Werkes, mit großer Verläßlichkeit autobiografisch gesteuert, sucht seit JULES UND JIM oder den Büchern von FAHRENHEIT 451 und zumal seit den ZWEI MÄDCHEN AUS WALES UND DIE LIEBE ZUM KONTINENT immer wieder nach neuem Ausdruck und adäquater ikonografischer Fixierung, bis hin, vorläufig, zum MANN, DER DIE FRAUEN LIEBTE (und dann das lieben wird, was er darüber zu Papier bringt).

Die Geschichte der Adele H.

Die Möglichkeiten des filmischen Mediums, den Akt des Schreibens, Geschriebenes oder Gedrucktes (oder das Lesen) zu vermitteln, sind begrenzt, so sehr auch Bild, Tonmischung und Montage die Kombination variieren mögen: das direkte Sprechen beim Schreiben oder Lesen, das Sprechen des Schreibenden oder Lesenden im Off während des Schreibens, das Sprechen in die Kamera hinein. Der Katalog war schon ausgereizt bei den ZWEI MÄDCHEN, an dessen Drehbuch ebenso wie an dem der GESCHICHTE DER ADELE H. Jean Gruault mitgeschrieben hat und der gedreht wurde, als Gruault den ersten Entwurf der ADELE H. vorlegte (erst die siebente Bearbeitung wurde zum Film). Die Verbindung zwischen den beiden Filmen ist eng, zumal was den Vorfall und die Zeichen der Entkörperlichung betrifft. Wie Adèle die Prostituierte zu Pinson, so schickt Muriel ihre Schwester Anne zu Claude, und ähnlich wie Adèle schwächt sich Muriel (ihre Augen: auch Adèle trägt gegen Ende eine Brille) durch das Schreiben vieler leidenschaftlicher Briefe und eines Tagebuchs, das sie verschließt, wie die historische Adèle Hugo ihre Aufzeichnungen in eine Codeschrift verschlüsselte, die erst rund hundert Jahre später von der Entdeckerin des Journals, Frances Vernor Guille, aufgeschlossen werden konnte. So kann auch eine ikonografische Wiederholung nicht überraschen: wie Muriel schreibt Adèle vor einem Spiegel sitzend, die Lampe links neben sich, und der Spiegel erscheint hier wie da nicht nur als Kommunikationshilfe für die Kamera, sondern als der letzte mögliche Mittler zwischen der Schreibenden und ihrer Körperlichkeit.

Doch noch einmal siegt das Leben über das Wort. Den Gipfel ihres amour fou ersteigt Adèle nicht in den Wörtlichkeiten, sondern als sie von ihr abfallen wie leere Hüllen, vernutzt und unbrauchbar wie das Geld und der Popanz auch sie. Auf Barbados ist strahlende Helligkeit, was in Halifax satte, dunkel getönte Farben waren; auf Barbados ist Weite und sind ausschließlich Außenaufnahmen, was für Halifax meist in Innenräumen spielte; auf Barbados sind Massen anderer Menschen, von Kindern auch um Adèle, die in Halifax menschenscheu dem Leben durch Fensterscheiben und sich selber im Spiegelglas zusah; auf Barbados triumphieren die Totalen und Halbtotalen, wo in Halifax die Nahaufnahmen stets intim zu flüstern schienen; auf Barbados braucht Adèle den Geliebten nicht mehr zu erkennen, dessen Nähe sie in Halifax suchte; auf Barbados schreibt nicht mehr Adèle, sondern ein anderer über sie; auf Barbados endlich übersteigt die Liebe ihren Gegenstand ebenso wie jede vermittelte Annäherung, sie wirft in jenem kristallinen Licht keinen Schatten mehr, sondern ist nur noch sie selbst. Das Leben siegt, indem es in die Umnachtung entrückt, die für die Umnachtete ein immerwährender Mittag ist.

Taschengeld
L'argent de poche. 1975

Schulkinder, 12jährig etwa, rennen durch die Straßen der kleinen Stadt Thiers. In der Schule haben sie in Mademoiselle Petit und Monsieur Richet verständnisvolle Anhänger einer aufgeschlossenen Pädagogik. Patrick, der seinen kranken, unbeweglichen Vater versorgt, lebt ohne Mutter und verliebt sich in Madame Riffle, die Mutter seines Mitschülers Laurent. Sylvie wird von den Eltern nicht mit zum Sonntagsessen ins Restaurant genommen, weil sie sich weigert, statt eines gammeligen Plüschhundes ihre funkelnagelneue Tasche mitzunehmen; sie stellt sich mit dem Megaphon des Polizistenvaters ans Fenster und verkündet der Nachbarschaft, daß sie Hunger habe: sie wird in einem abgeseilten Korb mit Köstlichkeiten versorgt. Richard spart das Friseurgeld, indem er sich im Keller von Mathieu und Franck die Haare stutzen läßt. Der dreijährige Grégory fällt aus dem Fenster des 9. Stockwerks, steht unversehrt auf und sagt: »Grégory hat bautz gemacht«; seine Mutter fällt in Ohnmacht. Julien, der mit Mutter und Großmutter in einer Hütte haust, weigert sich bei einer Untersuchung, sich auszuziehen: er will nicht, daß man die Zeichen von Mißhandlungen an seinem Körper sieht; später schreiten die Behörden gegen die unguten Familienverhältnisse ein. Bruno und Patrick gehen mit Corinne und Patricia ins Kino, und da Patrick es nicht über sich bringt, Patricia zu küssen wie Bruno Corinne, küßt Bruno auch Patricia. Im Ferienlager von Merindol werden Patrick und Martine von ihren Klassen in eine Situation gebracht, in der sie sich einfach küssen müssen.

Taschengeld

Mademoiselle Petit versucht mit ihrer Klasse einen Monolog des Harpagon aus dem *Geizigen* von Molière zu lesen. Die Schüler leiern zum Erbarmen und sind nicht davon abzubringen. Als die Lehrerin für einige Augenblick das Klassenzimmer verläßt, hört sie aus dem Off, wie die Klasse makellos rezitiert und skandiert. Ihr Kollege Richet, dem sie im Flur begegnet, fragt sie, ob sie den Kindern dramatischen Unterricht erteile. Daß sich die Szene bald zu Anfang des Films findet (sie könnte, da nur wenige der episodenhaft in sich geschlossenen Einzelszenen eine Fortsetzung haben, fast überall eingeschnitten sein), ist kaum Zufall: Truffaut beschreibt die Schwierigkeiten seiner Arbeit, die ihn gleichwohl begeistert hat. Mit einer engeren Gruppe von etwa zwanzig, insgesamt aber fast zweihundert Kindern hat er den Film ausgearbeitet und vorbereitet, bis es ihm und dem Team gelungen ist, die Kamera zum »natürlichen« Partner der Kinder zu machen – doch was ist daran noch wirklich natürlich, wenn die Kinder die Kamera vergessen können wie ausgebuffte Profis? Ihre Unverbrauchtheit durch das Leben und ihre Spontaneität, die Truffaut bewundert und um derentwillen nicht zuletzt er den Film gemacht hat, ist eine eingeübte, trainierte Spontaneität und also keine.

Gleichwohl ist der Stellenwert von TASCHENGELD im

Taschengeld

truffautschen Œuvre unübersehbar. Der Film knüpft in der Zuwendung nicht nur an SIE KÜSSTEN UND SIE SCHLUGEN IHN an oder (in der Figur der armen Julien) an WOLFSJUNGE, sondern ist gekennzeichnet durch den (angestrengten) Versuch, dem Elend der Vermittlungen zu entgehen, das zuletzt noch der GESCHICHTE DER ADELE H. das Signum der Entkörperlichung aufprägte und dem MANN, DER DIE FRAUEN LIEBTE gleich danach wieder aufprägen wird. Anders gesagt: TASCHENGELD transportiert den Filmemacher ohne die Schleusen und Staustufen der Wörtlichkeiten ins naive Leben zurück, in eine Oase des Glücks, die Truffauts Kindheit nie gewesen ist. Insofern ist TASCHENGELD, auf die Person des Autors bezogen, als ganzes, was sich in den anderen Filmen intern ereignet: Ersatzleben, Vermittlung. Ließe der Film das mit einem ironischen Seitenblick oder einer dialektischen Volte erkennen, wäre er für den Autor unbrauchbar geworden. So aber muß er eine andere Beschädigung ertragen, die Künstlichkeit seiner »Naivität«. Ohne Brechung erzählt, ohne Distanz, geraten die Kindergeschichten auswechselbar und ins Anekdotische, und sie entbehren nicht immer einer peinlichen Süßlichkeit.

Der Mann, der die Frauen liebte
L'homme qui aimait les femmes. 1977

Weihnachten 1976 in Montpellier. Auf dem Friedhof St. Lazare finden sich als Trauergäste ausschließlich Frauen ein, unter ihnen die Verlagslektorin Geneviève Bigey, deren Identität der Film erst sehr viel später lüftet. Ihre Off-Stimme berichtet, daß Bertrand Morane beerdigt wird, dem »das Schauspiel seines eigenen Begräbnisses sehr gefallen haben würde«: die Kamera, eine Position in der Grube einnehmend, in die der Sarg schon gesenkt wurde, zeigt elegante Frauenbeine. Bertrand Morane, so erzählt die Stimme, liebte nicht nur die Frauen, sondern besonders, geradezu fetischistisch, ihre Beine. Rückblende. In einer Wäscherei wird Bertrand vom Anblick eines höchst erlesenen Doppelexemplars so fasziniert, daß er dessen Besitzerin mit allen Tricks eines gerissenen Detektivs sucht. Er trifft aber eine andere Frau, die überdies Hosen trägt, und tröstet sich mit einer Zufallsbekanntschaft. Enttäuscht, beginnt Bertrand damit, seine Memoiren zu schreiben. In ihnen läßt er die wichtigsten Frauen seines Lebens Revue passieren, angefangen bei seiner Mutter, die eine Prostituierte war, und endend bei Geneviève, der Lektorin, die sein Manuskript gegen das Votum ihrer Kollegen zum Druck befördert. Das Buch mit dem Titel »Der Mann, der die Frauen liebte« erscheint in dem Augenblick, in dem der Autor an den Folgen eines Verkehrsunfalls und seines pathologischen Temperaments stirbt. Er war, als er einem neuen, unbekannten Paar Frauenbeinen nachsetzte, von einem Auto erfaßt worden, und in der Intensivstation der Klinik stürzt er sich vom Bett (sowie von der vielleicht lebensrettenden Bluttransfusion) einem weiteren Beinpaar entgegen, das eine im Gegenlicht auftretende Krankenschwester unter ihrem dünnen Kittel erkennen läßt.

Nach dem Trauerspiel der Adèle H. die Tragikomödie des Bertrand Morane: beide sind aus demselben Holz geschnitzt. Adèle und Bertrand sind von der gleichen Obsession besessen; ihr pathogenes Syndrom heißt amour fou. Während Adèles Besessenheit auf eine nicht-austauschbare Person zentriert ist, richtet sich die Libido Bertrands auf wechselnde Objekte. Aber dieser Unterschied besteht nur zum Schein (und begründet allenfalls hier die Tragödie und dort die Komödie), denn beide, Adèle und Bertrand, meinen mit ihrer Liebe nichts als diese Liebe selbst. Die Gegenstände ihres amour fou werden nie zu Partnern, Pinson nicht durch eigene Gleichgültigkeit und Verweigerung, die Gespielinnen des Bertrand Morane nicht durch dessen prinzipielle, ja existentielle Promiskuität. Partnerschaftliche Gleichberechtigung kann weder hier noch dort der Fall sein, weil es immer und ausschließlich Adèle und Bertrand sind, die das Tempo oder die Intensität der Beziehung angeben. Was beide schließlich über alle Zweifel hinaus miteinander verbindet, ist die Leidenschaft, mit der sie ihr Leben an Wörtern festmachen, die sie zu Papier bringen, Adèle ihr Journal, Bertrand seine Memoiren.

Bertand sammelt, wie einst seine Mutter, Fotos und Briefe seiner Liebschaften. Er erinnert sich, daß seine Mutter keine Scheu zeigte, halbnackt vor ihm durch die Wohnung zu gehen (»um sich selbst zu beweisen, daß ich nicht existierte«); daß er ihre Beine hörte, wenn sie auf lärmenden Stöckelschuhen stets in Eile das Pflaster traten; daß er die Mutter sagen hörte, sie hätte sich besser das Bein (!) gebrochen, als ihn zu gebären; und daß er selbst, damit beauftragt, Briefe der Mutter an ihre Liebhaber zum Briefkasten zu bringen, die Korrespondenz in den Gully steckte. Der Film, in dem inzwischen die Off-Stimme von Bertrand Morane die Erzählfunktion übernommen hat, präsentiert jene Erinnerung in einer Schwarz-Weiß-Sequenz, deren Bilder ungewöhnlich konstrastreich und zugleich grob gerastert erscheinen: sie sind nicht nur Erinnerungsbilder, die sich fast beliebig evozieren (und ausschmücken) lassen, sondern das versenkte Bewußtsein selbst, das Unterfutter dieser Psyche. Nimmt man eine weitere Gedächtnissequenz hinzu, diesmal den etwa 15- oder 16jährigen Bertrand betreffend und also nicht so tief in die Schwarzweißtopografie verdrängten Bewußtseins abgesunken (folglich farbig innerhalb des Farbfilms), so lassen sich die semantischen Bezüge der ikonografischen Signale bündeln und entschlüsseln.

Bertrand wird von der befreundeten, ebenso wie er etwa 40- bis 45jährigen Hélène zurückgewiesen. Sie, Besitzerin einer Boutique für Frauenwäsche, ist gerade dabei, eine weibliche Schaufensterpuppe (!) mit schwarzen Dessous und ihre Beine

(!) mit hauchdünnen Strümpfen zu drapieren, und erklärt ihm, sie könne nur Männer lieben, die sehr viel jünger sind als sie selbst. Konfrontiert mit den Zeichen der Verdinglichung und Substitution (Puppe, Reizwäsche, Nylons), die in ihm den lebhaftesten Wunsch nach Verwirklichung wecken, und der Verweigerung Hélènes, substituiert das Bewußtsein sich gleichsam selbst, benötigt dazu aber wiederum ein substituierendes Hilfsmittel: Bertrand wühlt in seinen Erinnerungsfotos und -briefschaften, holt seine Schreibmaschine hervor und beschließt, ein Buch zu schreiben. Prompt wird zuerst eine Erinnerung abgerufen, die Bertrand in einem Alter zeigt, das ihn heute für die schöne Hélène akzeptabel machen würde: man sieht (er sieht) den 15- oder 16jährigen bei seinem ersten Liebesabenteuer, und: »meine erste erotische Erinnerung ist eine Erinnerung ans Bordell (souvenir de bordel)«. Doch damit ist das Ende der Kette immer weiter fortschreitender Substituierungen noch nicht erreicht. Im Bordell weigert sich die von dem Jüngling gewählte Prostituierte, ihm gefällig zu sein; er brauche, sagt sie, ein viel jüngeres und schöneres Mädchen, und sie unterschiebt ihm (Substitution in der Substitution) die junge Ginette. (Hélène oder die Mutter oder eine Mutter-Prostituierte wird Bertrand nie besitzen.) Und während er durch Ginette seine Unschuld verliert, sieht er in dem ärmlichen, klassisch unpersönlichen Zimmer ein leeres Bücherregal stehen, »eine Bibliothek ohne Bücher«[2]. Zwischen den Büchern (oder dem Schreiben) und der Sexua-

Der Mann, der die Frauen liebte

lität (oder dem Verlangen) besteht ein unauflöslicher Zusammenhang, schon in der Kindheit und Jugend geprägt, wie die Fetischisierung der Frauenbeine. Dieser Zusammenhang des Widerspruchs, des Quidproquo und Ersatzes, der Vermittlung und Substitution findet sich in immer wieder neuen Bildern zitiert, etwa wenn Bertrand, einer aktuellen Geliebten leicht überdrüssig, nach einem Buch greift statt nach ihrem Fleisch: sie wirft das Buch aus dem Fenster, und Bertrand schreitet mit der Sicherheit eines Somnambulen zwischen den auf der Straße fahrenden Autos und holt das Buch heil zurück; es ist der gleiche, aber nicht derselbe Bertrand, der später, wenn er sich ebenso rücksichtslos und sinnverloren zwischen fahrende Autos stürzt, um einem neuen Phantom von Frauenbeinen näher zu sein, tödlich verletzt wird.

Nur in der »Bibliothek ohne Bücher«, so scheint es, gelingt die Sexualität ohne Rest; Bertrand rechnet die Begegnung mit der jungen Prostituierten Ginette zu seinen glücklichsten Erinnerungen. Das Buch, das Schreiben, die Wörtlichkeiten,

Der Mann, der die Frauen liebte

die Adèle H. zur Entkörperlichung ihrer Liebe führten, sind auch für Bertrand Ersatzerfüllungen für ein Verlangen, das freilich ohnehin nicht aufs Ganze gerichtet ist, sondern aufs Detail (der Sexualität innerhalb des Erotischen, der Körperteile aus dem Ensemble der Frau). Indem er zu schreiben beginnt, vollzieht er eine ähnliche Wendung wie Claude Roc (ZWEI MÄDCHEN AUS WALES UND DIE LIEBE ZUM KONTINENT), der die Liebe zu Anne Brown seinem Trieb opferte, einen Roman zu schreiben. Ähnlich überführt Bertrand Morane seine Libido in die Verbalisierung, was, nebenbei, ein neues Licht werfen könnte auf die Konstellation in FAHRENHEIT 451, wo Montag überm Retten der Bücher seine Frau verliert. Für einen Augenblick scheint sich der Widerspruch Buch-Sexualität oder Fiktion-Wirklichkeit oder Kunst-Leben für Bertrand Morane aufzuheben in der Gestalt der büchermachenden Geneviève, die seine Geliebte wird. Doch da trifft er eine Frau wieder, die er fast vollkommen vergessen hatte und die er jedenfalls nicht in sein Buch, das abgeschlossen ist, hineingebracht und damit aus seinem Leben entfernt hat: Véra. Sie ist die einzige Frau, die er wirklich geliebt hat und die in ihm eine Verletzung hinterließ, die der Substituierung durch Wörtlichkeiten preiszugeben sich das (Unter-)Bewußtsein weigerte.

Am Ende des Films wird die Erzählung wieder aufgenommen und fortgeführt von der Stimme, die man jetzt mit Geneviève identifiziert. Sie beschließt den Reigen einer konsequent verschachtelten Tonmontage des direkten und indirekten Erzählens (auch das Erzählen einer Off-Stimme substituiert: die Handlung) und löst das Geflecht einer Rückblendenkonstruktion auf, in der die Zeitebenen beständig gegeneinander verschoben werden. Vom Baumuster her ist DER MANN, DER DIE FRAUEN LIEBTE zweifellos der facettenreichste Film Truffauts (und übertrifft darin noch DIE AMERIKANISCHE NACHT), ein Film zudem, in dem Truffaut sein schon reich entwickeltes filmsprachliches Vokabular in der Darstellung des Schreibens und der filmischen Transponierung von schon Geschriebenem weiter vervollkommnet hat. Dennoch bleibt ein kritischer Rest, der damit zusammenhängt, daß in dem Film noch jedes periphere Detail sich auf andere Bilder und Aspekte beziehen und rational restlos auflösen läßt. Die überaus kunstvollen Verschränkungen der

Konstruktion und die Vielfalt der ikonografischen Signale und Bezüge können nicht verdecken, ja weisen in ihrem Reichtum geradezu darauf hin, wie relativ arm und nahezu banal der Anlaß ist zu dieser singulären Demonstration einer hochentwickelten Syntax.

Das grüne Zimmer
La chambre verte. 1978

Julien Davenne ist Redakteur einer in der Provinz erscheinenden Kulturzeitschrift; seine Spezialität sind Nekrologe. In seinem Haus, das Madame Rambaud für ihn besorgt, die sich des stummen Kriegswaisen Georges angenommen hat, unterhält Davenne ein Zimmer der Erinnerung an seine früh gestorbene Frau Julie; es ist das »grüne Zimmer«. Bei einer Versteigerung aus dem Familienbesitz seiner Frau erwirbt er einen Ring, der einst Julie gehörte, und lernt Cécilia Mandel kennen; in ihr glaubt Davenne eine verwandte Seele entdeckt zu haben. Ein Brand, hervorgerufen durch einen Blitzschlag, zerstört das grüne Zimmer fast vollständig; kostbare Erinnerungsstücke gehen verloren. Davenne erwirbt sich bei der Kirche das Recht, eine verlassene Friedhofskapelle wieder herzurichten. Er macht sie zur Kultstätte für seine Toten: er hängt ihre Fotos auf und läßt für jeden eine ewige Kerze brennen; Cécilia soll im Wechsel mit ihm den Ort hüten. Da entdeckt er, daß sie nur einen Toten verehren will, Paul Massigny, ihren ehemaligen, treulosen Geliebten, der vor langer Zeit auch Davennes Freund war, ehe sich Julien von ihm verraten fühlte. Er ist nicht bereit, für Massigny eine Kerze zu akzeptieren. Cécilia verläßt ihn, hat sich aber in ihn verliebt. Weil er, der sich von allem zurückgezogen hat, erkrankt ist und auch keinen Arzt zu sich läßt, Cécilia nicht empfangen will, schreibt sie ihm einen Brief. Ein letztes Mal treffen sie sich in der von Kerzenlicht durchfluteten Kapelle. Davenne, erschöpft und überanstrengt, bricht in den Armen Cécilias tot zusammen. Sie wird die letzte Kerze, die es noch anzuzünden gilt, für ihn aufstellen.

Der Film folgt im wesentlichen der Erzählung *The Altar of the Dead* von Henry James, die 1895 erschienen ist, sowie weiteren Motiven aus anderen Erzählungen von James.[3] Truffaut war über mehrere Jahre hin – während er andere Filme realisierte – mit Stoff, Drehbuch und Vorbereitungen beschäftigt. Der erste Titel des Films lautete »La disparue«[4] (Die Verschwundene), wie später, in der LETZTEN METRO, das Stück heißen wird, das man im Théâtre Montmartre einstudiert und aufführt. Das Drehbuch entstand in Zusammenarbeit mit Jean Gruault; es ist das fünfte gemeinsame Skript nach JULES UND JIM, DER WOLFSJUNGE, ZWEI MÄDCHEN AUS WALES und DIE GESCHICHTE DER ADÈLE H. Zum viertenmal benutzt Truffaut posthum Musik von Maurice Jaubert (1900–1940), die sich vorher für so unterschiedliche Filme wie ADÈLE H., TASCHENGELD und DER MANN, DER DIE FRAUEN LIEBTE verwenden ließ; und zum drittenmal spielt er selbst in einem seiner Filme eine zentrale Rolle: nach dem Dr. Itard im WOLFSJUNGEN und dem Regisseur Ferrand in der AMERIKANISCHEN NACHT (die Nebenrollen in ADÈLE H. und TASCHENGELD nicht gerechnet) ist Julien Davenne freilich eine entschiedene Erweiterung der Palette, nicht mehr nur Sympathieträger oder Agent der Handlung, sondern eine durchaus problematische Figur. Zufall oder nicht: zum viertenmal in einem Film von Truffaut heißt eine Frau Julie; es ist nach Julie Kohler (Jeanne Moreau) in DIE BRAUT TRUG SCHWARZ, Marion Bergamo, die sich Julie Roussel nennt (Catherine Deneuve im GEHEIMNIS DER FALSCHEN BRAUT), und Julie Baker (Jacqueline Bisset) in der AMERIKANISCHEN NACHT: eine Tote.

Man mag solche Einzelheiten für Äußerlichkeiten halten, die sich mehr oder weniger zwangsläufig in der Kontinuität eines Werks ergeben –: Truffaut fügt eine weitere hinzu, indem er von der Eskalation im Verbrauch von Kerzen spricht, die von den ZWEI MÄDCHEN AUS WALES über die ADÈLE H. zum GRÜNEN ZIMMER führe[5], und macht damit den Kontext deutlich, in dem der Film steht. Es ist der Kontext der Besessenheit und des amour fou, von dem mindestens die eine Hälfte des truffautschen Œuvre gekennzeichnet ist. Immer geht da jemand unbeirrbar und unausweichlich bis zum Ende, in der Rache wie Julie Kohler (DIE BRAUT TRUG SCHWARZ), im selbstmörderischen Liebeswahn wie Adèle H., oder als verzweifelt unbefriedigter Sammler in Sex wie

Bertrand Morane, DER MANN, DER DIE FRAUEN LIEBTE.[6]
Daß die Erzählung von Henry James den besessenen Leser Truffaut faszinierte, kann also nicht wundernehmen. Aber er machte daraus eine eigene Geschichte, eine Geschichte nach eigenem Zuschnitt, die, so nahe sie dem Original auch bleiben mag, am Ende zu einem anderen »Ergebnis«, zu einer anderen Deutung geführt wird. Bei James weiht George Stransom, der nur noch in der Erinnerung an seine früh verstorbene Freundin und andere tote Freunde lebt, den Altar einer Kirche seinen Toten. Dort begegnet er einer Namenlosen, die einem ähnlichen Kult wie er zu huldigen scheint. Eine stille Freundschaft bahnt sich an, die zerbricht, als Stransom, nach vielen Jahren zum erstenmal in der Wohnung der Fremden, den Gegenstand ihres Totenkults entdeckt: es ist Acton Hague, der einzige tote Freund, dem Stransom, einst tief von ihm enttäuscht und verletzt, die ewige Kerze verweigert. Wieder allein, vertieft er sich in die Idee, daß dem Altar nur noch eine einzige Kerze fehle: für ihn selbst. Nach schwerer Krankheit kaum genesen, trifft er am Altar die Gefährtin von einst; sie ist jetzt für ihn frei und kann seinen letzten Wunsch erfüllen. Stransom stirbt in ihren Armen.
Auf Anhieb scheint sich die Geschichte nicht wesentlich von der zu unterscheiden, die Truffaut erzählt. Und doch hat er sie in einigen entscheidenden Punkten, und sei es durch Zutaten, verändert. Die Zeitschrift, für die Julien Davenne arbeitet, ist trotz ihres anspruchsvollen Titels (»Le Globe«) eine sterbende Zeitschrift: sie stirbt mit ihren Abonnenten, und neue Bezieher findet sie nicht; als Davenne bei der ersten Begegnung mit Cécilia die Redaktion des »Globe« als seine Adresse angibt, wundert sich Cécilia, daß die Publikation noch existiert: sie habe eine ganze Sammlung der Zeitschrift auf dem Dachboden ihres Onkels gefunden. Davenne als Spezialist für Nachrufe – er hat, heißt es einmal von ihm, in diesem Jahr allein 31 Nekrologe geschrieben – könnte auch ein Opfer einer déformation professionelle sein. Auf jeden Fall: die Bausteine des Charakters, der zu dieser Geschichte führt, sind glänzend aufeinander abgestimmt. Die wichtigste Änderung ist sicher die zeitliche Verschiebung der Geschichte: »Elle commence dix ans après la fin de la première guerre mondiale qui fit des millions de morts«[7], heißt es auf einem Insert nach

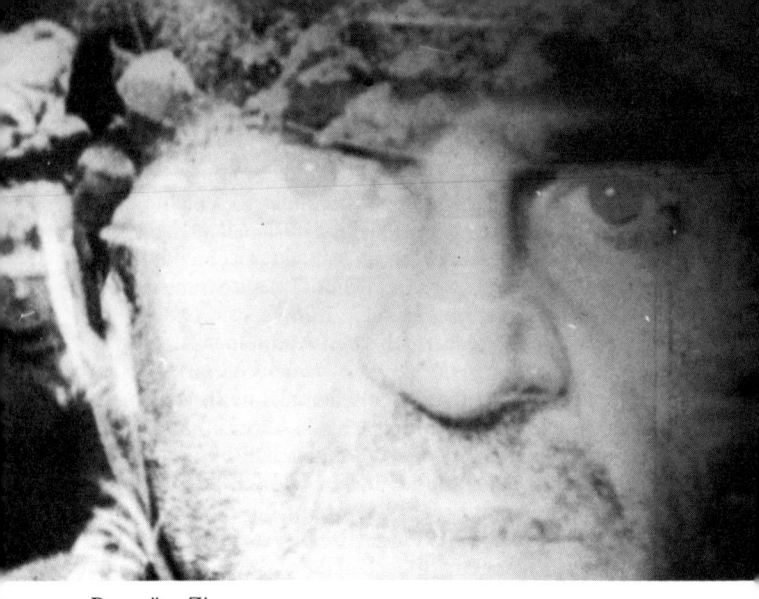

Das grüne Zimmer

dem Rolltitel: dieser Krieg und diese Toten haben Julien Davenne geprägt. Man sieht ihn im Opening, das aus blau eingefärbten Dokumentaraufnahmen von Grabenkrieg, Verwundetentransport, Totenfeldern besteht: in der abgerissenen Uniform eines französischen Weltkrieg-1-Soldaten, den Helm auf dem Kopf, unrasiert und hohlwangig kommt er in einer Überblendung (Doppelbelichtung) auf den Zuschauer zu und senkt langsam den Blick. Der Gedanke drängt sich auf, daß es sich bei dieser geisterhaften Erscheinung um den einzigen Überlebenden einer mörderischen Schlacht handelt.

Die psychotische Fixierung[8] des Helden ist mit dem Kriegserlebnis ausreichend begründet. Der Krieg hebt seine Geschichte über die Sphäre des rein Privaten hinaus, auch wenn im Mittelpunkt des Kults die kurz nach Kriegsende, 1919, verstorbene Julie Davenne steht, die Julien (wo nichts Zufall ist, ist es auch die Ähnlichkeit der Vornamen nicht) bei einem Meister des Wachsfigurenkabinetts nachbilden und dann, von der Realität beziehungsweise ihrem Surrogat enttäuscht, wieder zerstören läßt. Ein weiteres Mal an den Krieg erinnert (ihn) die Gegenwart des sprachgestörten, taubstummen Georges, dessen Gesten Davenne in laut gesprochene Wörter und Sätze übersetzt; es herrscht zwischen den beiden ein Kontakt, der an die Beziehung Itard Victor im WOLFSJUNGEN erinnert und nebenbei Truffauts besondere Fähigkeit in der Inszenierung von Kindern bestätigt. Das kann auch in diesem Film den leicht onkel-, lehrer-, gönnerhaften Habitus annehmen, der Filme wie TASCHENGELD gefährdet, wie überhaupt DAS GRÜNE ZIMMER keineswegs frei ist von einer gewissen belehrenden Penetranz, die nur aufgehoben wird in der Rigorosität, mit der Davenne sich selbst einbringt und bedingungslos aufbraucht in seiner intellektuellen Nekrophilie. Wer sich selbst alles abverlangt und sich selbst nicht schont, der darf, so scheint es, bis zur Selbstgerechtigkeit empört sein wie Davenne, als er erlebt, daß sein Freund Mazet wieder geheiratet hat. Er war zur Stelle, und damit beginnt die Filmhandlung nach den Titeln, als Mazet am Sarg seiner Geneviève verzweifelte; er schickte wütend den Priester weg, der Mazet Geduld und Hoffnung zu predigen wagte; er beschwor Mazet, nicht zu denken, er habe seine Frau verloren, sondern: daß er sie jetzt nicht mehr verlieren könne. Nun bleibt er im Hintergrund und läßt sich nicht blicken, als Mazet mit neuer Frau ihn in der Redaktion aufsuchen will, und Cécilia gegenüber spricht er voller Verachtung über Mazet.

Selbstgerechtigkeit oder mindestens Intransingenz, Unduld-

samkeit und Unfähigkeit zur Geste des Verzeihens kennzeichnen auch Davennes Haltung gegenüber dem toten Massigny. Er opfert seiner Unbeugsamkeit bedenkenlos nicht nur die einzige Freundschaft, die er seit dem Tod seiner Freunde im Krieg mit Cécilia einzugehen bereit scheint, sondern auch die Gefühle der jungen Frau, die er nicht schont. Als die Nachricht vom Tod Paul Massignys (er ist bei einem Autounfall ums Leben gekommen) im »Globe« eintrifft, macht sich Davenne unverzüglich an den Nachruf. Er wartet das Dossier Massigny aus dem Archiv gar nicht erst ab und weigert sich nachher, bei der Auswahl eines Fotos für seinen Artikel mitzuwirken. Humbert, der Chefredakteur, ist schockiert vom Text des Nekrologs, der eine Haßtirade zu sein scheint. Davenne stellt ihm frei, den Nachruf von einem anderen schreiben zu lassen, und erklärt, daß Massigny, einst sein bester Freund und seit dem Ende der Freundschaft durch keinen anderen Menschen ersetzt, ihn darüber belehrt habe, daß das Leben für gewisse Leute ein Dschungelkrieg sei, in dem alle Widerwärtigkeiten erlaubt seien, so daß er für sich selbst beschlossen habe, nur noch ein Beobachter des Lebens zu sein. Alle Andeutungen, auch im Zusammenhang mit den offiziellen Fotos, die kurz ins Bild kommen und Massigny in öffentlichen Funktionen zeigen, lassen in ihm (homme à femme, der Cécilia verlassen hat, aber von ihr ungebrochen geliebt wird) einen politischen Führer und Ideologen der äußersten Rechten vermuten, womöglich einen Faschisten –: eine Zuspitzung Truffauts, die weit über James hinausführt.

Weder Massigny noch die anderen Toten werden als Lebende vorgeführt; der einzige Lebende, der stirbt, ist Davenne; Geneviève Mazet ist im Sarg zu sehen, Julie Davenne als Wachsfigur. Die Toten: das sind Fotografien; selbst Massigny wird das Bildnis gewährt, auch wenn Davenne keines für den »Globe« auswählen und keines für seine Kapelle zulassen will, seinen Bildnissen aber im Dossier begegnet und später bei Cécilia, die in ihrer Wohnung dem Toten einen Altar gewidmet hat wie Davenne seiner Julie ein ganzes Zimmer. Die Fotografie (das tote Bild, das Bild des Toten) und der Altar: bei Truffaut hat das Tradition, seitdem Antoine Doinel in SIE KÜSSTEN UND SIE SCHLUGEN IHN vor einem Bild Balzacs eine Kerze anzündete. In der Kapelle Davennes wird dieser Altar vervielfältigt und fast ad absurdum geführt, so zahllos ist nicht nur die Menge der Kerzen, so massenhaft und in vielem zufällig sind die Fotografien, die zur Tapete werden und sich gegenseitig entwerten: Marcel Proust, Oscar Wilde, Jean Cocteau, Jacques Audiberti, Guillaume Appolinaire, Claude Anet, Henri-Pierre Roché, Raymond Queneau, Sergej Prokofieff, Henry James, Oscar Werner (in JULES UND JIM), ein Foto von den Dreharbeiten zu den ZWEI MÄDCHEN AUS WALES, Maurice Jaubert.[9]

Truffaut hat die Auswahl selbst als zufällig bezeichnet, erstanden in einem Laden in der rue Bonaparte, als sich beim Drehen herausstellte, daß man mehr Bilder als vorbereitet brauchen würde; ernst gemeint, absichtlich seien nur die Bilder von Henry James und Maurice Jaubert[10], den man beim Dirigieren eines Kammerorchesters sieht, der beiden Anreger also, des literarischen und des musikalischen, dessen *Concert flamand* von 1936 dem Film unterlegt ist. So zufällig und beiläufig aber auch immer die Auswahl gewesen sein mag: daß der Film überhaupt mit Fotografien arbeitet, ist so zufällig wiederum nicht. Sie unterstreichen den ikonografischen Aspekt des Films und funktionieren selbst als Ikonen. So erfüllen sie einerseits die Rolle von Devotionalien und andererseits die von Rückblenden: sie sind, streng genommen, die Verweigerung von Rückblenden, der Rekonstitution und Evokation des Lebendigen. Das vermittelt dem Film auf der formalen Ebene eine große Geschlossenheit. Er kommt mit wenigen Drehplätzen aus, mit denen zusätzlich ökonomisch verfahren wird, wenn einzelne Szenen – wie die erste Begegnung von Davenne mit Cécilia in der Salle des Ventes – als Plansequenzen durchgedreht sind. Der Verzicht auf Rückblenden und auf größere szenische Auflösungen verleihen dem Film neben der Einheit des Ortes auch die Einheit seiner optischen Valeurs: alle starken Farben (Rot, Gelb, Blau) sind herausgefiltert, das Leben selbst pulsiert nur reduziert.

Trotzdem – und das gehört bei aller Ambivalenz zum Faszinosum des GRÜNEN ZIMMERS – wirkt der Film nicht tot. Truffaut in der Rolle des Julien Davenne ist von einer Unbedingtheit, die keinen Widerspruch duldet; dieser Davenne zögert nie, hat keine Bedenken oder Zweifel; Truffaut spielt die Szene nicht aus, er geht schnell, spricht schnell, und als Regis-

Das grüne Zimmer

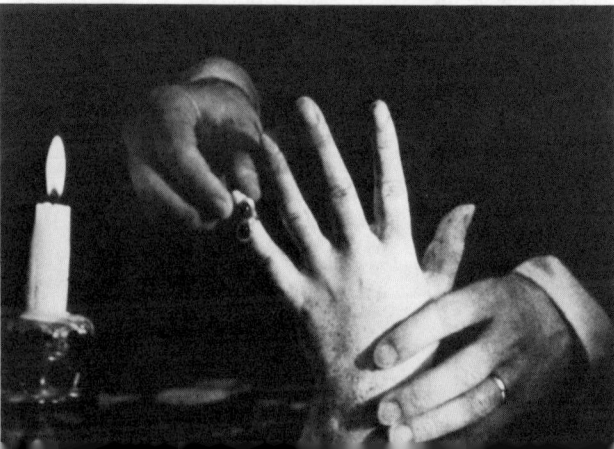

seur konzidiert er einer Szene immer nur die Zeit, die sie mindestens braucht. Diese verblüffende Sicherheit, das Richtige zu tun, diese Besessenheit, das Leben den Toten zu widmen und darin Erfüllung zu finden –: das macht schließlich den Abstand deutlich, den der Film am Ende von seiner literarischen Vorlage genommen hat. Das James-Motiv vom nichtgelebten Leben, das *The Altar of the Dead* nicht weniger prägt als die großen Romane (*The Portrait of a Lady, The Princess Casamassima* etc.), wird von Truffaut nicht angenommen und überwunden.

Liebe auf der Flucht
L'amour en fuite. 1978

Antoine Doinel hat die Nacht bei seiner Freundin Sabine verbracht. Er hat es eilig, nach Hause zu kommen. Seine Frau Christine erwartet ihn zur gemeinsamen Fahrt zum Scheidungstermin. Wenig später muß Antoine Sabine ein weiteres Mal enttäuschen: am Telefon sagt er für den Abend ab, weil er seinen Sohn Alphonse, der ins Ferienlager fährt, zur Bahn bringen muß. Auf dem Bahnhof entdeckt er Colette, seine Jugendfreundin, die in einen anderen Zug steigt. Sie hatte Antoine nach seiner Scheidung aus der Ferne gesehen und sich den autobiografischen Roman, den er vor wenigen Jahren veröffentlichte, als Reiselektüre besorgt. Sie fährt nach Aix-en-Provence, wo sie, die Anwältin geworden ist, die Verteidigung eines Mannes übernimmt, der seinen dreijährigen Sohn totgeschlagen hat. Während Colette in den Erinnerungen Antoines blättert, kommt er selbst zu ihr; er war kurzerhand in ihren Zug gestiegen. Gemeinsam erinnern sie sich an alte Zeiten, bis sie Antoine unter dem Vorwand vertreibt, sie sei als arbeitslose Anwältin auf die Schlafwagenprostitution angewiesen und er koste sie Zeit und Geld. In der Druckerei, in der Antoine als Korrektor arbeitet, hat er Besuch von Lucien, dem ehemaligen Liebhaber seiner Mutter. Lucien nimmt ihn mit auf den Friedhof; Antoine hatte das Grab seiner Mutter bisher nie besucht. Er berichtet von dieser Begegnung in einem Brief an Sabine. Später trifft er sie in ihrem Schallplattenladen, wo sie einem jungen Paar gerade die neueste Platte von Alain Souchon vorführt: *L'amour en fuite.*

Liebe auf der Flucht

Das Chanson schließt den Film wie ein Rondo: er war mit ihm, den Titeln unterlegt, auch eröffnet worden. Die Kunstform dominiert, mit einer nicht gerade ungewöhnlichen Variante, und der Refrain des Lieds läßt keinen Zweifel, daß auch inhaltlich Künstliches vorherrscht: die Stereotype von der leichten Liebe, ein Exportartikel französischer Lebenskultur, ihres Boulevardtheaters und -kinos, genormt, standardisiert, windschlüpfrig, pflegeleicht: »On se quitte et y a rien qu'on explique / C'est l'amour en fuite, l'amour en fuite.«[11] Man geht auseinander und ist einander keine Erklärung schuldig: das Leben und die Liebe als lockere Folge erotischer Begegnungen, als Serie von Affären ohne tiefere Bedeutung oder belastende Verbindlichkeit, als *Une partie de plaisir* (Chabrol), die sich der Probe auf Dauerhaftigkeit entzieht und Entfremdung nicht aufkommen läßt, weil sie sich den Reiz der Fremdheit und ihrer hemmungslosen Verletzung erhält und deshalb letzte Vertrautheit nicht kennt –: Antoine Doinel ist zum Prototyp dieses Traums vom glücklichen flüchtigen Leben in Freiheit geworden. Er ist extrem der Antityp zu Julien Davenne (DAS GRÜNE ZIMMER) oder zu Adèle H. oder zu den Liebeskranken, die noch erst kommen werden, Mathilde und

193

Bernard (DIE FRAU NEBENAN), und nur wenig verbindet ihn noch mit Bertrand Morane (DER MANN, DER DIE FRAUEN LIEBTE), dessen Promiskuität zwar auch wie die von Antoine Doinel auf die Erfüllung eines wechselhaften Appetits gerichtet ist, aber außerdem entschieden pathogene Züge trägt. Antoine Doinel ist alles andere als krank. Er ist leer wie eine Kunstfigur und wie eine Kunstfigur ohne Bewußtsein der eigenen Leere. An diesem Ende – und es ist kaum zweifelhaft, daß Truffaut mit LIEBE AUF DER FLUCHT, den er selbst einen »tödlichen Film« nennt und für mißlungen hält[12], die Doinel-Serie beendet – hat Truffaut die extremste Ausfaltung und Differenzierung seines filmischen Personals erreicht: um den Preis der Kälte und Vereisung.

Man muß sich die Entwicklung, die Antoine, immerhin Lieblings- und Identifikationsfigur Truffauts, im Lauf der Jahre genommen hat, gar nicht erst kritisch vor Augen führen: LIEBE AUF DER FLUCHT tut nichts anderes – ohne es damit freilich selbstkritisch zu meinen. Die Regression des 13jährigen Antoine aus SIE KÜSSTEN UND SIE SCHLUGEN IHN zur 30jährigen Kunstfigur ist eine Verengung aus der Authentizität zum Als-ob, und ihr entspricht eine Synthetisierung der Form, die im »Leben« des Antoine Doinel nichts als Spielmaterial für ein neues Experiment filmischen Erzählens sieht und zu finden hofft.

LIEBE AUF DER FLUCHT ist, auf den Kern des Geschehens reduziert (Antoine trennt sich von Christine und hat schon mit Sabine die für ihn typischen Schwierigkeiten: daß ihn die Begegnung mit Fremdem mehr reizt als das Zusammenleben mit Vertrautem), nur eine dünne Rahmenhandlung, die als Skelett für üppige Anlagerungen hauptsächlich aus den früheren Doinel-Filmen dient. Der Film besteht aus 178 Szenen, von denen 81 Rückblenden sind: 68 Ausschnitte (Szenen, aber gelegentlich auch nur einzelne Bilder, beziehungsweise Zwischenschnitte) aus älteren Truffaut-Filmen und 13 neu gedrehte Rückblenden-Szenen, die so tun, als stammten sie aus alten Geschichten. SIE KÜSSTEN UND SIE SCHLUGEN IHN sowie der Episodenfilm ANTOINE UND COLETTE sind mit jeweils 13 Clips vertreten, GERAUBTE KÜSSE hat 17 Ausschnitte geliefert, TISCH UND BETT 15. Jeweils zwei Zwischenschnitte stammen aus ZWEI MÄDCHEN AUS WALES, EIN SCHÖNES MÄDCHEN WIE ICH sowie DER

MANN, DER DIE FRAUEN LIEBTE, einer aus dem GEHEIMNIS DER FALSCHEN BRAUT. In einem Kino sehen Sabine und ihr Bruder Xavier den Film EIN SCHÖNES MÄDCHEN WIE ICH, den man zuerst nur aus dem Off hört, ehe ein Blick auf die Leinwand eine Einstellung zeigt, die aus jedem beliebigen anderen Film stammen könnte: zwei paar Füße gehen über die Straße, zwei Leute gehen eine Treppe hinauf und klopfen an eine Tür. Zwei kurze Einstellungen stammen schließlich aus der AMERIKANISCHEN NACHT. Es sind Szenen zwischen Jean-Pierre Léaud (dort in der Rolle des Alphonse) und Dani, die eine Script-Assistentin mit Namen Liliane spielt. In LIEBE AUF DER FLUCHT ist daraus eine Affäre zwischen Antoine und Liliane geworden (und war vorher eine Freundschaft zwischen Christine und Liliane). Christine erzählt davon Colette, die zu ihr kam, um über Antoine zu reden – und einiges über Sabine zu erfahren, auf die sie grundlos eifersüchtig ist; Colette erfährt erst von Christine, daß Sabine nicht die Frau, sondern die Schwester des Buchhändlers Xavier ist, in den Colette sich verliebt hat: Anlaß für weitere Rückblenden-Szenen (acht von den 13 neu gedrehten), um die Geschichte Antoine-Liliane zu komplettieren.[13]

Liebe auf der Flucht

Die beiden kurzen Einstellungen aus der AMERIKANI-
SCHEN NACHT sind die einzigen aus früheren Truffaut-Filmen, die für LIEBE AUF DER FLUCHT mehr darstellen als
pure tote Erzählmasse, beliebig zu verwenden und wiederzu-
beleben: sie lösen neue Erfindungen aus, setzen erzählerische
Phantasie in Gang. Alle anderen Zitate haben solche Konsequenzen nicht. Sie erzählen nur schon Erzähltes, freilich unter
der Perspektive eines neuen Kontextes. Auslösende Momente
sind dabei etwa: die gemeinsame Fahrt von Christine und
Antoine zum Scheidungstermin; eine Unterhaltung zwischen
Antoine und seinem Kollegen Emmanuel im Korrekturraum
der Imprimerie du Croissant; der Augenblick, in dem die Anwältin Colette (Marie-France Pisier wie in ANTOINE UND
COLETTE) Antoine nach der Scheidung vor dem Gerichtsge-
bäude sieht; Antoines autobiografischer Roman »Les salades
de l'amour«, den Colette auf ihrer Reise nach Aix-en-Provence im Zug liest (und damit auch ihre eigene Geschichte
rekapituliert); das Gespräch zwischen ihr und Antoine, der
spontan zugestiegen war, im Speisewagen oder später in Colettes Schlafwagenabteil; die Begegnung Antoines mit Lucien,
dem einstigen Liebhaber seiner Mutter; ein Brief, den Antoine an Sabine schreibt; die Unterhaltung zwischen Christine
und Colette –: bis auf wenige Ausnahmen werden die Rückblenden durch typische Erzählsituationen initiiert und von ihnen begleitet. Das heißt: die Rückblenden und das Erzählen
schlechthin bedürfen der Begründung und Beglaubigung,
oder: der Film hat keine eigene Phantasie.
Alles in LIEBE AUF DER FLUCHT wirkt leicht und elegant.
Die Rückblendenmontage ist ingeniös, arbeitet häufig mit
überlappendem Ton, führt zu witzigen Konfrontationen. Die
Techniken des (filmischen) Erzählens werden vorgeführt,
alles, was sich Truffaut an Formen des indirekten, filmisch-
literarischen Erzählens erworben hat, zumal seit den ZWEI
MÄDCHEN AUS WALES und mit dem MANN, DER DIE
FRAUEN LIEBTE. Im Artifiziellen ist LIEBE AUF DER
FLUCHT nahezu makellos, die Fleißarbeit eines Anthologi-
sten, präsentiert mit der Brillanz eines Meisters, der sich fürs
Feuilleton nicht zu schade ist. Aber eben das, diese erlesene
Könnerschaft und kühle Eleganz, das ist es auch, was den Film

Liebe auf der Flucht

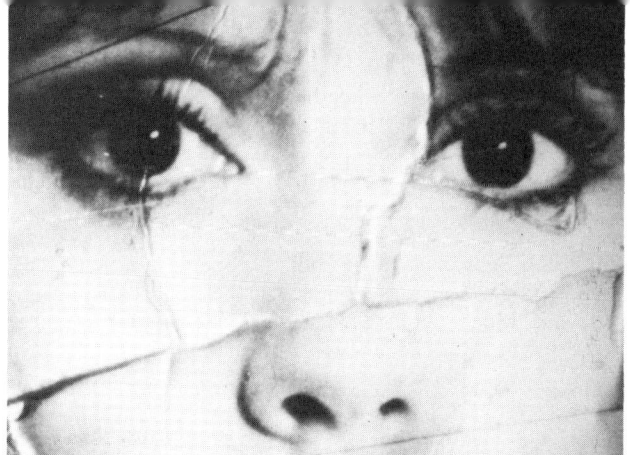

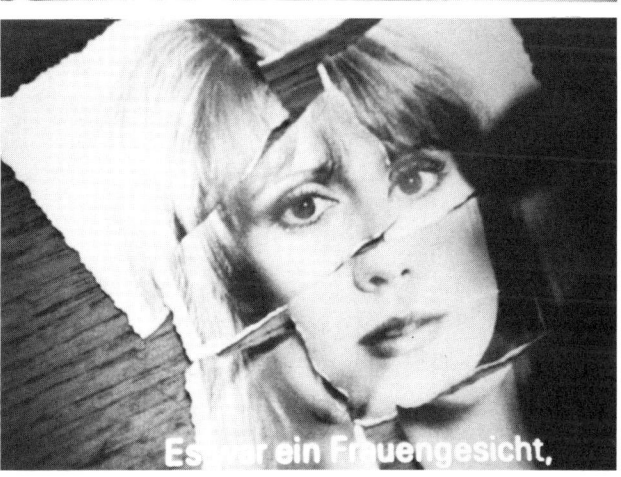

Es war ein Frauengesicht,

tötet. Er ist nicht von Sympathie für die Gestalten bestimmt (am allerwenigsten für den Egomanen Antoine), sondern von der Absicht, ihre Geschichte, sie selbst zu erledigen. Ein Feuerwerk brennt ab, und mit ihm verpuffen seine Ingredienzien.

Antoine erzählt einmal – er erzählt es zweimal: zuerst Colette und später Sabine –, wie er Sabine kennengelernt hat. In einem Bistrot will er telefonieren. Die Telefonzelle ist besetzt von einem Mann, der, außer sich vor Zorn, offenbar mit einer Frau spricht, von der er sich mit diesem Telefongespräch trennt: er zerreißt eine Fotografie und läßt die Schnitzel achtlos zu Boden fallen. Antoine wird sie später aufsammeln und zusammensetzen: es ist die Fotografie von Sabine, die er von nun an in ganz Paris suchen wird. Während Antoine die Geschichte erzählt, sieht man auch, was er erzählt: den tobenden Kerl in der Telefonzelle. Und vor der Telefonzelle steht Antoine und erzählt das, was man ohnehin sieht, direkt in die Kamera hinein. Diese klassische Stilfigur romantischer Illusionsbrechung ist singulär in LIEBE AUF DER FLUCHT. Sie wirkt in dem homogenen Kontext, in dem das Erzählen sich permanent selbst rechtfertigt und absichert, wie das Zitat eines anderen, eines fremden Stils –: des Stils der Nouvelle Vague. Soweit ist Truffaut gekommen, daß er nicht nur einen neuen Film aus seinen alten machen, sondern seine frühere filmsprachliche Überzeugung als etwas anderes zitieren kann. Älter zu werden, sich zu entwickeln, kreativ und produktiv zu sein und schließlich rückschauen zu können auf ein Werk, hat auch tragische Aspekte.

Die letzte Metro
Le dernier métro. 1980

Paris im Herbst 1942. Im Théâtre Montmartre engagiert man Bernard Granger als neuen Hauptdarsteller und probt ein neues Stück: »Die Verschwundene« – zum erstenmal ohne den Patron, Lucas Steiner, der verschwunden ist, nach Südamerika, wie es heißt, ehe er, der Jude, von der französischen Polizei festgenommen und von den Deutschen deportiert werden konnte. In Wahrheit hat sich Lucas Steiner im Keller des Theaters versteckt, wo ihn, fast allnächtlich, seine Frau Marion versorgt. Sie, die wichtigste Darstellerin der Boulevardbühne, auch in dem neuen Stück, hat die geschäftliche Leitung übernommen, während die künstlerische in den Händen von Jean-Loup Cottins liegt, der sich vor allem bemüht, alles so zu machen, wie es seiner Vorstellung nach auch Lucas gemacht hätte. Er wird aber, ohne etwas zu ahnen, von Lucas selbst korrigiert, der die Proben wenigstens akustisch verfolgt: die Heizungsschächte funktionieren als Telefon, und Marion funktioniert als Zwischenträgerin. Die Premiere wird zum Erfolg, aber der faschistische Theaterkritiker Daxiat, der auch im Radio antisemitische Kommentare spricht, verreißt Stück und Inszenierung als verjudet. Bernard Granger verprügelt ihn bei der Premierenfeier. Daxiat trägt Jean-Loup eine Intrige an: Marion soll enteignet werden, und sie beide sollen die Leitung des Theaters übernehmen. Lucas verliert die Nerven und will sich stellen; Marion schlägt ihn im Keller nieder. Bernard, der als Zulieferer und Zwischenträger für die Résistance arbeitet, wird Zeuge der Verhaftung seines Freundes. Die Gestapo will den Keller des Theaters durchsuchen; Marion weiht Bernard ein, der Lucas hilft, die Gestapo zu täuschen. Er beschließt, in den Untergrund zu gehen; Marion reagiert auf seine Mitteilung, indem sie ihn ohrfeigt. Als er seine Garderobe ausräumt und Marion ihn zu verabschieden kommt, verbergen sie nicht länger ihre Liebe zueinander; sie schlafen miteinander. – Zeitsprung. Die Alliierten sind in Frankreich gelandet; Paris wird befreit. Marion besucht Bernard in einem Lazarett; ihr Dialog problematisiert ihre Liebesbeziehung. Er schließt mit dem im Off einsetzenden Geräusch des sich schließenden Vorhangs. Marion stellt sich dem Applaus des Publikums: zwischen Bernard und Lucas – der aus den Kulissen kommt und sich als Regisseur verbeugt –, rechts und links beider Hände fassend.

»Der Ehemann, die Frau, der Liebhaber: die französische Apotheose«[14] –: das Muster, das die Filme der Doinel-Serie immer anzustreben schienen, aber nie zu erreichen in der Lage waren, weil ihr männlicher Protagonist von der Rollenzuweisung bestimmt war, Chef im Ring zu bleiben und stets die Position in der Mitte zu behaupten, nie an den Rand rechts oder links zu geraten, dieses Muster kann nur erfüllt werden, weil mit Marion eine Frau ins Zentrum rückt. Die Liebe auf der Flucht, die Antoine Doinel bis zur LIEBE AUF DER FLUCHT praktiziert, entdeckt sich unter den Auspizien der

LETZTEN METRO als die Anstrengung, der »französischen Apotheose« zu entgehen. Weder Antoine noch Pierre Lachenay (DIE SÜSSE HAUT) noch Claude Roc (ZWEI MÄDCHEN AUS WALES) oder gar Bertrand Morane (DER MANN, DER DIE FRAUEN LIEBTE) sind in der Lage des Lucas Steiner vorstellbar, der in dem lebensgefährlichen Moment, in dem Bernard Granger ihm hilft, sich vor der Gestapo zu retten, den Schauspieler geradezu kupplerisch nach seinen Gefühlen für Marion zu fragen vermag: »Sagen Sie –: meine Frau ist schön? Ich werde Ihnen eine Frage stellen, Bernard. Sie ist verliebt in Sie, aber Sie – lieben Sie sie auch?«[15] Was hier zur Sprache gebracht wird, wird auf der Bühne längst gespielt: Bernard in der Rolle des Hauslehrers Carl, der sich in Helena, die Mutter seines Schülers, verliebt. Bei Proben des Stücks und Aufführungen, die der Film zeigt, konzentriert er sich immer wieder auf den Schlußdialog der beiden, der geradezu leitmotivisch wiederkehrt: »Du bist schön, Helena. Es schmerzt, dich anzusehen, so schön bist du.« – »Gestern sagten Sie, es wäre eine Freude.« – »Es ist Freude und Schmerz zugleich.«

Wenn Marion am Ende zwischen Bernard und Lucas tritt – in eine Position, die sich nicht zufällig ergibt, sondern von ihr bewußt herbeigeführt werden muß –, darf man einen Augenblick wenigstens an JULES UND JIM denken und: an die Möglichkeit, die Wechselfälle des truffautschen Œuvres entlang der Linie männlich/weiblich zu untersuchen. An der körperlichen Gewalt, die in der LETZTEN METRO ist, ist Marion in noch höherem Maße beteiligt als Bernard, und während er aus Haß prügelt, schlägt sie aus Liebe: Männer; Männer, die voll in ihrem heterosexuellen Fleisch stehen wie Bernard (den homosexuellen Jean-Loup würde Marion nie schlagen können), der nur schwer begreift, daß die Bühnenbildnerin Arlette lesbisch und bestenfalls seine Konkurrentin ist, oder die selbst noch in der zynischen Erniedrigung des Rassismus ihre Eitelkeit bestätigt finden wie Lucas: er liest aus einem antisemitischen Handbuch vor, um Marion ein Kompliment zu machen, denn es sei ein Text über sie; die Juden, heißt es da, »monopolisieren nicht nur den Film und das Theater, sie nehmen uns auch unsere schönsten Frauen weg«[16].

Die letzte Metro

Noch einmal an JULES UND JIM zu denken, bringt freilich auch eine entscheidende Differenz zutage. Was dort nur vorübergehend gelang als »französische Apotheose« und in Freiheit nicht wirklich lebbar war, glückt in der Unfreiheit der Okkupation. Sie, die drohende und bedrohliche Überfremdung, treibt erst das Wesentliche hervor. Das betrifft alle Personen des Films. Marion, die früher ein Modell war, bevor Lucas Steiner, Flüchtling aus Deutschland, sie für sich und das Theater entdeckte, wäre nur die abhängige Frau geblieben, ein erlesenes Schmuckstück. Lucas hätte ohne die Not seines Gefängnisses kaum aus der Wehleidigkeit und den enervierenden Ansprüchen des Genies herausgefunden, Bernard kaum den Weg vom Grand Guignol und homme à femme zum differenzierten Charakter, Jean-Loup sicher nicht zum Mut, selbst Regie zu führen und Daxiat die Stirn zu bieten. Erst die Schwierigkeiten, sich eine Karriere aufzubauen, beflügeln die eher leichtsinnige Anfängerin Nadine zu der Zähigkeit, jede sich bietende Gelegenheit, von der Synchronisation bis zur Statisterie, wahrzunehmen, um als Schauspielerin zu arbeiten. In diesen Entwicklungen ist die politische Situation virulenter als in den dem Film gelegentlich aperçuhaft oder pointillistisch einpunktierten Bildern und Szenen von der Okkupation. Sie reichen vom deutschen Soldaten als Sonntagsmaler über die Tabakpflanzen, die Jacquot, der Sohn der Concierge, im schmalen Vorgarten zieht, zum Sechs-Kilo-Schinken vom Schwarzmarkt, der im Violoncellokasten versteckt wird; von den deutschen Offiziersmützen in der Garderobe eines Nachtclubs über die an Wäscheklammern befestigten Zeitungen der Zeit am Zeitungskiosk zum Bittgang, den Marion zur deutschen Propagandastaffel – der fürs Kulturelle zuständigen Besatzungsbehörde – unternimmt.

Solche Kurzszenen oder ikonografischen Verweise sollen den Film gewiß mit der historischen Realität vernetzen. Sie sind auch inszenierte Fortsetzungen der zu Beginn featureartig ausgebreiteten Montage aus Fotografien, schwarzweißem Dokumentarmaterial, einer Karte Frankreichs mit eingezeichneter Demarkationslinie und nachgestellten »realen« Straßenszenen mit Kinoplakaten der *Symphonie fantastique* (von Christian-Jacque), von *Ohm Krüger* und *Bel Ami,* wozu ein Off-Sprecher die Situation vom September 1942 umreißt und indirekt den Titel des Films erklärt: »Nach elf Uhr abends sind die

Straßen in der besetzten Zone wegen Ausgangssperre leergefegt. Für die Pariser ist es ungeheuer wichtig, daß sie die letzte Metro nicht verpassen.«[17] Es ist derselbe Sprecher, der zwischen der Liebesszene Marion–Bernard und der letzten Szene, in der Marion ihren Liebhaber im Lazarett zu besuchen scheint, den Zeitsprung und den Fortgang von Geschichte und »Geschichte« resümiert, während wiederum eine Bildmontage, unter anderem aus Dokumentaraufnahmen von der Landung in der Normandie, direkt in die historische Realität zu führen scheint. An diesen Nahtstellen zumal bewährt sich die Farb- und Lichtregie des Films, den Nestor Almendros mit gedeckten Farben fotografiert hat, als gelte es, mit Farbfilm die Schwarzweißfilme der Epoche zu rekonstruieren. Doch auch die dramaturgisch solide Einbettung ins Dokumentarische, wozu auch die Schlager und Gassenhauer der Zeit (»Bei mir bist du schön«) gehören, heben die fiktiven Bilder und Handlungspartikel, die der historischen Realität nacheifern, nicht über das bis zum Ärgerlichen Anekdotische (der deutsche Soldat, der Jacquot im Vorbeigehen über den Kopf streicht, worauf dessen Mutter ihm gleich die Haare wäscht) und das Kolorit hinaus.

Es muß auffallen, daß viele Szenen, die außerhalb des Theaters spielen, ganz folgenlos bleiben. Sie gewinnen keinen Einfluß auf die interne Intrige des Films, haben mit ihr nichts zu tun. Bernard wird bei der Verhaftung seines Freundes und Verbindungsmanns zur Résistance gesehen. Aber daraus folgt so wenig wie aus dem Besuch Marions bei der Propagandastaffel, wo sie lediglich erfährt, daß der deutsche Offizier, bei dem sie offenbar für das Theater Schutz vor den Nachstellungen des Kollaborateurs Daxiat suchen will, in der Nacht zuvor Selbstmord begangen hat, und wo sie sich dann nur mit großer Entschiedenheit der handgreiflichen Zudringlichkeit eines anderen Offiziers entziehen kann. Ohne Folgen für Bernard bleibt sogar, daß er den einflußreichen Daxiat verprügelt, die Szene des Films, die der historischen Realität am heftigsten nachzustellen scheint. Jacques Siclier[18] unter anderen hat darauf hingewiesen, daß es sich dabei um die »exakte Rekonstruktion eines öffentlichen Angriffs und der Tracht Prügel« handelt, die der faschistische Theaterkritiker Alain Laubreaux

Die letzte Metro

1941 wegen seiner schändlichen Artikel über Jean Cocteau von Jean Marais bezog. Truffaut treibt die historische Genauigkeit bis in die Namensgebung: Daxiat war das Pseudonym, unter dem (so Siclier) Laubreaux ein Stück über Stavisky veröffentlichte, und der Daxiat des Films ist Kritiker der Zeitung, für die auch sein historisches Vorbild schrieb: »Je suis partout«. Die Figur ist absolut ungewöhnlich für Truffaut, in dessen Filmen man sonst einen Schurken nicht findet, »das Böse pur und ohne Nachsicht behandelt von einem Regisseur, der nie zuvor einer solchen moralischen Mißbilligung erlaubt hat, eines seiner Geschöpfe zu besudeln«[19].

»Mit Daxiat habe ich immer ein Element der Bedrohung, das mir erlaubt, Theatergeschichten zu zeigen, ohne in das Dokumentarische zu verfallen«[20]: das Dokumentarische, das gleichviel der LETZTEN METRO beigegeben ist, direkt oder vermittelt, dient dem Film als Folie oder Fassade. DIE LETZTE METRO ist kein Film über die Okkupationszeit in Frankreich (wie etwa *Lacombe Lucien* von Louis Malle), sondern nur in diesen Rahmen eingespannt. Dabei wird durch die Duplizität der historischen Vernetzung am Anfang und Ende wieder (wie in LIEBE AUF DER FLUCHT) die Stilfigur des Rondo deutlich, der Truffaut folgt und die ihm die Sicherheiten gibt, auf denen er seine Erzählweise abstützen kann. Das Rondo aber führt nirgendwo anders hin als auf sich selbst zurück; es ist

Die letzte Metro

Die letzte Metro

eine klaustrophobische Figur – für einen genuin klaustrophischen Film.

Alles ist eng in ihm, die interne Intrige, die durch die Ereignisse in der Außenwelt zwar in Gang gesetzt sein mag, von ihnen aber nicht entscheidend beeinflußt wird, ebenso wie die Topographie des Dekors. Türen, Treppen, Winkel, schmale Durchgänge, enge Räume sind das Ensemble, in dem die Kamera immer sehr dicht auf den Menschen und ihrer Umgebung steht. Close-ups herrschen vor, dazu Schwenks und Fahrten in einem Kontext, in dem eine fabulöse, die Bilder überlappende Tonmontage das Spiel der überraschenden Wechsel von On und Off geradezu makellos vorführt und den eingeengten Blick über das Ohr zu öffnen scheint. Das Spiel auf mehreren Ebenen, bei dem die klassische Gleichung vom Leben gleich Theater und Theater gleich Leben aufgemacht wird, in dem also das Theater zur Metapher wird für die Realität (die folgenlos ausgesperrte) –: das alles, mit der Könnerschaft eines Klassizisten des Kinos und seiner selbst exekutiert, hat der LETZTEN METRO, dem auch beim Publikum und international erfolgreichsten Film Truffauts, die gewiß nicht unverdienten Vergleiche mit Filmen von Jean Renoir eingetragen: *La carosse d'or, La bête humaine, La règle du jeu.* Und dennoch: am Ende ist in diesem Film alles aufgebraucht, und was er nicht aufgebraucht hat (die folgenlosen Szenen), das hat ihn nicht interessiert. Am Ende sieht sich Truffaut genötigt, sich selbst zu verdeutlichen, zu interpretieren. Wenn sich über der Wiederbegegnung der Liebenden plötzlich der Vorhang schließt und die Szene, die man für »Realität« halten wollte, sich als die Schlußszene einer neuen theatralischen Intrige von Lucas Steiner darstellt, dann wissen wir wieder, was DIE LETZTE METRO nicht müde wurde zu vermitteln: das Leben ist ein Theatercoup. Und?

Die Frau nebenan
La femme d'à coté. 1981

Bernard Coudray, Ausbilder für Kapitäne von Tankschiffen, lebt mit seiner Frau Arlette und Sohn in einem Landhaus in der Nähe von Grenoble. Es ist eine Idylle. Eines Tages wird das bislang leerstehende Haus schräg gegenüber bezogen. Die neuen Nachbarn sind Philippe Bauchard, Fluglotse in Grenoble, und seine Frau Mathilde, die mit Bernard vor acht Jahren eine wilde und für sie fast tödliche Liebesbeziehung hatte, wovon weder Philippe noch Arlette etwas wissen. Bernard und Mathilde treffen sich erst zufällig und dann heimlich allein und beginnen mit ihrer Leidenschaft noch einmal von vorn. Doch wiederum halten sie die Heftigkeit ihrer Liebe nicht aus, die sie bald nicht mehr vor den Ehepartnern und der Öffentlichkeit verbergen können. Mathilde hat einen Zusammenbruch und kommt in die Klinik, wo ihre Krankheit als neurotische Depression diagnostiziert wird. Philippe, der sich nicht zu helfen weiß, bittet schließlich Bernard um einen Krankenbesuch. Die Bauchards ziehen um, Mathilde wird aus der Klinik entlassen, Arlette ist schwanger und strickt Babysachen. In der Nacht hört Bernard Geräusche im wieder leerstehenden Nachbarhaus; er geht ihnen nach und trifft auf Mathilde. Sie fallen übereinander her und lieben sich auf dem Fußboden. Dann erschießt Mathilde Bernard und sich selbst.

Erzählt wird diese Geschichte nicht nur durch Aktion, Umge-

bung, Dialog und Bewegung der Protagonisten; erzählt wird
sie auch ansatz- und stückweise direkt in die Kamera hinein
von Madame Jouve. Sie ist Managerin einer Tennisanlage, für
die sie auch das Clubhaus besorgt; und damit man sie nicht
selbst für eine Tennisspielerin halten möge, winkt sie die Kamera zurück, die mit der Vergrößerung des Bildfeldes von der
Großaufnahme des Gesichts zur Halbtotalen der auf einer
Bank sitzenden Madame Jouve ihr Gebrechen enthüllt: eine
Beinprothese. Bald wird man wissen, wie Madame Jouve in
diesen Zustand geraten ist, denn sie verheimlicht nichts: sie
hat einst einen Selbstmordversuch verübt, indem sie sich aus
dem 7. Stock in die Tiefe stürzte – aus enttäuschter, verletzter,
unmöglicher Liebe. Sie erzählt diese Geschichte Bernard, als
der sich schwertut, aus dem Clubhaus nach Hause zu gehen,
weil er den Bauchards nicht begegnen will, die von der (noch)
nichtsahnenden Arlette eingeladen worden sind, wie das unter
Nachbarn üblich ist. In diesem Augenblick, der sich freilich
mit Anstand und nach den Regeln des bürgerlichen Umgangs
nicht wiederholen läßt, verhält sich Bernard noch nach der
(späten) Lebensweisheit der (hier noch ahnungslosen) Madame Jouve: als ein Telegramm für sie kommt, reist sie überstürzt ab, und der Mann, der dem Telegramm folgt (ihr früherer Liebhaber), trifft sie nicht an.

Die Geschichte der Madame Jouve ist der Geschichte von
Bernard und Mathilde integriert. Die leidgeprüfte, erfahrene,
lebenskluge Frau ist nicht irgendeine unbeteiligte Erzählerin.
Sie weiß, wovon sie spricht, wenn sie von der Leidenschaft
spricht; wenn sie am Anfang des Films, der das Ende ist: ein
Krankenwagen steht vor dem ehemaligen Haus der Bauchards, das Ende andeutet; wenn sie am Ende wieder als Erzählerin auftaucht, während eine Flugaufnahme zeigt, wie ein
Polizeiauto mit Blaulicht und Sirene durch das Dorf an dessen
Ende fährt, wo sich – man erfaßt diese vollständige Topografie
jetzt zum erstenmal – die Häuser der Bauchards und Coudrays
befinden. Madame Jouve hat das Schlußwort: wenn sie zu
entscheiden hätte, kämen Mathilde und Bernard in ein gemeinsames Grab, und auf dem Grabstein stünde »Ni avec toi,
ni sans toi«[21]. Obwohl sie im Film selbst oft genug als mitwir-
kende und beispielgebende Figur erscheint, wird ein besonderes, wenn auch beiläufiges optisches Mittel eingesetzt, um Madame Jouve in ihrer Funktion als Erzählerin in den Film einzu-

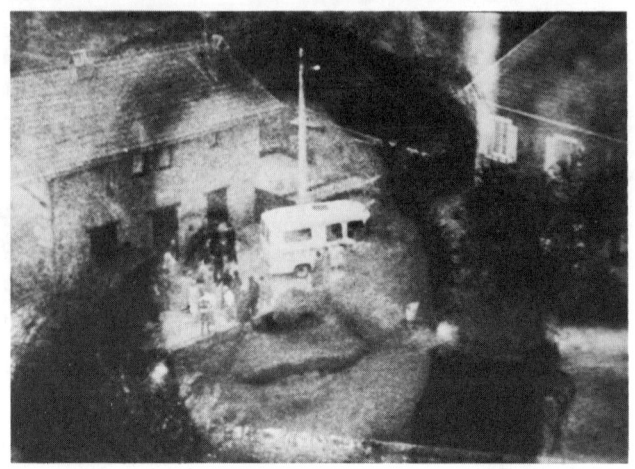

Die Frau nebenan

binden: es ist die Doppelbelichtung oder lange Überblendung.
Sie ist ähnlich eingesetzt wie am Anfang des GRÜNEN ZIM-
MERS, wo die optische Vereinigung des Gesichts von Julien
Davenne mit den Schlachtfeldern des Krieges einen unauflös-
lichen Zusammenhang herstellt. Er ist auch hier beabsichtigt,
wo Madame Jouve »nicht die Wahrscheinlichkeit, sondern die
Wahrheit dieses amour fou garantiert«[22] – und enthüllt eine
typische, möglicherweise entscheidende Schwäche des Films,
der, bei aller Nähe, eben nicht der Film von Madame Jouve ist,
wie DAS GRÜNE ZIMMER der Film von Julien Davenne
war.

DIE FRAU NEBENAN braucht, um als Film zu funktionieren, Madame Jouve weder als Erzählerin noch als Gegenfigur,
die aus Erfahrung klug geworden ist und vor der Konfronta-
tion mit dem Nicht-Lebbaren flieht und damit einer Haltung
nahekommt, die man das Doinel-Syndrom Truffauts nennen
möchte: Liebe ist nur lebbar als Liebe auf der Flucht. Die
Gegenwelt zur tödlichen Leidenschaft, die Mathilde und Bernard bindet, ist anwesend im Alltag der bürgerlichen Liebe, zu
der die Filme, die sie sehen, und die Schlagertexte, die Mathilde liebt (»weil sie die Wahrheit sagen; je dümmer sie sind,
desto wahrer sind sie«), in Opposition stehen. Daß ihr utopi-

scher Kern zugleich Fiktion ist, aus der sich die Illusionen nähren, daß Filme (Bernard hat einen gesehen, in dem ein Mann, dessen Geliebte seine Berührungen nicht ertrug, sich die Arme abhacken ließ) und Schlager nicht vom Leben abgeleitet sind, sondern Verführungen zum Leben –: das dialektisch zu debattieren, wird von Truffaut versäumt, weil ihm Madame Jouve das Argumentieren erspart, da sie ja offenbar eine (zur Nachahmung empfohlene) Möglichkeit gefunden hat, dem Unausweichlichen auszuweichen.

Auch ihre Funktion als Erzählerin gibt dem Film eine falsche Richtung durch einen falschen Anschein. Truffaut, der längst auch die einst heftig befehdete Methode tradierter Erzählweisen und des »psychologischen Realismus«[23] bis zur LETZTEN METRO nicht nur beherrscht, sondern auch benutzt und benötigt, kehrt nur scheinbar zurück zu den Brechungen des Erzählten durch eine zweite Perspektive, die ein in die Ereignisse eingelassener Erzähler auf die Ereignisse hat, genauer, kenntnisreicher, authentischer als der Autor selbst. Doch die Brechung bewirkt nicht mehr die Irritation aller möglichen Perspektiven, sondern dient ausschließlich zur Affirmation, was umso fadenscheiniger ist, als der Film kaum einmal die Perspektive der Erzählerin einhält. Durch das Scenario ausgestattet mit einer eigenen eindrucksvollen Geschichte, mit Glaubwürdigkeit, ja Zuständigkeit, wird Madame Jouve selbst zum Teil des »psychologischen Realismus«. Indem diese Kunstfigur die Sicherheit des Erzählens, die hier noch einmal oder wieder vorgegeben wird, unterstützen soll, bestätigt sie nur die Fragwürdigkeit ungebrochener Erzählweisen und erscheint als die Inkarnation erzählerischer Redundanz.

Dabei enthält DIE FRAU NEBENAN durchaus Ansätze zu einem kritischen, dialektischen Umgang mit der Problematik des Erzählens, der arroganten Selbstsicherheit, die »naives« Erzählen voraussetzt, und der Perspektive. Mathilde, die den ersten Liebesversuch mit Bernard acht Jahre zuvor mit einem Selbstmordversuch (sie schnitt sich die Pulsadern auf) katastrophal beendete, sagt ihm jetzt, er habe sie seinerzeit zumal erschreckt mit dem Satz, Liebesgeschichten müßten einen Anfang, eine Mitte und ein Ende haben. Genau das ist das Muster, dem der Film DIE FRAU NEBENAN wie Dutzende andere Liebesfilme oder -romane folgt, nicht weil es das strukturelle Muster der Liebe, sondern von Liebes*geschichten*, weil

Die Frau nebenan

es der Bauplan eines Films über die Liebe ist, der entweder in der Katastrophe zu münden hat oder ins Happy-End, das womöglich noch katastrophaler ist: weil es allein den Punkt bezeichnet, hinter dem alles nur wieder schlimmer werden kann. Der »psychologische Realismus« und das Genre insgesamt lassen keine andere Wahl, das traditionelle Kino, das sich an die Stelle des Lebens setzt, das »Cinéma de qualité«, das sich mit einigen modernen Relativierungen und Reflexionen schmückt, ohne ihnen zu erlauben, dem Vorschein unter die Haut zu gehen und ihn aufzubrechen. Truffaut ist zweifellos zum führenden aktuellen Vertreter dieses Kinos geworden.

Das bedeutet gewiß auch, daß sein Film mit den erforderlichen Qualitäten nicht geizt, was das dramatische Gefüge, was die filmsprachliche Umsetzung angeht. Auf der optischen Ebene ist DIE FRAU NEBENAN sogar teilweise zu lesen als Essay über die Schwierigkeiten der Kommunikation, die sich technischer Mittel bedienen muß und dann doch nicht zustande kommt, wenn zum Beispiel Bernard und Mathilde, von Nachbarhaus zu Nachbarhaus, miteinander telefonieren wollen und auf eine besetzte Leitung treffen und irritiert sind und nicht ahnen, daß sie beide es sind, die sich gegenseitig blockieren. Solch indirektes Bedeuten kann allerdings auch der Prüderie

Die Frau nebenan

Vorschub leisten. Denn als Ironie, die dem Film so fremd ist wie Truffaut überhaupt, ist eine Schnittfolge nicht zu verstehen, die im Stundenhotel elliptisch eine Beischlafszene der Liebenden eskamotiert. Man sieht sie beide das Zimmer betreten, aber die Kamera geht (vorerst) nicht mit ihnen, sondern beobachtet auf dem Flur ausdauernd ein Zimmermädchen, das schmutzige Wäsche wegräumt; und wenn die Kamera dann ins Zimmer springt, liegen Schuhe, Strümpfe, einige Wäschestücke auf dem Fußboden, und Mathilde sitzt keineswegs nackt, aber eindeutig leicht bekleidet auf dem zerwühlten Bett.

Andererseits kann die Kamera geradezu voyeuristische Perspektiven einnehmen, die Kameramann William Lubtchansky kaum von Rivette, Bresson oder Godard, für die er früher arbeitete, mitgebracht haben kann; es sind voyeuristische Perspektiven, die immerhin sogleich wieder aufgehoben werden, indem sich ihr Blick als der Blick einer der handelnden Personen und ihres Engagements erweist: Bernard beobachtet Mathildes Haus, Mathilde beobachtet den beobachtenden Bernard. Anderes vermittelt sich über Fotografien. Philippe ent-

deckt auf einem alten Foto aus dem Besitz Mathildes mit Hilfe
einer Lupe nicht nur Bernard in einem Gruppenbild mit Mathilde, was, da er eine andere Frau im Arm hält, noch halbwegs unverfänglich wäre, sondern den verräterischen Blick
Mathildes auf Bernard. Das Foto, seine Erforschung durch
Vergrößerung, die Entdeckung einer bedeutenden Blickrich-
tung –: das alles mag an Antonionis *Blow Up* erinnern, den
der Kinogänger Truffaut hier ebenso zu zitieren scheint wie
mit dem Geräusch der aufschlagenden Tennisbälle im Off.
Mathilde zerschneidet, als könne sie dadurch ihre mörderische
Beziehung lösen, mit der Schere Fotos aus der ersten Zeit mit
Bernard und verbrennt sie dann. Weitere Topoi der Kommunikation sind Treppen und Spiegel, die zugleich die Beengtheit
bürgerlicher Räume und Verhältnisse signalisieren, in denen
für die Größe und Wucht der Leidenschaft kein Platz ist: umso
heftiger müßte sie ausbrechen und alle Grenzen sprengen.
Spiegelungen sind so raffiniert arrangiert, daß auf Anhieb
nicht zu erkennen ist, was Konfiguration ersten und was das
Ensemble zweiten Grades, was Bild und was Abbild ist. Dabei
ist es gewiß kein Zufall, daß ausgerechnet Mathilde und Bernard, jeweils mit ihren Ehepartnern Philippe und Arlette, in
diesen Spiegelbild-Bildern nicht verdoppelt, sondern als Einzelne erscheinen, so als gehörten sie zusammen in ein anderes
Bild.

Die Kunstfertigkeit all dieser Zurichtungen ist ebenso unübersehbar wie lähmend. Sie läßt so recht nicht an die Glut der
alles verzehrenden Leidenschaft glauben, mindestens nicht an
die Überzeugung des Regisseurs für diese Passion. Es gibt nur
zwei, knapp drei Szenen des Films, die das Ungewöhnliche
wagen und wenigstens die Richtung andeuten, in der aus der
FRAU NEBENAN ein Film von der Qualität der Melodra-
men von Luis Buñuel *(El, Abismos de pasión)* hätte werden
können. Als sich Bernard und Mathilde in der Tiefgarage des
Supermarkts zum erstenmal wieder küssen, sinkt Mathilde
ohnmächtig zu Boden. Oder: nach der ersten Begegnung im
Stundenhotel treffen sich die Ehepaare bei den Bauchards
zum Essen; es ist die Gegeneinladung, denn das bürgerliche
Leben muß weitergehen und ist mit seiner Verpflichtung zur
Normalität womöglich erst der Ursprung explosionsartiger

Die Frau nebenan

Ausbrüche der Leidenschaft. Als sie zusammen in die Küche zum Kaffeeholen gehen, lehnt Mathilde den Vorschlag Bernards ab, sich wieder mit ihm im Hotel zu treffen; dann geht sie zusammen mit Arlette ins Schlafzimmer, um ein neues Kleid anzuziehen, das Philippe ihr geschenkt hat und das sie für »gewagt« hält: sie bewegt sich in dem Kleid in einer bei ihr völlig ungewohnten Geilheit – und sagt zu Bernard, wieder mit ihm in der Küche, daß sie sich mit ihm treffen wolle. In dieser einzigen Szene des Films ist etwas von der meist uneingestandenen stimulierenden Faszination virulent, die das Bewußtsein der Heimlichkeit und des Betrugs auf offener und doch verdeckter Szene auszulösen vermag. Die Körperlichkeit der Szene findet ihre Entsprechung im Höhepunkt des amour fou, wenn Bernard jede Kontrolle über sich verliert. Bei einer Gartenparty mit vielen Freunden im Hause Bauchard flirtet Mathilde, die ein Buch illustriert hat, mit ihrem schwulen Verleger. Philippe teilt mit, daß er mit Mathilde auf die bisher versäumte Hochzeitsreise gehen werde. Beim Aufstehen von einem Gartenstuhl reißt Mathildes Kleid. Sie posiert vor einer Fotografin, um die Peinlichkeit zu überbrücken. Als sie ins Haus geht, um sich ein neues Kleid anzuziehen, folgt ihr Bernard, obwohl Mathilde von einer Freundin begleitet wird. Sie will ihn, was die Vernunft gebietet, zurückweisen. Da tobt er

los, will, daß sie die Reise mit Philippe verschiebe, prügelt sie, jagt sie vor den Augen aller durch Haus und Garten und kann nur mit Gewalt von ihr getrennt werden.

Nur diese Szene, die in ihrer vollendeten Rücksichtslosigkeit keine Peinlichkeit ausläßt und sie nicht mehr kennt, enthält die Kraft, die dem Film insgesamt fehlt. Denn was auf sie folgt, sind, wie beim Klinikaufenthalt Mathildes und einem langen Monolog des behandelnden Psychotherapeuten, Erklärungsversuche, ist Appeasement-Dramaturgie. Truffaut konfrontiert nicht mit dem Unaufklärbaren, dem Geheimnis, dem tiefen Schrecken. Er liebt, wie schon Urs Jenny angemerkt hat[24], seine Figuren zu sehr, als daß er nicht versuchen würde, sie und ihre Handlungen zu rechtfertigen. Daß die Leidenschaft ihr eigenes Recht hat und keiner Rechtfertigung bedarf, ja an der Erläuterung und Vermittlung zuschanden wird, ist eine Dimension, die seinem Verständnis von Humanität verschlossen bleibt.

Auf Liebe und Tod
Vivement dimanche! 1982/83

Julien Vercel (Jean-Louis Trintignant), ein Immobilienhändler, gerät in Verdacht, Jacques Massoulier, den Geliebten seiner Frau Marie-Christine (Caroline Sihol), und später auch seine Frau ermordet zu haben. Seine Sekretärin Barbara Bekker (Fanny Ardant), die von Julien schon wegen Unfreundlichkeiten seiner Frau gegenüber entlassen worden ist, versteckt ihn vor der Polizei im Keller seines Büros. Von dort aus kann Julien die Beine der am Kellerfenster vorbeigehenden Frauen beobachten, während Barbara die Nachforschungen aufnimmt. In deren Verlauf werden eine Kinokassiererin (Anik Belaubre) und der Manager eines als Nachtlokal getarnten Bordells, Louison (Jean-Louis Richard), getötet. Schließlich gelingt es Barbara durch eine Intrige, die sie mit Lablache (Georges Koulouris), einem Detektiv alter Schule, und dem stets ahnungslosen Kommissar Santelli (Philippe Morier-Genoud) eingefädelt hat, den wirklichen Mörder, Maître Clément (Philippe Laudenbach), zu stellen. Barbara und Julien werden getraut von dem Bruder des ersten Toten der Serie, dem Priester Claude Massoulier (Jean-Pierre Kalfon), den Barbara während ihrer Recherchen mit einer eisernen Nachbildung des Eiffelturms niedergeschlagen hatte. Bertrand Fabre (Xavier Saint Macary), Pressefotograf und Barbaras früherer Mann, mit dem sie nur noch in einer Amateurtheatertruppe spielt, läßt sein Objektiv fallen und traut sich nicht, es wieder aufzuheben: die Chormädchen in ihren weißen Wollstrümpfen und schwarzen Schuhen spielen damit in der Kirche Fußball.

Truffaut bleibt seinen Obsessionen, seinen Fetischismen und vor allem dem lange eingeübten Wechsel der Sujets und Genres seiner Filme treu. Wie auf SIE KÜSSTEN UND SIE SCHLUGEN IHN, dem autobiografisch geprägten Drama der Kindheit, der Kriminalfilm SCHIESSEN SIE AUF DEN PIANISTEN folgte, wie später auf die Komplikationen der ZWEI MÄDCHEN AUS WALES die Kriminalgroteske EIN SCHÖNES MÄDCHEN WIE ICH, auf die amour-fou-GESCHICHTE DER ADELE H. bald die Tragikomödie vom MANN, DER DIE FRAUEN LIEBTE, auf das nekrophil ausgeleuchtete Kerzendrama DAS GRÜNE ZIMMER die buntschillernde Ehekomödie LIEBE AUF DER FLUCHT, so stellt er sein inneres Gleichgewicht, wie es scheint, und das Gleichgewicht des Erfolgs[25], nach dem völlig humorfernen Melodram von der FRAU NEBENAN mit einem Film wieder her, der Krimi und Komödie, die ungebrochene Liebe zum amerikanischen B-Picture und die unverwüstliche Neigung zum Boulevard miteinander vereinigt: Hitchcock und Labiche.
Wie dicht hier alles beieinanderliegt und ineinandergreift, zwischen zwei Atemzügen, zeigt schon die Entstehungsgeschichte von AUF LIEBE UND TOD. Der Film ist nicht nur eine Reaktion auf den vorhergehenden, er wurde vielmehr aus der FRAU NEBENAN geboren. Bei der Besichtigung von Mustern, berichtet Truffaut, »gab es eine Szene vom Ende des Films, wo Fanny Ardant im Trenchcoat um das Haus von Depardieu schleicht; einige Leute vom Team meinten: ›Das ist toll, Fanny sieht jetzt sehr nach der Schwarzen Serie aus.‹ Aus diesen Überlegungen ist der Film entstanden.«[26] Er war von vornherein als Film für Fanny Ardant gedacht, die Truffaut nach einer Fernsehrolle der Ardant bei Nina Companeez *(Les dames de la côte)* als DIE FRAU NEBENAN für das Kino

Auf Liebe und Tod

entdeckt hatte: »Man glaubt, sie ist Italienerin, oder man sucht in der Richtung Katharine Hepburn; man kann sie mit keiner französischen Schauspielerin aus jüngster Zeit vergleichen, oder man muß schon weit zurückgehen, vielleicht zu Maria Casarès.«[27] Ähnlich hatte sich Truffaut für Catherine Deneuve (DAS GEHEIMNIS DER FALSCHEN BRAUT und später DIE LETZTE METRO) entschieden, für Isabelle Adjani (DIE GESCHICHTE DER ADELE H.), für Bernadette Lafont (EIN SCHÖNES MÄDCHEN WIE ICH), immer wieder für Jean-Pierre Léaud oder auch für Charles Denner, für den ihm DER MANN, DER DIE FRAUEN LIEBTE (1976/77) schon einfiel, als er ihn in der Nebenrolle des geilen Malers Fergus in DIE BRAUT TRUG SCHWARZ (1967) von Jeanne Moreau ermorden ließ – und bei diesem Film war er sicher, »daß man Lust haben würde, Jeanne Moreau fünf Männer töten zu sehen«[28].

So hat sich Truffaut gewiß schon früh als ein Regisseur erwiesen, dessen erzählerische Phantasie sich an Schauspielern, ihrer Aura und seiner Vorstellung von ihnen entwickelt. Aber was bei früheren Filmen ein glücklicher Aspekt unter vielen anderen war, nimmt jetzt eine alles beherrschende Position ein, von der alle anderen Entscheidungen abhängen. Für AUF

LIEBE UND TOD läßt sich eine durchaus schematische Reihung von sich kumulierenden Konsequenzen aufstellen: Fanny Ardant – Schwarze Serie; Schwarze Serie – ein amerikanischer Krimi als Vorlage und ein Film in Schwarzweiß[29]; ein Film in Schwarzweiß – ein Film, der zu Dreivierteln während der Nacht und im Regen spielt undsoweiter. Mit der Entscheidung, eine Frau zum Motor eines Films zu machen – eine seit JULES UND JIM, DIE BRAUT TRUG SCHWARZ bis zur LETZTEN METRO deutlich zunehmende Neigung Truffauts –, unterstreicht er seine Auffassung, daß in seinen Filmen, »wie im Leben, die Frauen oft ein wenig stärker sind als die Männer«[30] und erinnert er an seine frühen Einsichten als Kritiker: »Der Film ist eine Frauen-, das heißt Schauspielerinnenkunst. Die Arbeit des Regisseurs besteht darin, hübsche Frauen hübsche Dinge machen zu lassen.«[31] Man kann sich Truffaut als Western-Regisseur nicht vorstellen. Zu den hübschen Dingen, die er Fanny Ardant machen läßt, gehört, daß sie, der Passion Juliens gewahr, den Frauen nach den Beinen zu sehen, vor seinem Kellerfenster hin- und hergeht, und gehört die Verführung ihres Arbeitgebers. Zweimal schützt sie ihn – vor der Entdeckung durch die Polizei beziehungsweise davor, daß er sich in die Obhut seines An-

Auf Liebe und Tod

walts Maître Clément begibt, den sie schon verdächtigt –, indem sie ihn küßt. Das zweitemal ist selbst für Jean-Louis Trintignant einmal zuviel, den homme fragile, mit dem Truffaut schon seit zwanzig Jahren einen Film machen wollte und nun zum erstenmal drehte. Der Film blendet ab, und Truffaut bleibt der konservative Moralist, der er immer gewesen ist.

Die Entscheidung für einen Plot war nach der Entscheidung für die Ardant nicht mehr frei. Als Kenner der amerikanischen Krimi-Literatur wußte Truffaut, daß er ihn nur bei Charles Williams finden konnte, bei dem häufig Frauen dominieren. *The Long Saturday Night* stellte die filmische Adaption allerdings vor erhebliche Probleme, weil sich die Handlung vorzugsweise statisch und über technische Kommunikationsmittel (Telefon, Telex) entfaltet, was die Drehbuchautoren zwang, zusätzliche Ereignisse zu erfinden, um zum Beispiel auch langwierige Verhörszenen durch beiläufige Ereignisse (einem explodierenden Wasserhahn) aufzulockern, die zu weiter nichts führen (als dazu, daß der Kommissar sehr naß wird, was ihn aber nicht zu stören scheint). Der Film ist sichtbar um Tempo bemüht, das er durch schnellen Wechsel von Parallelhandlungen gewinnt und durch überlappende Dialoge. Er führt bewußt in die Irre und bedient sich des Tempos auch, um Unwahrscheinlichkeiten zu verdecken – mit voller Absicht: »Der Film ist sehr schnell. Man hat nicht die Zeit, ihn zu analysieren.«[32]

Truffaut hatte von Anfang an keinen anderen Ehrgeiz, als einen »bon film du samedi soir«[33] zu machen: gute, gediegene Unterhaltung. Allerdings in Schwarzweiß, das auch, nach langer Zeit wieder, beim coproduzierenden Fernsehen durchgesetzt werden konnte, für Truffaut eine Selbstverständlichkeit im Genre, das anders seine Geheimnisse nicht wahren kann, und eine »autocritique«[34] gegen seine Schwäche, wie er sagt, DIE BRAUT TRUG SCHWARZ in Farbe gedreht zu haben. Im übrigen ist dieser leichtgewichtige Unterhaltungsfilm eine Anthologie von Zitaten von Hitchcock bis Truffaut, von *Stage Fright* (Die rote Lola. 1950) über *North By Northwest* (Der unsichtbare Dritte. 1959) zum MANN, DER DIE FRAUEN LIEBTE und wie Julien Vercel in Voyeursstarre fiel, wenn er Frauenbeine sah, oder zur LETZTEN METRO, wo ebenfalls ein Mann, Lucas Steiner, im Keller verborgen lebt, während eine Frau ihn schützt. Barbara heißt nicht zufällig Becker, der mörderische Anwalt nicht ohne Vorbedacht Clément. Und

Auf Liebe und Tod

noch das Theaterstück, das die Amateurtruppe probt, fügt sich in den Kontext. Es ist die *Rigoletto*-Vorlage *Le roi s'amuse* von Victor Hugo. Barbara Becker spielt – bis sie noch rechtzeitig wegen vieler versäumter Proben durch eine andere ersetzt wird – Blanche, die Tochter des Narren, die sich an Stelle ihres Geliebten töten läßt. Auch das ist sicher eine der hübschen Sachen, die man hübsche Frauen machen lassen kann: für die Männer.

1 Jean Collet: Le cinéma de François Truffaut. Paris 1977. S. 254
2 Jean Collet, a. a. O., S. 301
3 Adeline R. Tinter (in: Literature/Film Quarterly, Vol. VIII, 1980, No. 2), die sich ausführlich mit dieser Frage beschäftigt, nennt *The Beast of the Jungle, The Friend of the Friends* und *Rose-Agathe.*
4 nach Jean Mambrino, in: Vorwort zum Textbuch LA CHAMBRE VERTE, L'Avant-Scène Cinéma, N. 215, 1. November 1978, S. 5
5 s. Interview 2, S. 89
6 so auch Michel Grisolia, in: Le Nouvel Observateur; zit. nach L'Avant-Scène Cinéma, a. a. O., S. 50
7 zit. nach L'Avant-Scène Cinéma, a. a. O., S. 7. – Es gibt eine noch exaktere Zeitangabe. Vor dem Hôtel des Ventes, dem Auktionshaus, in dem die Klavierlehrerin Cécilia als Gehilfin ein Zubrot verdient und die Hinterlassenschaften der Familie Vallance versteigert werden sollen, zeigt ein Plakat den Versteigerungstermin: Donnerstag den 27. und Freitag den 28. September 1929.

8 Adeline R. Tinter, a.a.O., S. 80

9 Die Aufzählung folgt der Aufschreibung von Claude Beylie, der eine Kopie des Films – mit Unterstützung von Suzanne Schiffman und Charles Vons – auf dem Schneidetisch sah und Einstellung für Einstellung notierte: L'Avant-Scène Cinéma, a.a.O., S. 41, Fußnote 31.

10 Interview Anne Gillain, in: Wide Angle (Athens, Ohio), Vol. 4, Nr. 4, 1981, S. 36

11 zit. nach Textbuch zu L'AMOUR EN FUITE, L'Avant-Scène Cinéma, Nr. 254, 15. Oktober 1980, S. 9

12 Interview Gillain, a.a.O., S. 37

13 Die Auflistung folgt dem Textbuch, L'Avant-Scène Cinéma, a.a.O.

14 Jacques Fieschi, in: Cinématographe, Nr. 61, Oktober 1980, S. 53

15 zit. nach Filmtext zu DIE LETZTE METRO, Schriftenreihe Truffaut Band 3, hrsg. von Robert Fischer. München 1982. S. 160

16 Filmtext, a.a.O., S. 134

17 Filmtext, a.a.O., S. 26

18 in: Le Monde, 18. September 1980. – s. a. Fieschi, a.a.O., S. 52, und Yann Lardeau, in: Cahiers du Cinéma, Nr. 316, Oktober 1980, S. 19

19 Julian Jebb, in: Sight and Sound, Vol. 50, Nr. 3, Sommer 1981

20 Interview 2, S. 89

21 Weder mit dir noch ohne dich

22 Marcel Martin, in: La Revue du Cinéma/Image et Son, Nr. 366, November 1981, S. 33

23 s. Truffauts Aufsatz »Une certaine tendance du cinéma français« in: Cahiers du Cinéma, Nr. 31, Januar 1954; deutsch in: Theodor Kotulla (Hrsg.): Der Film. Manifeste, Gespräche, Dokumente. Band 2. München 1964. S. 116–131

24 in: Der Spiegel, 7. Juni 1982, S. 196

25 Schon in der ersten Woche nach der Premiere vom 10. August 1983 verzeichnete VIVEMENT DIMANCHE! allein in den pariser Kinos 108 000 Besucher.

26 Interview François Guérif, in: Pilote, August 1983, S. 51. – Ähnlich äußerte sich Truffaut auch schon im Interview Dominique Maillet, in: Première, Februar 1983, S. 70

27 Interview Maillet, a.a.O., S. 95

28 Interview Paul Ceuzin und Gilles Costaz, in: Le Matin vom 8. April 1983, S. 18

29 Als Begleitprogramm zur Premiere seines Films hatte Truffaut in der Cinémathèque Française vom 3. bis 16. August 1983 eine Retrospektive von zwölf französischen und amerikanischen Thrillern aus den Jahren 1948 bis 1962 und nach Vorlagen aus der Schwarzen Serie organisiert; ihr Titel: Série noire en noir et blanc. (nach Norbert Multeau, in: Valeurs actuelles vom 15. August 1983)

30 Interview Guérif, a.a.O., S. 52

31 François Truffaut: Die Filme meines Lebens. Aufsätze und Kritiken. München: Carl Hanser 1976, S. 117 (über *Bonjour Tristesse* von Otto Preminger)

32 Interview Paul Ceuzin und Gilles Costaz, a.a.O., S. 18

33 Norbert Multeau, a.a.O.; Interview Dominique Maillet, a.a.O., S. 68

34 Interview Jean-Paul Enthoven und Jean-François Josselin, in: Le Nouvel Observateur vom 5. August 1983, S. 60

Daten

Von Hans Helmut Prinzler

Biografie

François Truffaut
geboren am 6. Februar 1932 in Paris.
Vater: Roland Truffaut. Technischer Zeichner.
Mutter: Janine de Montferrand. Sekretärin.
Volksschule, kurze Zeit (1944) auf dem Lycée Rollin, dann auf verschiedenen Schulen, die Truffaut zeitweise zusammen mit seinem Freund Robert Lachenay besuchte. Mit 14 Jahren verließ er die Schule und versuchte – gegen den Willen seiner Eltern –, seinen Lebensunterhalt mit Gelegenheitsarbeiten zu finanzieren. Das wichtigste waren für ihn Kinobesuche. Nach einem kurzen Aufenthalt in einem Erziehungsheim begegnete er André Bazin, dem führenden Kopf der französischen Filmkritik und Mitherausgeber der Zeitschrift *Cahiers du Cinéma.* Bazin animierte ihn, Filmvorführungen für Arbeiter zu organisieren (»Travail et Culture«). In der *Cinémathèque Française* lernte Truffaut Alain Resnais und Chris Marker kennen, auch Godard, Rivette und Rohmer. 1951 meldete er sich zum Militärdienst, zeitweise war er in Koblenz stationiert; Ende 1952 wurde er »in Unehren« entlassen. Bazin verschaffte ihm dann eine Stelle in der Filmabteilung des Landwirtschaftsministeriums. Im März 1953 erschien Truffauts erste Arbeit in den *Cahiers du Cinéma:* eine Kritik des amerikanischen Films *Sudden Fear.* Bis 1958 arbeitete Truffaut vorwiegend als Filmkritiker, für *Cahiers du Cinéma,* die Wochenzeitschrift *Arts* und gelegentlich für die Zeitschriften *Cinémonde* und *Elle.* Zusammen mit Bazin, Rivette, Chabrol und Doniol-Valcroze realisierte Truffaut in jenen Jahren ein filmkritisches Programm, das gegen die bürgerliche »Tradition der Qualität« und den »psychologischen Realismus« des französischen Films gerichtet war. Proklamiert wurde das »Cinéma des auteurs«. Geschätzt wurden: Rossellini, Renoir, Bergman, Hitchcock, Welles, Bresson, Ophüls. Für Truffaut (wie für Chabrol, Godard, Rivette) ergab sich Ende der fünfziger Jahre der Übergang zur Herstellung eigener Filme.
Bereits 1955 hatte Truffaut zusammen mit Rivette und Resnais in der

Wohnung von Doniol-Valcroze einen kurzen 16-mm-Film gedreht (UNE VISITE). 1956 assistierte er Roberto Rossellini bei der Vorbereitung von drei Projekten, die dann aber nicht realisiert wurden. 1957 gründete er die Firma *Les Films du Carrosse,* die fast alle Truffaut-Filme produziert hat. Sein erster langer Spielfilm, SIE KÜSSTEN UND SIE SCHLUGEN IHN (LES 400 COUPS), wurde im Mai 1959 während des Filmfestivals in Cannes uraufgeführt: Truffaut, dem 1958 wegen seiner kritischen Festivalberichterstattung die Akkreditierung in Cannes verweigert worden war, erhielt den Großen Preis als bester Regisseur. 1968 engagierte er sich zusammen mit anderen Regisseuren für den damals abgesetzten Leiter der Cinémathèque Française, Henri Langlois, und beteiligte sich an den Auseinandersetzungen um das Festival von Cannes. Kontinuierlich drehte er damals pro Jahr einen Film. Mit der AMERIKANISCHEN NACHT (LA NUIT AMÉRICAINE), seinem 13. langen Film (1973), hatte Truffaut nach eigenen Aussagen eine Inszenierungsphase abgeschlossen. Für diesen Film erhielt er 1974 einen »Oscar« (bester ausländischer Film). Nach knapp zweijähriger Pause drehte er zwischen 1975 und 1982 acht weitere Filme, zuletzt AUF LIEBE UND TOD (VIVEMENT DIMANCHE!).

Truffaut schrieb die Drehbücher zu *Tire au flanc* (1961, zusammen mit Claude de Givray, der auch Regie führte) und zu *Mata Hari, Agent H 21* (1964, Co-Autor und Regisseur: Jean-Louis Richard). 1966 erschien sein 50-Stunden-Gespräch mit Alfred Hitchcock als Buch: *Le cinéma selon Hitchcock* (deutsch 1973: Mr. Hitchcock, wie haben Sie das gemacht?). Eine Sammlung ausgewählter Texte veröffentlichte Truffaut 1975: *Les films de ma vie* (deutsch 1976: Die Filme meines Lebens). Zu verschiedenen Büchern hat er Vorworte verfaßt. 1977 spielte er eine Hauptrolle in dem amerikanischen Film *Close Encounters of the Third Kind* unter der Regie von Steven Spielberg. 1979 wurde er zum Präsidenten des Internationalen Verbandes der Filmclubs berufen.

Truffaut war von 1957 bis 1964 mit Madeleine Morgenstern verheiratet. Aus dieser Ehe stammen die Töchter Laura und Eva. Ab 1981 lebte Truffaut mit der Schauspielerin Fanny Ardant zusammen. 1983 wurde ihre Tochter Joséphine geboren.

François Truffaut starb am 21. Oktober 1984 in Paris.

Filmografie

Die Filmografie enthält die einschlägigen Angaben zu Filmen, bei denen François Truffaut Regie geführt hat. Das waren drei Kurzfilme, eine Episode für einen Langfilm und 21 lange Spielfilme. – Für die Zusammenstellung der Angaben des künstlerischen Stabes, der Darsteller (einschließlich Rollen) und der Produktion wurden vorwiegend folgende Quellen benutzt: die Truffaut-Monografien von Dominique Fanne, C. G. Crisp und Don Allen; die Nummern 4, 7, 16, 48, 107, 121, 165, 215, 254 und 303–304 von l'Avant-Scène Cinéma; Unifrance-Informationen; die Filmprogramme Nr. 25, 32, 41, 42, 65, 74 und 95 des Verlags Uwe Wiedleroither (Redaktion: Robert Fischer); die Handbücher der Katholischen Filmkritik; der Verleihkatalog 1984/85 von Film-Echo/Filmwoche; Kopien der Filme. – Auskünfte und Hilfeleistung: Centre National de la Cinématographie (Paris), Les Films du Carrosse (Paris), ARD-Filmredaktion und Degeto (Frankfurt), FSK (Wiesbaden), Robert Fischer (München). Sehr hilfreich für Ergänzungen der Filmografie in der Neuauflage war: Eugene P. Walz: François Truffaut. A Guide to References and Resources. Boston: G. K. Hall 1982.

Abkürzungen: B = Buch, K = Kamera, K-F = Kameraführung, Sch = Schnitt, M = Musik, T = Ton, A = Ausstattung/Bauten, Ko = Kostüme, R-Ass = Regieassistent, D = Darsteller, P = Produktionsfirma, Pd = Produzent, Pl = Produktionsleiter, F = Format, OL = Länge der Originalfassung (dabei wurden die Auskünfte des CNC zugrunde gelegt und die mitgeteilten Meterlängen in Minuten umgerechnet/Projektorenlaufgeschwindigkeit: 24 Bilder pro Sekunde), DL = Länge der deutschen Fassung (Auskünfte der Verleiher bzw. der FSK, ebenfalls in Minuten umgerechnet), U = Uraufführung, DE = Erstaufführung in der Bundesrepublik (Kinostart), TV = Fernsehausstrahlungen in der Bundesrepublik, V = Verleih in der Bundesrepublik, soweit - laut Verleihkatalog - Kopien verfügbar sind.

1955 UNE VISITE. Ein Besuch. – B: François Truffaut. – K: Jacques Rivette. – Sch: Alain Resnais. – D: Laura Mauri (das junge Mädchen), Jean-José Richer (der Schwager), Francis Cognany (der junge Mann), Florence Doniol-Valcroze (das kleine Mädchen). – F: 16 mm / schwarzweiß / stumm. - OL: 19 min. - Gedreht in der Wohnung von Jacques Doniol-Valcroze. – Der Film galt lange als verloren; im Frühjahr 1982 wurde von Truffaut eine Kopie wiederentdeckt.

1957   LES MISTONS. Die Unverschämten. – B: François Truffaut (nach einer Kurzgeschichte von Maurice Pons). – K: Jean Malige. – Sch: Cécile Decugis. – M: Maurice Le Roux. – R-Ass: Claude de Givray. – D: Bernadette Lafont (Bernadette), Gérard Blain (Gérard) und die »Mistons«; Erzählerstimme: Michel François. – P: Les Films du Carrosse. – Pl: Robert Lachenay. – Gedreht im August und September 1957 in Nîmes und Umgebung. – F: 35 mm/schwarzweiß. – OL: 763 m = 28 min.; später von Truffaut auf 23 min., dann auf 17 min. gekürzt. – U: November 1957, Tours. – DE: Februar 1959, Oberhausen. – TV: 11. 7. 1964 (ARD)/19. 4. 1975 (BR III) / 9. 10. 1983 (ZDF). – V: –.

1958   UNE HISTOIRE D'EAU. Eine Geschichte vom Wasser. – R: François Truffaut, Jean-Luc Godard. – B: François Truffaut. – K: Michel Latouche. – Sch: Jean-Luc Godard. – T: Jacques Maumont. – D: Jean-Claude Brialy (Mann), Caroline Dim (Mädchen); Erzähler: Jean-Luc Godard. – P: Les Films de la Pléiade. – Pd: Pierre Braunberger. – Gedreht im Frühjahr 1958 in Paris und Umgebung. – F: 16 mm/ schwarzweiß. – OL: 237 m = 22 min. – U: 3. 3. 1961, Paris. – TV: 28. 7. 1968, 3. 1. 1971 (WDR III). – In der BRD nicht verliehen.

✗ 1958/59   LES 400 COUPS. Sie küßten und sie schlugen ihn. – B: François Truffaut, Marcel Moussy. – K: Henri Decae. – K-F: Jean Rabier. – Sch: Marie-Josèphe Yoyotte. – M: Jean Constantin. – T: Jean-Claude Marchetti. – A: Bernard Evein. – R-Ass: Philippe de Broca. – Mitarbeit: Robert Lachenay. – D: Jean-Pierre Léaud (Antoine Doinel), Albert Rémy (Julien Doinel, Antoines Stiefvater), Claire Maurier (Gilberte Doinel, Antoines Mutter), Patrick Auffay (René Bigey, Antoines Freund), Georges Flamant (Renés Vater), Yvonne Claudie (Renés Mutter), Robert Beauvais (Schuldirektor), Guy Decomble (Französischlehrer), Pierre Repp (Englischlehrer), Claude Mansard (Untersuchungsrichter), Henri Virlogeux (Nachtwächter), Richard Kanayan (Abbou), François Truffaut (Mann auf dem Rummelplatz), Gäste: Jeanne Moreau (junge Frau mit Hund), Jean-Claude Brialy (ihr Verfolger), Jacques Demy (Polizist). – P: Les Films du Carrosse / S.E.D.I.F., Paris. – Pl: Georges Charlot. – Gedreht 10. 11. 1958 bis 5. 1. 1959 in Paris und Honfleur. – F: 35 mm / Breitwand 1,66/schwarzweiß. – OL: 2643 m = 97 min. – DL: 2596 m = 95 min. – U: 18. 5. 1959, Monte Carlo (Paris: 3. 6. 1959). – DE: 20. 10. 1959. – TV: 7. 5. 1966, 23. 4. 1975 (BR III) / 16. 6. 1966, 14. 4. 1974 (ARD) / 23. 11. 1969 (WDR III) / 12. 4. 1978 (S 3)

228

/ 25.9. 1983 (ZDF). – V: atlas film + av, Duisburg (16 mm). – Der Film enthält im Vorspann eine Widmung für André Bazin (gestorben im November 1958). 1967 wurde von Truffaut eine neue, 101 Minuten lange Fassung des Films hergestellt.

1959/60   TIREZ SUR LE PIANISTE. Schießen Sie auf den Pianisten. – B: François Truffaut, Marcel Moussy (nach dem Roman *Down There* von David Goodis, New York 1956). – K: Raoul Coutard. – K-F: Claude Beausoleil. – Sch: Claudine Bouché, Cécile Decugis. – M: Georges Delerue; Chanson »Dialogues d'amoureux« von Félix Leclerc / Chanson »Framboise« von Bobby Lapointe. – T: Jacques Gallois. – A: Jacques Mély. – R-Ass: Francis Cognany, Robert Bober. – Script: Suzanne Schiffman. – Standfotos: Robert Lachenay. – D: Charles Aznavour (Charlie Koller / Edouard Saroyan), Marie Dubois (Léna), Nicole Berger (Thérésa), Albert Rémy (Chico Saroyan), Claude Mansard (Momo), Daniel Boulanger (Ernest), Richard Kanayan (Fido Saroyan), Serge Davri (Plyne), Jean-Jacques Aslanian (Richard Saroyan), Michèle Mercier (Clarisse), Alex Joffé (Mann auf der Straße), Bobby Lapointe (Sänger), Claude Heyman (Lars Schmeel), Catherine Lutz (Mammy). – P: Les Films de la Pléiade, Paris. – Pd: Pierre Braunberger. – Pl: Roger Fleytoux. – Gedreht 30. 11. 1959 bis 22. 1. 1960 (Nachaufnahmen im März 60) in Paris und in der Umgebung von Grenoble. – F: 35 mm / Dyaliscope / schwarzweiß. – OL: 2 249 m = 82 min. – DL: 2 147 m = 79 min. – U: 21. 10. 1960, London (Paris: 25. 11. 1960). – DE: 25. 11. 1960. – TV: 12. 11. 1966 (ARD) / 29. 12. 1969, 13. 2. 1976, 7. 10. 1977 (BR III) / 12. 6. 1970, 3. 6. 1981 (WDR III) / 30. 10. 1974, 11. 5. 1982 (S 3) / 21. 1. 1975, 7. 9. 1978, 14. 4. 1983 (NDR III) / 15. 10. 1975 (HR III). – V: –.

1961   JULES ET JIM. Jules und Jim. – B: François Truffaut, Jean Gruault (nach dem Roman von Henri-Pierre Roché, Paris 1953). – K: Raoul Coutard. – K-F: Claude Beausoleil. – Sch: Claudine Bouché. – M: Georges Delerue; Chanson »Le Tourbillon« von Bassiak (d. i. Serge Rezvani). – T: Temoin. – Ko: Fred Capel. – R-Ass: Georges Pellegrin, Robert Bober, Florence Malraux. – Script: Suzanne Schiffman. – D: Jeanne Moreau (Catherine), Oscar Werner (Jules), Henri Serre (Jim), Marie Dubois (Thérèse), Boris Bassiak (Albert), Vanna Urbino (Gilberte), Sabine Haudepin (Sabine), Bernard Largemains (Merlin), Kate Noelle (Birgitta), Anny Nelsen (Lucy), Christiane Wagner (Helga), Jean-Louis Richard (erster Gast im Café), Michel

Varesano (zweiter Gast im Café), Pierre Fabre (Betrunkener im Café), Elen Bober (Mathilde), Danielle Bassiak (Alberts Freundin), Dominique Lacarrière (Frau); Erzählerstimme: Michel Subor. – P: Les Films du Carrosse / S.E.D.I.F., Paris. – Pl: Marcel Berbert. – Gedreht 10. 4. bis 3. 6. 1961 in Paris und Umgebung, im Elsaß und St. Paul de Vence. – F: 35 mm / Franscope / schwarzweiß. – OL: 2 739 m = 100 min. (Auskunft des CNC und der Films du Carrosse. In französischen Filmografien werden 110 min. angegeben). – DL: 2 927 m = 107 min. – U: 23. 1. 1962, Paris. – DE: 23. 2. 1962. – TV: 29. 4. 1967, 6. 6. 1969 (WDR III) / 17. 5. 1967 (HR III) / 18. 11. 1967, 28. 10. 1975 (BR III) / 8. 5. 1974, 2. 10. 1978 (ARD) / 18. 2. 1976 (NDR III) / 22. 4. 1984 (ZDF). – V: Concorde, München (35 mm).

1961/62   ANTOINE ET COLETTE. Antoine und Colette. – Französische Episode in: L'amour à vingt ans (Liebe mit Zwanzig) von François Truffaut. Die anderen Episoden von: Renzo Rossellini, Marcel Ophüls, Andrzej Wajda, Shintaro Ishihara. – B: François Truffaut. – K: Raoul Coutard. – Sch: Claudine Bouché. – M: Georges Delerue. – Künstlerischer Berater: Jean de Baroncelli. – R-Ass: Georges Pellegrin. – Script: Suzanne Schiffman. – D: Jean-Pierre Léaud (Antoine Doinel), Marie-France Pisier (Colette), Patrick Auffay (René), Rosy Varte (Colettes Mutter), François Darbon (Colettes Stiefvater), Jean-François Adam (Albert Tazzi); Erzählerstimme: Henri Serre. – P: Ulysse Production, Paris / Unitel, Paris. – Pd: Pierre Roustang. – Gedreht November und Dezember 1961 in Paris. – F: 35 mm / Franscope / schwarzweiß. – OL des ganzen Films: 3 444 m = 126 min. – OL der französischen Episode: 575 m = 21 min. – U: 22. 6. 1962, Berlin (Filmfestspiele) und Paris. – TV: 9. 7. 1966 (BR III) / 9. 10. 1983 (ZDF). – In der BRD nicht verliehen.

1963/64   LA PEAU DOUCE. Die süße Haut. – B: François Truffaut, Jean-Louis Richard. – K: Raoul Coutard. – K-F: Claude Beausoleil. – Sch: Claudine Bouché. – M: Georges Delerue. – R-Ass: Jean-François Adam. – Praktikant: Jean-Pierre Léaud. – Script: Suzanne Schiffman. – D: Jean Desailly (Pierre Lachenay), Françoise Dorléac (Nicole Chomette), Nelly Benedetti (Franca Lachenay), Daniel Ceccaldi (Clément), Jean Lanier (Michel), Paule Emanuèle (Odile), Sabine Haudepin (Sabine), Laurence Badie (Ingrid), Gérard Poirot (Franck), Dominique Lacarrière (Dominique, Pierres Sekretärin), Carnero (Organisator in Lissabon), Georges de Givray (Nicoles Vater; kommt in der deutschen Fassung nicht vor), Charles Lavialle (Nachtportier im Hotel), Mme Harlaut (Mme Leloix), Olivia Poli (Mme Bontemps), Catherine Duport (junges Mädchen in Reims), Philippe Dumat (Direktor des Kinos in Reims), Thérésa Renouard (Kassiererin), Maurice Garrel (Buchhändler), Brigitte Zhendre-Laforest (Botin der Wäscherei), Pierre Risch (Geistlicher), Jean-Louis Richard (Mann auf der Straße). – P: Les Films du Carrosse / S.E.D.I.F., Paris. – Pl: Marcel Berbert. – Gedreht 21. 10. bis 31. 12. 1963 in Paris, Orly, Reims und Lissabon. – F: 35 mm / Breitwand 1,66 / schwarzweiß. – OL: 3 264 m = 119 min. – DL: 3 052 m = 112 min. – U: 7. 5. 1964, Cannes (Paris: 10. 5. 1964). – DE: 15. 1. 1965. – TV: 4. 10. 1966, 18. 5. 1974, 30. 10. 1978 (ARD) / 18. 10. 1969, 5. 6. 1976 (BR III) / 26.8. 1976 (WDR III, NDR III) / 17.5. 1978 (S 3) / 25.3. 1984 (ZDF). – V: –.

x 1966   FAHRENHEIT 451. Fahrenheit 451. – B: François Truffaut, Jean-Louis Richard (nach dem Roman von Ray Bradbury, New York 1953); zusätzliche Dialoge: David Rudkin, Helen Scott. – K: Nicolas Roeg. – Sch: Thom Noble. – M: Bernard Herrmann. – T: Bob McPhee, Gordon McCallum. – Bauten: Syd Cain. – A und Ko: Tony Walton. – R-Ass: Bryan Cotes. – Persönliche Assistentin Truffauts: Suzanne Schiffman. – D: Julie Christie (Linda Montag / Clarisse), Oscar Werner (Montag), Cyril Cusack (Captain), Anton Diffring (Fabian), Jeremy Spenser (der Mann mit dem Apfel), Bee Duffell (»Bücherfrau«), Anne Bell (Doris), Caroline Hunt (Helen), Anna Palk (Jackie), Roma Milne (Nachbarin), Arthur Cox / Eric Mason (Krankenpfleger), Noël Davis (Bernard), Donald Pickering (Charles), Gillian Lewis (Fernsehsprecherin), Michael Mindell (der Schüler Stoneman), Chris William (der Schüler Black), Joan Francis (Telefonistin), Tom Watson (Ausbilder), Gilliam Aldam / Edouard Kaye (Judoka im Fernsehen), Mark Lester / Kevin Elder (kleine Jungen); »Büchermenschen«: Alex Scott (Das Journal des Henry Brulard), Dennis Gilmore (Die Mars-Chroniken), Fred Cox (Stolz), Frank Cox (Vorurteil), Michael Balfour (Der Fürst von Machiavelli), Judith Drynan (Platons Staat), David Glover (The Pickwick Papers), Yvonne Blake (Die Judenfrage), John Rae (Weir of Hermiston), Earl Younger (der Neffe des Weir of Hermiston). – P: Anglo Enterprise, London / Vineyard Films, London. – Pd: Lewis M. Allen. – Pl: Ian Lewis. – Gedreht 10. 1. bis 28. 4. 1966 in London (Pinewood-Studios), in der Umgebung von London (Roehampton/Black Park) und Châteauneuf-sur-Loire. – F: 35 mm / Breitwand 1,66 / Farbe (Technicolor). –

OL: 3 084 m = 113 min. – DL: 3 073 m = 113 min. – U: 6. 9. 1966, Venedig (Paris: 16. 9. 1966). – DE: 23. 12. 1966. – TV: 3. 2. 1973, 6. 11. 1978 (ARD) / 24. 11. 1974, 27. 9. 1983 (S 3) / 5. 1. 1975 (BR III) / 17. 6. 1981 (WDR III). – V: UIP, Frankfurt (16 mm). – Der Film wurde in englischer Sprache gedreht.

ɣ 1967   LA MARIÉE ÉTAIT EN NOIR. Die Braut trug schwarz. – B: François Truffaut, Jean-Louis Richard (nach dem Roman *The Bride Wore Black* von William Irish, New York 1940). – K: Raoul Coutard. – K-F: Georges Liron. – Sch: Claudine Bouché. – M: Bernard Herrmann. – T: René Levert. – A: Pierre Guffroy. – R-Ass: Jean Chayron. – Script: Suzanne Schiffman. – D: Jeanne Moreau (Julie Kohler), Claude Rich (Bliss), Jean-Claude Brialy (Corey), Michel Bouquet (Robert Coral), Michel Lonsdale (Morane), Charles Denner (Fergus), Daniel Boulanger (Delvaux), Serge Rousseau (David), Alexandra Stewart (Mlle Becker), Jacques Robiolles (Charlie), Luce Fabiole (Julies Mutter), Sylvie Delannoy (Mme Morane), Jacqueline Raillard (Zimmermädchen), Van Doude (Inspektor), Paul Pavel (Mechaniker), Gilles Quéant (Untersuchungsrichter), Christophe Bruno (Cookie), Elisabeth Rey (Julie als Kind), Jean-Pierre Rey (David als Kind), Dominique Robier (Sabine, Julies Nichte), Frédérique und Renaud Fontanarosa (Musiker), Michèle Viborel (Gilberte, Verlobte von Bliss), Michèle Monfort (Modell bei Fergus), Daniel Pommereulle (Freund von Fergus). – P: Les Films du Carrosse / Les Productions Artistes Associés, Paris / Dino de Laurentiis Cinematografica, Rom. – Pd: Marcel Berbert. – Pl: Georges Charlot. – Gedreht 16. 5. bis 24. 7. 1967 in Paris und Umgebung, Versailles, Chevilly-Larne, Senlis und Cannes. – F: 35 mm / Breitwand 1,66 / Farbe (Eastmancolor). – OL: 2 947 m = 107 min. – DL: 2 940 m = 107 min. – Erstaufführung in Frankreich: 17. 4. 1968, Paris. – DE: 22. 3. 1968. – TV: 20. 4. 1974, 22. 10. 1984 (ARD) / 4. 3. 1977 (BR III) / 5. 5. 1983 (HR III) / 4. 6. 1983 (WDR III) / 4. 10. 1983 (S 3). – V: UIP, Frankfurt (35 mm) / Meteor, Frankfurt (16 mm).

ɣ 1968   BAISERS VOLÉS. Geraubte Küsse. – B: François Truffaut, Claude de Givray, Bernard Revon. – K: Denys Clerval. – Sch: Agnès Guillemot. – M: Antoine Duhamel; Chanson »Que reste-t-il de nos amours« von Charles Trénet. – T: René Levert. – A: Claude Pignot. – R-Ass: Jean-José Richer. – Script: Suzanne Schiffman. – D: Jean-Pierre Léaud (Antoine Doinel), Claude Jade (Christine Darbon), Daniel Ceccaldi (Lucien Darbon), Claire Duhamel (Mme Darbon), Delphine Seyrig (Fabienne Tabard), Michel Lonsdale (Georges Tabard), André Falcon (M. Blady), Harry Max (M. Henri, Detektiv bei Blady), Catherine Lutz (Catherine), Paul Pavel (Julien), Christine Pellé (Ida, Sekretärin bei Blady), Marie-France Pisier (Colette Tazzi), Jean-François Adam (Albert Tazzi), Jacques Robiolles (arbeitsloser Autor), Serge Rousse (der Unbekannte), François Darbon (Adjutant), Simono (M. Albani), Jacques Delord (Zauberkünstler), Jacques Rispal (M. Colin), Martine Brochard (Mme Colin), Cambourakis (Liebhaber von Mme Colin). – P: Les Films du Carrosse / Les Productions Artistes Associés, Paris. – Pd: Marcel Berbert. – Pl: Claude Miler. – Gedreht 5. 2. bis 28. 3. 1968 in Paris und Umgebung. – F: 35 mm / Breitwand 1,66 / Farbe (Eastmancolor). – OL/DL: 2498 m = 91 min. – U: 14. 8. 1968, Avignon (Paris: 6. 9. 1968). – DE: 4. 4. 1969. – TV: 22. 5. 1974 (NDR III, O.m.U.) / 24. 5. 1974, 6. 6. 1980 (ARD) / 14. 5. 1975 (BR III) / 29. 10. 1975 (HR III) / 25. 10. 1983 (ZDF). – V: –. – Der Film ist der Cinémathèque des Henri Langlois gewidmet.

y 1968/69   LA SIRÈNE DU MISSISSIPI. Das Geheimnis der falschen Braut. – B: François Truffaut (nach dem Roman *Waltz Into Darkness* von William Irish, New York 1947). – K: Denys Clerval. – Sch: Agnès Guillemot. – M: Antoine Duhamel. – T: René Levert. – A: Claude Pignot. – R-Ass: Jean-José Richer. – Script: Suzanne Schiffman. – D: Catherine Deneuve (Julie Roussel alias Marion Bergamo), Jean-Paul Belmondo (Louis Mahé), Michel Bouquet (Comolli), Nelly Borgeaud (Berthe Roussel), Marcel Berbert (Jardine), Roland Thénot (Richard), Martine Ferrière, Yves Drouhet. – P: Les Films du Carrosse / Les Productions Artistes Associés, Paris / Produzioni Associate Delphos, Rom. – Pd: Marcel Berbert. – Pl: Claude Miler. – Gedreht 2. 12. 1968 bis Ende Februar 1969 in Réunion Antibes, Aix-en-Provence, Lyon und in der Umgebung von Grenoble. – F: 35 mm / Dyaliscope / Farbe (Eastmancolor). – OL: 3404 m = 124 min. – DL: 3357 m = 122 min. – U: 18. 6. 1969, Paris. – DE: 19. 12. 1969. – TV: 27. 4. 1974 (ARD) / 4. 6. 1975 (BR III) / 17. 9. 1975, 19. 5. 1983 (HR III) / 2. 9. 1976 (WDR III, NDR III) / 11. 10. 1983 (S 3). – V: UIP, Frankfurt (35 mm). – Der Film ist Jean Renoir gewidmet.

x 1969   L'ENFANT SAUVAGE. Der Wolfsjunge. – B: François Truffaut, Jean Gruault (nach Jean Itards *Mémoire et rapport sur Victor de l'Aveyron,* 1806). – K: Nestor Almendros. – K-F: Philippe

Théaudière. – Sch: Agnès Guillemot. – M: Antonio Vivaldi (gespielt von Michel Sanvoisin und André Saint-Clivier). – T: René Levert. – A: Jean Mandaroux. – Ko: Gitt Magrini. – R-Ass: Suzanne Schiffman. – Script: Christine Pellé. – D: Jean-Pierre Cargol (Wolfsjunge, später: Victor de l'Aveyron), François Truffaut (Dr. Jean Itard), Françoise Seigner (Mme Guérin), Paul Villé (Rémy), Jean Dasté (Philippe Pinel, Professor für Medizin), Pierre Fabre (Angestellter des Instituts Sourds-Muets), Claude Miler (M. Lémeri), Annie Miler (Mme Lémeri), Nathan Miler (Lémeris Baby), René Levert (Kommissar), Jean Mandaroux (Dr. Itards Arzt), Jean Gruault (ein Besucher des Instituts), Robert Cambourakis / Gitt Magrini / Jean-François Stévenin (Bauern), Laura Truffaut / Eva Truffaut / Mathieu Schiffman / Guillaume Schiffman / Frédérique Dolbert / Eric Dolbert / Tounet Cargol / Dominique Levert (Kinder). – P: Les Films du Carrosse / Les Productions Artistes Associés, Paris. – Pd: Marcel Berbert. – Pl: Claude Miler. – Gedreht 7. 7. bis 1. 9. 1969 in Aubiat in der Auvergne und Paris. – F: 35 mm / Breitwand 1,66 / schwarzweiß. – OL: 2286 m = 83 min. – DL: 2303 m = 84 min. – U: 26. 2. 1970, Paris. – DE: 5. 7. 1970 (Berlinale), Verleihstart: 8. 4. 1971. – TV: 1. 5. 1974, 29. 10. 1977, 16. 11. 1983 (ARD) / 31. 5. 1975 (WDR III) / 7. 10. 1975 (S 3) / 26. 11. 1975 (HR III) / 3. 4. 1976, 23. 10. 1984 (BR III) / 7. 4. 1976 (NDR III). – V: UIP, Frankfurt (35 mm) / Meteor, Frankfurt (16 mm). – Der Film ist Jean-Pierre Léaud gewidmet.

1970   DOMICILE CONJUGAL. Tisch und Bett. – B: François Truffaut, Claude de Givray, Bernard Revon. – K: Nestor Almendros. – K-F: Emmanuel Machuel. – Sch: Agnès Guillemot. – M: Antoine Duhamel. – T: René Levert. – A: Jean Mandaroux. – Ko: Françoise Tournafond. – R-Ass: Suzanne Schiffman. – Script: Christine Pellé. – D: Jean-Pierre Léaud (Antoine Doinel), Claude Jade (Christine Doinel), Daniel Ceccaldi (Lucien Darbon), Claire Duhamel (Mme Darbon), Hiroko Berghauer (Kyoko), Barbara Laage (Monique, Direktionssekretärin), Bill Kearns (Mr. Max, der amerikanische Boss), Daniel Boulanger (der Tenor), Sylvana Blasi (die Frau des Tenors), Claude Véga (der Würger), Yvon Lec (Hilfspolizist), Jacques Jouanneau (Césarin, Wirt), Danièle Gérard (Ginette, Kellnerin), Pierre Maguclon (Gast im Bistro), Marie Irakane (Mme Martin, Concierge), Ernest Menzer (kleiner Mann), Jacques Rispale (M. Desbois, Pensionär), Marcel Mercier / Joseph Merieau (weitere Hausbewohner), Guy Pierauld (Angestellter bei SOS), Pierre Fabre (der Grinsende), Nicole Félix / Jérôme Richard / Marcel Berbert (Angestellte bei der amerikanischen Gesellschaft), Jacques Robiolles (arbeitsloser Autor), Marianne Piketti (Marianne, Violinschülerin), Annick Asty (ihre Mutter), Ada Lonati (Mme Claude), Nobuko Maki (Freundin von Kyoko), Jacques Cottin (M. Hulot). – P. Les Films du Carrosse / Valoria Films, Paris / Fida Cinematografica, Rom. – Pd: Marcel Berbert. – Pl: Claude Miler. – Gedreht 22. 1. bis 18. 3. 1970 in Paris und Umgebung. – F: 35 mm / Breitwand 1,66 / Farbe (Eastmancolor). – OL: 2762 m = 101 min. – DL (TV): 2651 m = 97 min. – U: 9. 9. 1970, Paris. – TV: 4. 1. 1972, 19. 9. 1980 (ARD) / 10. 6. 1973 (BR III) / 12. 11. 1975 (HR III) / 10. 3. 1976 (NDR III) / 28. 10. 1983 (ZDF). – In der BRD nicht verliehen.

1971   LES DEUX ANGLAISES ET LE CONTINENT. Zwei Mädchen aus Wales und die Liebe zum Kontinent. – B: François Truffaut, Jean Gruault (nach dem Roman von Henri-Pierre Roché, Paris 1956). – K: Nestor Almendros. – K-F: Jean-Claude Rivière. – Sch: Yann Dedet. – M: Georges Delerue. – T: René Levert. – A: Michel de Broin. – Ko: Gitt Magrini. – R-Ass: Suzanne Schiffman, Olivier Mergault. – Script: Christine Pellé. – D: Jean-Pierre Léaud (Claude Roc), Kika Markham (Anne Brown), Stacey Tendeter (Muriel Brown), Sylvia Marriott (Mrs. Brown), Marie Mansart (Claire Roc), Philippe Léotard (Diurka), Irène Tunc (Ruta), Mark Peterson (Mr. Flint), David Markham (Handlinienleser), Annie Miler (Monique de Montferrand), Marcel Berbert (Kunsthändler), Jeanne Lobre (Mme Jeanne, Concierge), Christine Pellé (Sekretärin), Marie Irakane (Dienstmädchen), Georges Delerue (Buchhalter), Jean-Claude Dolbert (englischer Polizist), René Gaillard (Taxichauffeur), Anne Levlaslot (Muriel als Kind), Sophie Jeanne (Clarisse, ihre Freundin), Sophie Baker (Mädchen im Café), Laura Truffaut / Eva Truffaut / Mathieu Schiffman / Guillaume Schiffman (Kinder); Erzählerstimme: François Truffaut. – P: Les Films du Carrosse / Cinetel, Paris. – Pd: Marcel Berbert. – Pl: Claude Miler. – Gedreht 28. 4. bis 13. 7. 1971 in der Normandie, im östlichen Massif Central (Vivarais), im Jura und in der Umgebung von Paris. – F: 35 mm / Breitwand 1,66 / Farbe (Eastmancolor). – OL: 3607 m = 131 min. – DL: 3169 m = 116 min. – U: 18. 11. 1971, Paris (Cinémathèque) / öffentlich am 26. 11. 1971. – DE (Kino): 5. 3. 1974. – TV: 11. 2. 1973, 6. 7. 1981 (ARD) / 10. 12. 1975 (HR III) / 19. 6. 1976 (BR III) / 9. 9. 1976 (WDR III, NDR III) / 31. 5. 1978 (S 3). – V: –. – Die Originalfassung wurde 14 Tage nach der Uraufführung von Truffaut auf 3223 m = 118 min. gekürzt; 1984 hat er in Zusammenarbeit mit der Cutterin Martine Barraqué die alte

Fassung wiederhergestellt und eine neue Tonmischung angefertigt. Der Film trägt nun den Titel LES DEUX ANGLAISES. Premiere der Rekonstruktion: 20. 2. 1985, Paris.

1972   UNE BELLE FILLE COMME MOI. Ein schönes Mädchen wie ich. – B: François Truffaut, Jean-Loup Dabadie (nach dem Roman *Such a Gorgeous Kid Like Me* von Henry Farrell, New York 1967). – K: Pierre-William Glenn. – K-F: Walter Bal. – Sch: Yann Dedet. – M: Georges Delerue; »Sam's Song« von Guy Marchand und Jean-Loup Dabadie, »Une belle fille« von Jacques Datin und Jean-Loup Dabadie, »J'attendrai« von Dino Olivieri und Nino Rastelli. – T: René Levert. – A: Jean-Pierre Kohut. – Ko: Monique Dury. – R-Ass: Suzanne Schiffman, Bernard Colin. – Script: Christine Pellé. – D: Bernadette Lafont (Camille Bliss), Claude Brasseur (Murène, Anwalt), Charles Denner (Arthur, der Rattenfänger), Guy Marchand (Sam Golden, der Sänger), André Dussolier (Stanislas Prévine, der Soziologe), Philippe Léotard (Clovis Bliss, der Ehemann), Anne Kreis (Hélène, Sekretärin), Gilberte Géniat (Isobal Bliss), Danièle Girard (Florence Golden), Martine Ferrière (Gefängnissekretärin), Michel Delahaye (Marchal, Anwalt), Annick Fougerie (Lehrerin), Gaston Ouvrard (der alte Gefängniswärter), Jacob Weizbluth (Alphonse, der Stumme), Jérôme Zucca (Michon), Marcel Berbert (Buchhändler). – P: Les Films du Carrosse / Columbia S. A., Paris. – Pd: Marcel Berbert. – Pl: Claude Miler. – Gedreht 14. 2. bis 14. 4. 1972 in Béziers und Languedoc-Roussillon. – F: 35 mm / Breitwand 1,66 / Farbe (Eastmancolor). – OL: 2 689 m = 98 min. – DL (TV): 2 679 m = 98 min. – U: 13. 9. 1972, Paris. – TV: 5. 5. 1974, 18. 9. 1978, 5. 10. 1981 (ARD) / 14. 9. 1976 (BR III) / 14. 6. 1978 (S 3). – In der BRD nicht verliehen.

1972/73   LA NUIT AMÉRICAINE. Die amerikanische Nacht. – B: François Truffaut, Jean-Louis Richard, Suzanne Schiffman. – K: Pierre-William Glenn. – Sch: Yann Dedet. – M: Georges Delerue. – T: René Levert. – A: Damien Lanfranchi. – Ko: Monique Dury. – R-Ass: Suzanne Schiffman. – Script: Christine Pellé. – D: Schauspieler-Darsteller: Jacqueline Bisset (Julie Baker), Valentina Cortese (Séverine), Alexandra Stewart (Stacey), Jean-Pierre Aumont (Alexandre), Jean-Pierre Léaud (Alphonse). Stab-Darsteller: François Truffaut (Ferrand, der Regisseur), Jean Champion (Bertrand, der Produzent), Nathalie Baye (Joëlle, das Scriptgirl), Dani (Liliane, die Script-Volontärin), Bernard Menez (Bernard, der Ausstatter), Nike Arrighi (Odile, die Maskenbildnerin), Gaston Joly (Gaston, der Aufnahmeleiter), Jean Panisse (Arthur, der Beleuchter). Die anderen: Maurice Séveno (Fernsehreporter), David Markham (Doktor Nelson, Julies Mann), Zénaïde Rossi (Frau des Aufnahmeleiters), Henry Graham / Marcel Berbert (Versicherungsvertreter). – P: Les Films du Carrosse / P.E.C.F., Paris / Produzione Internazionale Cinematografica, Rom. – Pd: Marcel Berbert. – Pl: Claude Miler. – Gedreht 25. 9. bis Mitte Dezember 1972 in Nizza. – F: 35 mm / Panavision / Farbe (Eastmancolor). – OL: 3176 m = 116 min. – DL: 3164 m = 116 min. – U: 14. 5. 1973, Cannes (Paris: 24. 5. 1973). – DE: 28. 9. 1973. – TV: 9.5. 1977, 23.10. 1984 (ZDF) / 20.12. 1981 (ARD) / 28.5. 1983 (WDR III) / 18.10. 1983 (S 3) / 27.10. 1983 (NDR III). – V: Warner-Columbia, München (35 mm). – Der Film ist Dorothy und Lillian Gish gewidmet.

X
1975   L'HISTOIRE D'ADÈLE H. Die Geschichte der Adele H. – B: François Truffaut, Jean Gruault, Suzanne Schiffman in Zusammenarbeit mit Frances Vernor Guille, der Entdeckerin des *Journal d'Adèle Hugo*. – K: Nestor Almendros. – K-F: Jean-Claude Rivière. – Sch: Yann Dedet. – M: Maurice Jaubert; Musikberatung: François Porcile. – T: Jean-Pierre Ruh. – A: Jean-Pierre Kohut-Svelko. – Ko: Jacqueline Guyot. – R-Ass: Suzanne Schiffman, Carl Hathwell. – Script: Christine Pellé. – D: Isabelle Adjani (Adèle Hugo), Bruce Robinson (Leutnant Pinson), Sylvia Marriott (Mrs. Saunders, Pensionswirtin), Reubin Dorey (Mr. Saunders), Joseph Blatchley (Mr. Whistler, Buchhändler), M. White (Colonel), Carl Hathwell (Ordonnanz von Pinson), Ivry Gitlis (Hypnotiseur), Sir Cecil de Sausmarez (Lenoir, Notar), Sir Raymond Falla (Richter Johnstone), Roger Martin (Doktor Murdock), Madame Louise (Madame Baa), Jean-Pierre Leursse (der schwarze Schreiber), Louise Bourdet (Dienerin von Victor Hugo), Clive Gillingham (Keaton, Bankangestellter), François Truffaut (ein Offizier), Ralph Williams (Kanadier), Thi Loan N'Guyen (Chinesin), Edward J. Jackson (O'Brien), Aurelia Mansion (Witwe mit Hunden), David Foote (David, der junge Mann), Jacques Frejabru (Kunsttischler), Chantal Duproix (die junge Hure), Geoffrey Crook (George, Diener bei Johnstone). – P: Les Films du Carrosse / Les Productions Artistes Associés, Paris. – Pd: Marcel Berbert. – Pl: Claude Miler, Roland Thénot. – Gedreht 8. 1. bis 26. 3. 1975; Außenaufnahmen: Ile de Guernsey, Ile de Gorée (Dakar, Senegal). – F: 35 mm / Panavision Sphérique / Farbe (Eastmancolor). – OL und DL: 2665 m = 97 min. – U: 8. 10. 1975, Paris. – DE: 7. 4. 1977. – TV: 16. 10.

1977 (ARD) / 26. 8. 1978 (S 3) / 21. 3. 1979 (BR III) / 12. 4. 1979 (HR III). – V: –. – Der Film wurde gleichzeitig in einer englischen und in einer französischen Version gedreht.

1975   L'ARGENT DE POCHE. Taschengeld. – B: François Truffaut, Suzanne Schiffman. – K: Pierre-William Glenn. – Sch: Yann Dedet. – M: Maurice Jaubert; Musikberatung: François Porcile; Chanson »Les enfants s'ennuient le dimanche« von Charles Trénet. – T: Michel Laurent. – A: Jean-Pierre Kohut-Svelko. – Ko: Monique Dury. – R-Ass: Suzanne Schiffman, Alain Maline. – Script: Christine Pellé. – D: die Erwachsenen: Jean-François Stévenin (Jean-François Richet, Lehrer), Virginie Thévenet (Lydie Richet, seine Frau, Thomas' Mutter), Tania Torrens (Nadine Riffle, Friseuse), Francis Devlaeminck (M. Riffle, Friseur), Jean-Marie Carayon (Polizeikommissar, Vater von Sylvie), Kathy Carayon (Frau des Kommissars), Christian Lentretien (M. Golfier, Richards Vater), Marcel Berbert (Direktor der Schule), Roland Thénot (Buchhändler), Tho Loan N'Guyen (Frau des Buchhändlers), Christine Pellé (Mme Leclou, Juliens Mutter), Jane Lobre (Juliens Großmutter), Monique Dury (Blumenhändlerin), René Barnérias (M. Desmouceaux, Patricks Vater), Hélène Jeanbrau (Ärztin), Annie Chevaldonne (Krankenschwester), Vincent Touly (Hausmeister), Michel Dissart (M. Lomay, Gendarm), Paul Heyraud (M. Deluca, Vater von Mathieu und Franck), Michèle Heyraud (Mme Deluca), Laura Truffaut (Madeleine Doinel, Oscars Mutter), François Truffaut (Martines Vater), Yvon Boutina (Oscar, erwachsen); die Kinder: Geory Desmouceaux (Patrick Desmouceaux), Philippe Goldman (Julien Leclou), Claudio Deluca (Mathieu Deluca), Franck Deluca (Franck Deluca), Richard Golfier (Richard Golfier), Laurent Devlaeminck (Laurent Riffle), Bruno Staab (Bruno Rouillard), Sébastien Marc (Oscar), Sylvie Grezel (Sylvie), Pascale Bruchon (Martine), Corinne Boucart (Corinne), Eva Truffaut (Patricia) und der kleine Grégory. – P: Les Films du Carrosse / Les Productions Artistes Associés, Paris. – Pd: Marcel Berbert. – Pl: Roland Thénot. – Gedreht 17. 7. bis 9. 9. 1975 in Thiers und Umgebung. – F: 35 mm / Breitwand 1,66 / Farbe (Eastmancolor). – OL: 2 882 m = 105 min. – U: 17. 3. 1976, Paris. – DE: 27. 6. 1976 (Berlinale), Verleihstart: 8. 12. 1978. – TV: 20. 6. 1977, 8. 3. 1981 (ZDF). – V: Team Film, München (35 mm). – Der Film hatte den Arbeitstitel »Abel et calins«.

✗ 1976/77   L'HOMME QUI AIMAIT LES FEMMES. Der Mann, der die Frauen liebte. – B: François Truffaut, Michel Fermaud, Suzanne Schiffman. – K: Nestor Almendros. – Sch: Martine Barraqué-Curie. – M: Maurice Jaubert. – T: Michel Laurent. – A: Jean-Pierre Kohut-Svelko. – Ko: Monique Dury. – R-Ass: Suzanne Schiffman, Alain Maline. – Script: Christine Pellé. – D: Charles Denner (Bertrand Morane), Brigitte Fossey (Geneviève Bigey), Nelly Borgeaud (Delphine Grezel), Geneviève Fontanel (Hélène), Nathalie Baye (Martine Desdoits), Sabine Glaser (Bernadette), Valérie Bonnier (Fabienne), Martine Chassaing (Denise), Roselyne Puyo (Nicole), Anna Perrier (Babysitter), Monique Dury (Mme Duteil), Nella Barbier (Liliane), Frédérique Jamet (Juliette), M. J. Montfajon (Bertrands Mutter), Leslie Caron (Véra), Jean Dasté (Urologe), Roger Leenhardt (M. Bétany), Henri Agel/Henry-Jean Servat (Lektoren), Michel Marti (Bertrand als Kind). – P: Les Films du Carrosse / Les Productions Artistes Associés, Paris. – Pd: Marcel Berbert. – Pl: Roland Thénot. – F: 35 mm / Breitwand 1,66 / Farbe (Eastmancolor). – Gedreht 19. 10. 1976 bis 5. 1. 1977 in Montpellier und Umgebung und in Paris. – OL: 3 244 m = 119 min. – DL: 3 239 m = 119 min. – U: 27. 4. 1977, Paris. – DE: 25. 6. 1977 (Berlinale), Verleihstart: 16. 12. 1977. – TV: 28. 10. 1979 (ARD) / 30. 7. 1981 (HR III, NDR III, WDR III) / 8. 11. 1983 (S 3). – V: –. – Ein Remake dieses Films drehte Blake Edwards 1983/84 unter dem Titel *The man who loved women* (Frauen waren sein Hobby).

1977/78   LA CHAMBRE VERTE. Das grüne Zimmer. – B: François Truffaut, Jean Gruault (nach Motiven aus *The Altar of the Dead, The Beast in the Jungle* und *The Friends of Friends* von Henry James). – K: Nestor Almendros. – K-F: Anne Trigaux. – Sch: Martine Barraqué-Curie. – M: Maurice Jaubert; Musikberatung: François Porcile. – T: Michel Laurent. – A: Jean-Pierre Kohut-Svelko. – Ko: Christian Gasc, Monique Dury. – R-Ass: Suzanne Schiffman, Emmanuel Clot. – Script: Christine Pellé. – D: François Truffaut (Julien Davenne), Nathalie Baye (Cécilia Mandel), Jean Dasté (Bernard Humbert, Chefredakteur des ›Globe‹), Jean-Pierre Moulin (Gérard Mazet), Antoine Vitez (Sekretär des Bischofs), Jane Lobre (Madame Rambaud, Haushälterin), Patrick Maleon (der kleine Georges), Jean-Pierre Ducos (Pfarrer im Sterbezimmer), Annie Miller (Geneviève Mazet), Marie Jaoul (Yvonne Mazet), Monique Dury (Monique, Sekretärin im ›Globe‹), Laurence Ragon (Julie Davenne), Marcel Berbert (Doktor Jardine), Guy d'Ablon (Kunsthandwerker), Thi Loan N'Guyen (Lehrling des Kunsthandwerkers), Christian Lentretien (Redner auf dem Friedhof), Henri Bienvenu (Gustave, Amtsdiener in der Auktionshalle), Alphonse Simon (einbeiniger Mitarbeiter im ›Globe‹), Anna Paniez (Anna, kleine Pianistin), Serge Rousseau (Paul Massigny), Carmen Sarda-Canovas (Frau mit Rosenkranz im Sterbezimmer), Jean-Claude Gasché (Polizeibeamter), Jean-Pierre Kohut-Svelko (Invalide im Rollstuhl in der Auktionshalle), Roland Thénot (Invalide im Rollstuhl auf dem Friedhof), Martine Barraqué-Curie (Krankenschwester in der Auktionshalle), Josianne Couëdel (Krankenschwester auf dem Friedhof), Gérard Bougeant (Friedhofswächter). – P: Les Films du Carrosse / Les Productions Artistes Associés, Paris. – Pd: Marcel Berbert. – Pl: Roland Thénot. – Gedreht 11. 10. bis 25. 11. 1977 in Honfleur, Caen (großer Friedhof) und Fiquefleur-Equainville (Kapelle von Carbec); Studio: S.I.M.O. Boulogne. – F: 35 mm / Breitwand 1,66 / Farbe (Eastmancolor). – OL: 2 590 m = 94 min. – DL (TV): 2 584 m = 94 min. – U: 5. 4. 1978, Paris. – DE: 27.2. 1979, Berlin (Filmfestspiele); Verleihstart: 23.11. 1984. – TV: 2.11. 1979 (ARD) / 10.6. 1981 (WDR III) / 1.4. 1983 (HR III) / 20.4. 1984 (S 3). – V: endfilm, Hamburg (35 mm). – Der Film hatte den Arbeitstitel »La disparue«.

1978 L'AMOUR EN FUITE. Liebe auf der Flucht (TV-Titel) / Die Liebe auf der Flucht (Kino-Titel). – B: François Truffaut, Marie-France Pisier, Jean Aurel, Suzanne Schiffman. – K: Nestor Almendros. – K-F: Florent Bazin. – Sch: Martine Barraqué-Curie. – M: Georges Delerue; Titelsong »L'Amour en fuite« von Alain Souchon, Laurent Voulzy. – T: Michel Laurent. – A: Jean-Pierre Kohut-Svelko, Pierre Gompertz. – Ko: Monique Dury. – R-Ass: Suzanne Schiffman, Emmanuel Clot. – Script: Christine Pellé. – D: Jean-Pierre Léaud (Antoine Doinel), Marie-France Pisier (Colette), Claude Jade (Christine), Dani (Liliane), Dorothée (Sabine), Rosy Varte (Colettes Mutter), Marie Henriau (Scheidungsrichterin), Daniel Mesguich (Xavier, Bibliothekar), Julien Bertheau (Monsieur Lucien), Jean-Pierre Ducos (Christines Rechtsanwalt), Pierre Dios (Maître Renard), Alain Ollivier (Richter Aix), Monique Dury (Madame Ida), Emmanuel Clot (Drucker), Christian Lentretien (Zugflirt), Roland Thénot (wütender Telefonist), Julien Dubois (Alphonse Doinel), Alexandre Janssen (Kind im Speisewagen), Chantal Zaug (Kind). – P: Les Films du Carrosse. – Pd: Marcel Berbert. – Pl: Roland Thénot. – Gedreht 29.5. bis 5.7. 1978 in Paris; Studio: S.I.M.O., Boulogne. – F: 35 mm / Breitwand 1,66 / Farbe (Eastmancolor). – OL: 2 650 m = 97 min. – DL (TV): 2 544 m = 93 min. – U: 24.1. 1979, Paris. – DE: 21.2. 1979, Berlin (Filmfestspiele); Verleihstart: 8.3. 1985.

– TV: 25.7. 1980 (ARD) / 11.6. 1983 (WDR III) / 9.2. 1984 (NDR III). – V: endfilm, Hamburg (35 mm). – Der Film enthält Zitate aus den Filmen LES 400 COUPS (13 Ausschnitte), ANTOINE ET COLETTE / L'AMOUR À VINGT ANS (13), BAISERS VOLÉS (17), DOMICILE CONJUGAL (15), LA NUIT AMÉRICAINE (2), *Les Lolos de Lola* (R: Bernard Dubois, 1) sowie aus LES DEUX ANGLAISES ... (3 Einstellungen), LA SIRÈNE DU MISSISSIPI (1), UNE BELLE FILLE COMME MOI (2) und L'HOMME QUI AIMAIT LES FEMMES (3).

1980   LE DERNIER MÉTRO. Die letzte Metro. – B: François Truffaut, Suzanne Schiffman; Mitarbeit an den Dialogen: Jean-Claude Grumberg. – K: Nestor Almendros. – K-F: Florent Bazin. – Sch: Martine Barraqué. – M: Georges Delerue; Lieder: »Bei mir bist du schön« von Sholom Secunda, Cahn-Chaplin, Jacob Jacobs, Jacques Larue, »Prière à Zumba« von A. Lara, Jacques Larue, »Mon Amant de Saint-Jean« von E. Carrara, L. Agel, »Sombreros et mantilées« von J. Vaissade-Chanty; Kantate »Pitié mon Dieu« von A. Kunc. – T: Michel Laurent. – A: Jean-Pierre Kohut-Svelko. – Ko: Lisèle Roos. – R-Ass: Suzanne Schiffman, Emmanuel Clot, Alain Tasma. – Script: Christine Pellé. – D: Catherine Deneuve (Marion Steiner), Gérard Depardieu (Bernard Granger), Jean Poiret (Jean-Loup Cottins), Heinz Bennent (Lucas Steiner), Andréa Ferréol (Arlette Guillaume), Paulette Dubost (Germaine Fabre), Sabine Haudepin (Nadine Marsac), Jean-Louis Richard (Daxiat), Maurice Risch (Raymond Boursier), Marcel Berbert (Merlin), Richard Bohringer (Gestapo-Mann), Jean-Pierre Klein (Christian Leglise), Franck Pasquier (Jacquot), Rénata (Greta Borg, Sängerin), Jean-José Richer (René Bernardini), Martine Simonet (Martine Fénéchal), Laszlo Szabo (Leutnant Bergen), Hénia Ziv (Yvonne, Zimmermädchen), Jessica Zucman (Rosette Goldstern), Alain Tasma (Marc), René Dupré (Valentin), Pierre Belot (Hotelportier), Christian Baltauss (Lucien Ballard, Ersatzschauspieler für Bernard), Alexandra Aumond / Marie-Dominique Henry (Truppenbetreuerinnen), Jacob Weizbluth (Rosen), Rose Thierry (Jacquots Mutter), Catherine Frot (Simone), Eva Truffaut (Sekretärin bei Daxiat), Aude Loring (Dame), Les Petits Chanteurs de l'Abbaye (Kinderchor); Erzählerstimme: Serge Rousseau (in der Originalfassung). – P: Les Films du Carrosse / S.E.D.I.F., Paris / Télévision Française 1, Paris / Société Française des Productions, Paris / Maran-Film, München. – Pd: Marcel Berbert. – Pl: Jean-José Richer. – Gedreht 28. 1. bis 18. 4. 1980 in Paris und Banlieue; Studios de Billancourt. – F: 35 mm / Breitwand 1,66 / Farbe (Fujicolor/Pyral). – OL: 3606 m = 131 min. – DL: 3589 m = 131 min. – U: 16.9. 1980, Paris. – DE: 30.10. 1981. – TV: 12.5. 1984 (ARD) / 24.10. 1984 (NDR III). – V: Filmverlag der Autoren, München (35 mm). – Anläßlich des Erscheinens seines Films auf Video hat Truffaut zwei Szenen von insgesamt sechs Minuten Dauer, die beim Schnitt der Kinofassung herausgelassen worden waren, wieder eingefügt (nur in Frankreich).

1981   LA FEMME D'À CÔTÉ. Die Frau nebenan. – B: François Truffaut, Suzanne Schiffman, Jean Aurel. – K: William Lubtchansky. – K-F: Caroline Champetier. – Sch: Martine Barraqué. – M: Georges Delerue. – T: Michel Laurent. – A: Jean-Pierre Kohut-Svelko. – Ko: Michèle Cerf. – R-Ass: Suzanne Schiffman, Alain Tasma, Gilles Loutfi. – Script: Christine Pellé. – D: Gérard Depardieu (Bernard Coudray), Fanny Ardant (Mathilde Bauchard), Henri Garcin (Philippe Bauchard), Michèle Baumgartner (Arlette Coudray), Véronique Silver (Madame Jouve), Roger Van Hool (Roland Duguet), Philippe Morier-Genoud (Arzt), Olivier Becquaert (Thomas), Nicole Vautier, Murielle Combe. – P: Les Films du Carrosse / Télévision Française 1, Paris. – Pd: Jean-François Lentretien. – Pl: Armand Barbault. – Gedreht 1. 4. bis 15. 5. 1981 in der Umgebung von Grenoble. – F: 35 mm / Breitwand 1,66 / Farbe (Fujicolor/Pyral). – OL: 2897 m = 106 min. – DL: 2890 m = 106 min. – U: 1. 10. 1981, Paris. – DE: 4. 6. 1982. – TV: 7.10. 1983 (ARD) / 14.2. 1985 (NDR III). – V: Concorde, München (35 mm).

1982/83   VIVEMENT DIMANCHE!. Auf Liebe und Tod. – B: François Truffaut, Suzanne Schiffman, Jean Aurel (nach dem Roman *The Long Saturday Night* von Charles Williams, 1962). – K: Nestor Almendros. – K-F: Florent Bazin, Tessa Racine. – Sch: Martine Barraqué. – M: Georges Delerue. – T: Pierre Gamet. – A: Hilton McConnico. – Ko: Michèle Cerf. – R-Ass: Suzanne Schiffman. – Script: Christine Pellé. – D: Fanny Ardant (Barbara Becker), Jean-Louis Trintignant (Julien Vercel), Philippe Laudenbach (Maître Clément), Caroline Sihol (Marie-Christine Vercel), Philippe Morier-Genoud (Kommissar Santelli), Xavier Saint Macary (Bertrand Fabre), Jean-Pierre Kalfon (Claude Massoulier), Anik Belaubre (Kassiererin im „Eden"), Jean-Louis Richard (Louison), Yann Dedet („Engelsgesicht", Louisons Bruder), Nicole Félix (Prostituierte mit der Narbe), Georges Koulouris (Lablache, Detektiv), Roland Thénot (Kriminalassistent Jambrau), Pierre Gare (Detektiv Poivert), Jean-Pierre Kohut-Svelko (Mann im Lift), Pascale Pellegrin (Bewerberin). – P: Les Films du Carrosse / Films A 2, Paris / Soprofilms, Paris. – Pd: Jean-François Lentretien. – Pl: Armand Barbault, Roland Thénot. – Gedreht 4. 11. bis 21. 12. 1982 in der Gegend von Hyères. – F: 35 mm / Breitwand 1,66 / schwarzweiß. – OL: 3 038 m = 111 min. – DL: 3 028 m = 111 min. – U: 5.8. 1983, Locarno (Festival); (Paris: 10.8. 1983). – DE: 27.1. 1984. – V: Filmverlag der Autoren, München (35 mm) / atlas film + av, Duisburg (16 mm).

Bibliografie

Die Bibliografie enthält zunächst Angaben zu ausgewählten Veröffentlichungen *von* François Truffaut. Dabei wurde der Schwerpunkt auf die Arbeiten Truffauts in den *Cahiers du Cinéma* gelegt. Eine Liste aller von Truffaut verfaßten, vor allem in der Wochenzeitung *Arts* veröffentlichten Texte enthält das Buch von Eugene P. Walz: François Truffaut. A Guide to References and Resources (siehe: Bücher über François Truffaut). Die von Truffaut autorisierte Liste ist auch in der italienischen Monografie von Mario Simondi abgedruckt. – Bei den Veröffentlichungen *über* Truffaut mußte ebenfalls ausgewählt werden. Nach einer Zusammenstellung der Bücher, wichtigen allgemeinen Aufsätzen und Interviews folgen zu jedem Spielfilm Hinweise auf die Publikation der literarischen Vorlage (sofern in der Bundesrepublik erschienen), des Filmtextes, wesentlicher Interviews, Materialien, Kritiken und Analysen. Die bibliografischen Angaben sind zunächst in drei Sprachbereiche eingeteilt: französisch, englisch, deutsch. Innerhalb der Sprachen wurden die Texte chronologisch nach dem Erscheinungsdatum geordnet. Bei den Interviews und Kritiken wurden die Überschriften aus Platzgründen weggelassen. – Eine große Unterstützung bei der Ergänzung der Bibliografie für die Neuauflage war das oben genannte Buch von Eugene P. Walz. Hilfreich waren auch die Benutzung der Bibliothek der Deutschen Film- und Fernsehakademie Berlin und Hinweise von Robert Fischer, Hans-Michael Bock und Eric Rentschler.

Die genannten Bücher, Zeitungs- und Zeitschriftenartikel sind zum großen Teil im Original oder in Fotokopie in der Bibliothek der DFFB vorhanden und können dort eingesehen werden.

Bücher von Truffaut

François Truffaut (in Zusammenarbeit mit Helen G. Scott): Le Cinéma selon Hitchcock. Paris: Robert Laffont 1966; Neuauflage, mit neuer Einleitung: Paris: Seghers 1975; veränderte Neuauflage mit neuer Einführung und zusätzlichem Schlußkapitel: Paris: Ramsay 1983. – Englisch: Hitchcock. New York: Simon & Schuster 1967 / London: Secker and Warburg 1968; revised edition: New York: Simon and Schuster 1984 (mit neuem Vorwort). – Deutsch von Frieda Grafe und Enno Patalas: Mr. Hitchcock, wie haben Sie das gemacht? München: Carl Hanser 1973 (2. Auflage 1974). Als Taschenbuch bei Heyne (München) Band 7004.

François Truffaut: Les aventures d' Antoine Doinel. Paris: Mercure de France 1970. – Englisch: The Adventures of Antoine Doinel. New York: Simon & Schuster 1971.

François Truffaut: La nuit américaine: Scénario du film. Suivi de: Journal de tournage de Fahrenheit 451. Paris: Seghers 1974. Cinéma 2000. (Veröffentlichte Drehbücher werden im übrigen unter der Rubrik »Filmtext« bei den einzelnen Filmen notiert.)

François Truffaut: Les films de ma vie. Paris: Flammarion 1975. (Das Buch enthält ausgewählte Filmkritiken und Aufsätze von Truffaut. Es ist Jacques Rivette gewidmet). – Englisch: The Films in My Life. New York: Simon and Schuster 1978 / London: Allen Lane 1980 (die amerikanisch-englische Ausgabe enthält 14 Texte, die in der französischen Originalausgabe nicht abgedruckt sind). – Deutsch von Frieda Grafe und Enno Patalas: Die Filme meines Lebens. München: Carl Hanser 1976 (die deutsche Ausgabe enthält nicht alle Texte der französischen Originalausgabe). Als Taschenbuch: dtv 1449.

François Truffaut: L'argent de poche. Cinéroman. Paris: Flammarion 1976. – Englisch: Small Change: A Film Novel. New York: Grove Press 1976. – Deutsch von Eckhart Koch: Taschengeld. München: Carl Hanser 1977 (mit 30 Fotos von Hélène Jeanbrau). Als Taschenbuch: dtv 1740.

François Truffaut: L'homme qui aimait les femmes. Cinéroman. Paris: Flammarion 1977.

Vorworte (Préfaces) von Truffaut

zu: Vivre sa vie v. Jean-Luc Godard (Scénario). in: L'Avant-Scène Cinéma, Nr. 19, Oktober 1962.

zu: Le testament d'un cancre v. Bernard Gheur (Roman). Paris: Albin Michel 1970.

zu: Jean Renoir v. André Bazin. Paris: Champ Libre 1971. – Deutsch von Udo Feldbusch: Jean Renoir. München und Wien: Carl Hanser 1977. Als Taschenbuch: Fischer 3662.

zu: What Is Cinema? v. André Bazin. Berkeley: University of California Press 1971.

zu: Charlie Chaplin v. André Bazin und Eric Rohmer. Paris: Cerf 1973.

zu: La grande illusion v. Jean Renoir (Scénario illustré). Paris: Balland 1974.

zu: Vincent, François, Paul et les autres ... v. Claude Sautet (Scénario). in: L'Avant-Scène Cinéma, Nr. 153, Dezember 1974.

zu: Le cinéma de la cruauté v. André Bazin. Paris: Flammarion 1975.

zu: Le cinéma de l'occupation et de la résistance v. André Bazin. Paris: Union générale d'éditions 1975. – Englisch: French Cinema of the Occupation and Resistance. New York: Ungar 1981.

zu: La meilleure façon de marcher v. Claude Miller. in: L'Avant-Scène Cinéma, Nr. 168, April 1976.

zu: Hollywood Directors (1914–1940) v. Richard Koszarski. London, Oxford, New York: Oxford University Press 1976.

zu: Le soleil et les ombres v. Jean-Pierre Aumont. Paris: J'ai Lu 1977. – Englisch: Sun and Shadow. New York: W. W. Norton 1977.

zu: Le cinéma et moi v. Sacha Guitry. Paris: Ramsay 1977.

zu: Andre Bazin v. Dudley Andrew. London, Oxford, New York: Oxford University Press 1978. – Französisch: André Bazin. Paris: Editions de l'Etoile 1983.

zu: Orson Welles: A Critical View v. André Bazin. New York: Harper & Row 1978.

zu: The Book of the Cinema v. Mitchell Beazley. London: Artists House 1979.

zu: Un homme à la caméra v. Nestor Almendros. Renens: Hatier 1980. - Englisch: A Man with a camera. New York 1984.

zu: La toile d'araignée v. William Irish (Roman). Paris: Belfond 1980.

zu: Orson Welles v. André Bazin, dt. Ausgabe. Wetzlar: Büchse der Pandora 1980.

zu: A Passion for Films. Henri Langlois and the Cinémathèque Française v. Richard Roud. New York: Viking Press 1983.

zu: The Great French Films v. James Reid Paris. New York: Citadel Press 1983.

zu: Jules und Jim v. Henri-Pierre Roché. Frankfurt: Zweitausendeins

1983 (ein weiteres Vorwort enthält der deutsche Filmtext; siehe: Jules et Jim)

Truffauts Arbeiten in »Cahiers du Cinéma«

François Truffaut hat von 1953 bis 1958 ziemlich regelmäßig an der wichtigsten französischen Filmzeitschrift, *Cahiers du Cinéma,* mitgearbeitet. Zum Teil wurden seine Texte unter den Pseudonymen Robert Lachenay (Abkürzung: R. L.) und François de Monferrand (F. d. M.) veröffentlicht.

Gespräche mit Regisseuren:

Entretien avec Jacques Becker. Von Jacques Rivette und François Truffaut. Nr. 32, Februar 1954.

Entretien avec Jean Renoir. Von Jacques Rivette und François Truffaut. Nr. 34, April 1954, und Nr. 35, Mai 1954; engl. (gekürzt) in: Sight and Sound, Vol. 24, Nr. 1, Juli–September 1954; dt. in: Ulrich Gregor (Hrsg.): Jean Renoir und seine Filme. Bad Ems 1970, S. 55–96.

Entretien avec Roberto Rossellini. Von Maurice Schérer und François Truffaut. Nr. 37, Juli 1954; nachgedr. in: La politique des auteurs. Paris 1972, S. 74–85; engl. in: Film Culture, Vol. 1, Nr. 2, März–April 1955, und in: Andrew Sarris (Hrsg.): Interviews with Film Directors. New York 1967, S. 474–478; dt. in: Theodor Kotulla (Hrsg.): Der Film. Manifeste, Gespräche, Dokumente. Band 2. München 1964, S. 47–56.

Entretien avec Abel Gance. Von Jacques Rivette und François Truffaut. Nr. 43, Januar 1955.

Entretien avec Alfred Hitchcock. Von François Truffaut und Claude Chabrol. Nr. 44, Februar 1955; nachgedr. in: La politique des auteurs. Paris 1972, S. 146–159.

Entretien avec Jules Dassin. Von François Truffaut und Claude Chabrol. Nr. 46, April 1955, und Nr. 47, Mai 1955.

Hollywood, petite île ... par Max Ophüls. Von François Truffaut und Jacques Rivette (ohne Gesprächsform). Nr. 54, Weihnachten 1955.

Entretien avec Howard Hawks. Von Jacques Becker, Jacques Rivette und François Truffaut. Nr. 56, Februar 1956; nachgedr. in: La politique des auteurs. Paris 1972, S. 122–140; engl. in: Andrew Sarris (Hrsg.): Interviews with Film Directors. New York 1967, S. 228–240.

Rencontre avec Alfred Hitchcock. Von Charles Bitsch und François Truffaut. Nr. 62, August–September 1956.

Rencontre avec Robert Aldrich. Von François Truffaut. Nr. 64, November 1956.

Entretien avec Max Ophüls. Von Jacques Rivette und François Truffaut. Nr. 72, Juni 1957.

Nouvel Entretien avec Jean Renoir. Von Jacques Rivette und François Truffaut. Nr. 78, Weihnachten 1957; nachgedr. in: La politique des auteurs. Paris 1972, S. 12–69; dt. in: Jean Renoir und seine Filme. Bad Ems 1970, S. 97–137.

Rencontre avec Robert Aldrich. Von François Truffaut. Nr. 82, April 1958.

Entretien avec Jacques Tati. Von André Bazin und François Truffaut. Nr. 83, Mai 1958.

Entretien avec Georges Franju. Von François Truffaut. Nr. 101, November 1959.

Filmkritiken:

»Sudden Fear« (Maskierte Herzen; R: David Miller). Nr. 21, März 1953.

»The Snows Of Kilimanjaro« (Schnee am Kilimandscharo; R: Henry King). Nr. 23, Mai 1953.

»South Sea Sinner« (Südsee-Vagabunden; R: Bruce Humberstone), »The Narrow Margin« (Um Haaresbreite; R: Richard Fleischer). Nr. 24, Juni 1953.

»Five« (Die letzten Fünf; R: Arch Oboler). Nr. 25, Juli 1953.

»Stalag 17« (R: Billy Wilder). Nr. 28, November 1953.

»Niagara« (R: Henry Hathaway). Nr. 28, November 1953 (gezeichnet: Robert Lachenay).

»The Big Heat« (Heißes Eisen; R: Fritz Lang). Nr. 31, Januar 1954.

»La Red« (Begierde und Leidenschaft; R: Emilio Fernandez). Nr. 32, Februar 1954 (gezeichnet: Robert Lachenay).

»Touchez pas au Grisbi« (Wenn es Nacht wird in Paris; R: Jacques Becker). Nr. 34, April 1954; nachgedr. in: Les films de ma vie, S. 196–199; dt. in: Die Filme meines Lebens, S. 138–140.

»It Should Happen to You« (R: George Cukor). Nr. 35, Mai 1954 (gezeichnet: Robert Lachenay).

»River Of No Return (Fluß ohne Wiederkehr; R: Otto Preminger), »Prince Valiant« (Prinz Eisenherz; R: Henry Hathaway), »King Of the Khyber Rifles« (Der Hauptmann von Peshawar; R: Henry King). Nr. 38, August–September 1954.

»Ali Baba et les quarante voleurs« (Ali Baba; R: Jacques Becker). Nr. 44, Februar 1955.

»Johnny Guitar« (Wenn Frauen hassen – Johnny Guitar; R: Nicholas Ray). Nr. 46, April 1955 (gezeichnet: Robert Lachenay); kombiniert mit Passagen aus einer *Arts*-Kritik nachgedr. in: Les films de ma vie, S. 120–123; dt. in: Filme meines Lebens, S. 120–123.

»La tour de Nesle« (R: Abel Gance). Nr. 47, Mai 1955 (gezeichnet: Robert Lachenay); nachgedr. in: Les films de ma vie, S. 49–52; dt. in: Die Filme meines Lebens, S. 41–44.

»Vera Cruz« (R: Robert Aldrich). Nr. 48, Juni 1955; nachgedr. in: Les films de ma vie, S. 125–129; dt. in: Die Filme meines Lebens, S. 101–104.

»The Barefoot Contessa« (Die barfüßige Gräfin; R: Joseph L. Mankiewicz). Nr. 49, Juli 1955; nachgedr. in: Les films de ma vie, S. 154–157; dt. in: Die Filme meines Lebens, S. 111–114.

»Lola Montez« (R: Max Ophüls). Nr. 55, Januar 1956; kombiniert mit Passagen aus einer *Arts*-Kritik nachgedr. in: Les films de ma vie, S. 245–250; dt. in: Die Filme meines Lebens. S. 174–179. ·

»East of Eden« (Jenseits von Eden; R: Elia Kazan). Nr. 56, Februar 1956.

»Si Paris nous était conté« (R: Sacha Guitry). Nr. 57, März 1956.

»The Seven Year Itch« (Das verflixte 7. Jahr; R: Billy Wilder). Nr. 57, März 1956 (gezeichnet: Robert Lachenay).

»Les assassins du dimanche« (Schrei des Gewissens; R: Alex Joffé). Nr. 61, Juli 1956.

»Baby Doll« (R: Elia Kazan). Nr. 67, Januar 1957; kombiniert mit Passagen aus einer *Arts*-Kritik nachgedr. in: Les films de ma vie, S. 138–141; in der deutschen Ausgabe nicht enthalten.

»Assassins et voleurs« (R: Sacha Guitry). Nr. 70, April 1957; nachgedr. in: Les films da ma vie, S. 234–236; dt. in: Die Filme meines Lebens, S. 165–167.

»Kurutta Kajitzu« (Die gelbe Venus von Kamakura; R: Yasushi Nakahira). Nr. 83, Mai 1958.

»The Angry Age« (Heiße Küste; R: René Clément). Nr. 84, Juni 1959.

»Le testament d'Orphée« (Das Testament des Orpheus; R: Jean Cocteau). Nr. 152, Februar 1964; nachgedr. in: Les films de ma vie, S. 228–233; dt. in: Die Filme meines Lebens, S. 161–165.

Aufsätze/Porträts/Kommentare

En avoir plein la vue. Nr. 25, Juli 1953. (Über Cinemascope).

Une certaine tendance du cinéma français. Nr. 31, Januar 1954; engl. in: Bill Nichols (Hrsg.): Movies and Methods. Berkeley 1976,

S. 224–237; dt. in: Theodor Kotulla (Hrsg.): Der Film. Manifeste, Gespräche, Dokumente. München 1964, S. 116–131.

Un trousseau de fausses clés. Nr. 39, Oktober 1954. (Über Hitchcock).

Orvet, mon amour. Nr. 47, Mai 1955. (Über ein Theaterstück von Jean Renoir).

Portrait d'Humphrey. Nr. 52, November 1955 (über Humphrey Bogart; gezeichnet: Robert Lachenay); eine für *Arts* erweiterte Fassung dieses Textes (1957) ist nachgedr. in: Les films de ma vie, S. 308–312; dt. in: Die Filme meines Lebens, S. 226–229, und in Jansen/Schütte (Hrsg.): Humphrey Bogart. Reihe Film 8. München 1976, S. 103–109.

Clouzot au travail ou le règne de la terreur. Nr. 77, Dezember 1957. (Über Henri-George Clouzot).

Positif: Copie 0. Nr. 79, Januar 1958. (Über die französische Filmzeitschrift Positif; dazu Entgegnung von F. Hoda in Nr. 81).

Journal de Fahrenheit 451. Nr. 175–180, Februar–Juli 1966; nachgedr. in: La nuit américaine et le journal de tournage de Fahrenheit 451. Paris: Seghers 1974; zu den dt. Fassungen siehe: Fahrenheit 451 (einzelne Filme).

Lubitsch était un prince. Nr. 198, Februar 1968; nachgedr. in: Les films de ma vie, S. 71–74; engl. in: American Film, Vol. 3, Nr. 7, Mai 1978; dt. in: Die Filme meines Lebens, S. 58–62.

Festivalberichte:

Le Festival de Venise 1955. Von André Bazin, Lotte H. Eisner, Georges Sadoul, François Truffaut und Etienne Loinod. Nr. 51, Oktober 1955. (Truffaut bespricht die Filme »Des Teufels General«, »The Naked Dawn«, »The Big Knife«, »Les mauvaises rencontres«).

Cannes 1957. Von André Bazin, Claude Chabrol, Jacques Doniol-Valcroze, André Martin und François Truffaut. Nr. 72, Juni 1957. (Truffaut bespricht die Filme »Det sjunde inseglet«, »The Bachelor Party«, »La casa del angel«, »Guendalina«).

Cannes 1958. Von André Bazin, Jean Béranger, Charles Bitsch, René Guyonnet, André Martin und François Truffaut. Nr. 84, Juni 1958. (Truffaut bespricht die Filme »Goha le Simple«, »L'eau vive«, »L'uomo di Paglia«, »Das Wirtshaus im Spessart«, »Rosaura«, »La pierre philosophale«).

Venise 1958. Von Jacques Doniol-Valcroze und François Truffaut. Nr. 88, Oktober 1958. (Truffaut bespricht die Filme »La sfida«, »Weddings and Babies« und »La légende du Narayama«).

Nachrufe:
Max Ophüls. Nr. 70, April 1957.
André Bazin. Nr. 91, Januar 1959.
Françoise Dorléac. Nr. 200–201, April – Mai 1968.

Mitarbeit an größeren Projekten:
F comme femme. (Notizen zu Frauen im Film). Nr. 30, Weihnachten 1953 (»La femme et le cinéma«).
Enquête sur la censure et l'érotisme. Nr. 42, Dezember 1954 (»L'amour au cinéma«).
Dictionnaire des réalisateurs américains contemporains. Nr. 54, Weihnachten 1955 (»Situation du cinéma américain«).
Le double jeu. (Über Schauspieler als Regisseure und Regisseure als Schauspieler). Nr. 66, Weihnachten 1956 (»L'acteur«).
Bio-Filmographie de Jean Renoir. Nr. 78, Weihnachten 1957 (»Jean Renoir«).
Cent soixante-deux nouveaux cinéastes français / Trois points d'économie (éléments pour un dossier). Nr. 138, Dezember 1962 (»Nouvelle vague«).
Sept hommes à débattre. (Diskussion über amerikanischen Film). Nr. 150–151, Dezember 1963 – Januar 1964 (»Cinéma américain«).

Kurzkritiken / Buchbesprechungen / Mitarbeit am »Petit journal (intime) du cinéma« / »La photo du moir« (in Nr. 53, 58, 60, 80, 137) / Verschiedene kleine *Beiträge / Drehbuchauszug* aus »Les 400 coups« (Nr. 90) / *Vorabdruck* aus dem Hitchcock-Buch (Nr. 147 und 184). / Les dix meilleurs films de l'année (in Nr. 43, 55, 67, 79, 92, 104, 116).

Über François Truffaut

Bücher/Broschüren
Dominique Fanne: L'univers de François Truffaut. Paris: Cerf 1972. 7e art Bd. 54. – Aline Desjardins s'entretient avec François Truffaut. Ottawa: Leméac 1973. Collection Les Beaux-Arts. – Jean Collet: Le Cinéma de François Truffaut. Paris: Lherminier 1977. – Elisabeth Bonnafons: François Truffaut. La figure inachevée. Lausanne: L'Age d'Homme 1981. – Le Roman de François Truffaut. Cahiers du Cinéma. Numéro spécial. Dezember 1984. Mit Beiträgen von Nestor Almendros, Alexandre Astruc, Jean Aurel, Martine Barraqué, Janine Bazin, Marcel Berbert, Claude Berri, Charles Bitsch, Pierre Braunberger, Jean-Claude Brialy, Todd McCarthy, Claude Chabrol, Josiane Couëdel, Yann Dedet, Catherine Deneuve, Gérard Depardieu,

Jacques Doniol-Valcroze, Milos Forman, Claude de Givray, Jean-Luc Godard, Georges Kiejman, Robert Lachenay, Bernadette Lafont, Jean-Pierre Léaud, Roger Leenhardt, Claude Miller, Jeanne Moreau, Marie-France Pisier, Roman Polanski, Jean-Louis Richard, Jean-José Richer, Eric Rohmer, Jean Rouch, Serge Rousseau, Suzanne Schiffman, Helen Scott, Steven Spielberg, Jean-Charles Tacchella. In erweiterter Fassung (mit Filmografie, Texten und Fotos zu den Filmen) auch als Buch: Paris: Éditions de l'Étoile 1985.

Graham Petrie: The Cinema of François Truffaut. New York: A. S. Barnes & Co. / London: A. Zwemmer 1970. The International Film Guide Series. – C. G. Crisp: François Truffaut. New York: Praeger Publishers / London: Movie Magazine 1972. Movie Paperbacks. – Don Allen: François Truffaut. London: Secker and Warburg / British Film Institute 1974. Cinema One Bd. 24; New York: The Vikking Press 1974. – Annette Insdorf: François Truffaut. Boston: Twayne 1978. – Eugene P. Walz: François Truffaut. A Guide to References and Resources. Boston: G. K. Hall & Co. 1982 (enthält umfangreiches filmografisches und vor allem bibliografisches Material).

Hans-Jürgen Wunderlich (Red.): Ein Amerikaner in Paris / Das Kino des François Truffaut. Nürnberg: Kino Meisengeige 1973. (Die Broschüre enthält faksimilierte Aufsätze und Kritiken aus den Jahren 1959 bis 1973). – Massimo Marchelli: François Truffaut. Berlin: Klaus Guhl 1978. Kinoheute Bd. 1. (Aus dem Italienischen v. Helga Jungblut). – Reiner Keller (Red.): François Truffaut. Aachen: Arbeitsgemeinschaft der Jugendfilmarbeit und Medienerziehung / Bundesarbeitsgemeinschaft der Jugendfilmclubs e. V. 1980. Materialien zu Filmreihen Bd. 3. – Willi Winkler: Die Filme von François Truffaut. München: Wilhelm Heyne 1984. Heyne-Filmbibliothek Nr. 32/80.

Alberto Barbera: François Truffaut. Firenze: Ed. La Nuova Italia 1976. Il Castoro Cinema Bd. 27. – Massimo Marchelli: François Truffaut. Milano: Moizzi Ed. 1977. Contemporanea Cinema Bd. 2. – Mario Simondi (Hrsg.): François Truffaut. Firenze: La casa Usher 1981 mit umfangreicher, auf Eugene P. Walz basierender Bibliografie). – Ciriaco Tiso: T/T Truffaut Truffaut. Roma: Bulzoni 1982. Quaderni di filmcritica 15.

Aufsätze/Buchkapitel
Robert Benayoun: Le roi est nu. in: Positif, Nr. 46, Juni 1962. – Jean-Pierre Lefèbvre: François Truffaut, un art ardente et triste. in: Objectif, Juli 1962, Nr. 4. – Gilles Jacob: L'amour et l'amitié. in: G. J.: Le

cinéma moderne. Lyon: Serdoc 1964, S. 101–113. – Jean-Luc Godard: Apprenez le François. in: l'Avant-Scène Cinéma, Nr. 48, Mai 1965; nachgedr. in: Jean-Luc Godard par Jean-Luc Godard. Paris 1968; engl. in: Godard on Godard. London und New York 1972; dt. in: Godard/Kritiker. München 1971. – Jean Collet: L'œuvre de François Truffaut: Une tragédie de la connaissance. in: Etudes, Nr. 325, Dezember 1966; nachgedr. in: J. C.: Le cinéma en question. Paris: Cerf 1972, S. 75–93. – Jean-Pierre Melville: Le cas Truffaut. in: Arts-Loisirs, Nr. 64, 14.–20. 12. 1966. – Gilles Jacob: Annecy an IV / Hommage à Truffaut. in: Cinéma, Nr. 112, Januar 1967. – Jean-Louis Comolli: Au cœur des paradoxes. in: Cahiers du Cinéma, Nr. 190, Mai 1967. – Pierra Ajame: Les batailles de François Truffaut. in: P. A.: Les critiques de cinéma. Paris: Flammarion 1967, S. 65–83 (über Truffaut als Kritiker). – Jean-Pierre Jeancolas: Chabrol, Truffaut, après quinze ans. in: Jeune Cinéma, Nr. 60, Januar 1972. – Michel Ciment: Une tendance certaine du cinéma français. in: Positif, Nr. 144–145, November–Dezember 1972 (vor allem über Truffaut und Chabrol). – Jacques Fieschi: l'enfance. in: Cinématographe, Nr. 15, Oktober–November 1975. – Pierre Maraval: Antoine Doinel. L'enfant terrible de François Truffaut. in: Cinématographe, Nr. 15, Oktober–November 1975. – Philippe Carcassonne: Truffaut le narrateur. in: Cinématographe, Nr. 32, November 1977. – François Porcile: François Truffaut en compagnie de Maurice Jaubert. in: La Revue du Cinéma/Image et Son, Nr. 327, April 1978 (über die Verwendung von Jauberts Musik in Truffaut-Filmen). – Michel Boujut: A cache-cache avec François Truffaut. in: Les Nouvelles Littéraires v. 25. 1. 1979. – Jean-Luc Douin: Les pudeurs indiscrètes de François Truffaut. in: Télérama, Nr. 2773, 20.–26. 9. 1980. – Nestor Almendros: Un homme à la caméra. Préface de François Truffaut. Renens: Hatier 1980 (enthält u. a. Texte zu den acht Filmen, die Almendros für Truffaut fotografiert hat). – Françoise Audé: Ciné-modèles cinéma d'elles. Lausanne: l'Age d'Homme 1981 (S. 49–52: Truffaut, pour la vitesse de croisière). – Tay Garnett: François Truffaut. in: T. G.: Un siècle du cinéma. Portraits des cinéastes. Renens: Hatier 1981, S. 336–345. – Claude Beylie: Truffaldiana. in: l'Avant-Scène Cinéma, Nr. 303–304, 1.–15. 3. 1983 (über verschiedene Truffaut-Bücher). – René Prédal: Le cinéma français contemporain. Paris: Cerf 1984. S. 241–249: L'art commercial des vétérans de la Nouvelle Vague: Chabrol, Demy, Truffaut. – Marcel Martin: Le cinéma français depuis la guerre. Paris: Edilig 1984 (über Truffaut an verschiedenen Stellen).

Special Truffaut Issue. New York Film Bulletin, Vol. 3, Nr. 3, Issue 44 (Sommer 1962); mit Analysen und Interviews. – Manny Farber: White Elephant Art vs. Termite Art. in: Film Culture, Nr. 27, Winter 1962–63; nachgedr. in: M. F.: Negative Space. New York 1972, S. 134–144 (über Richardson, Truffaut und Antonioni). – Judith Shatnoff: François Truffaut: The Anarchist Imagination. in: Film Quarterly, Vol. 16, Nr. 3, Frühjahr 1963. – Peter Cowie: François Truffaut. in: P. C.: International Film Guide 1964. London und New York 1963, S. 19–21; ergänzt und nachgedr. in: P. C.: Fifty Major Filmmakers. New York und London 1975, S. 253–259. – Michael Klein: The Literary Sophistication of François Truffaut. in: Film Comment, Vol. 3, Nr. 3, Sommer 1965. – Andrew Sarris: Films. in: The Village Voice v. 17. 11. 1966. – Robin Wood: Chabrol and Truffaut. in: Movie (London), Nr. 17, Winter 1969–70. – Thomas Elsaesser: Truffaut. in: Brighton Film Review, Nr. 21, Juni 1970. – David Bordwell: François Truffaut. A Man Can Serve Two Masters. in: Film Comment, Vol. 7, Nr. 1, Frühjahr 1971. – Julian Jebb: Truffaut: the educated heart. in: Sight and Sound, Vol. 41, Nr. 3, Sommer 1972 (über Frauengestalten bei Truffaut). – Marsha Kinder, Beverle Houston: François Truffaut. in: M. K., B. H.: Close-Up: A Critical Perspective on Film. New York: Harcourt, Brace, Jovanovich 1972, S. 183–197. – Graham Petrie: Alternative to Auteurs. in: Film Quarterly, Vol. 26, Nr. 3, Frühjahr 1973; dazu eine vor allem mit Truffaut-Zitaten operierende Entgegnung v. John Hess in: Film Quarterly, Vol. 27, Nr. 2, Winter 1973–74 (Auteurism and After). – Mari Kuttna: The Reality of Memory. in: Film (London), Series 2, Nr. 2 Mai 1973. – James M. Wall: François Truffaut. in: J. M. W.: Three European Directors. Grand Rapids: Eerdmans 1973, S. 9–63. – Marsha Kinder, Beverle Houston: Truffaut's Gorgeous Killers. in: Film Quarterly, Vol. 27, Nr. 2, Winter 1973–74. – Mark Le Fanu: The Cinema of Irony. in: Monogram (London), Nr. 5 (1974). – John Hess: La politique des auteurs. Part One: World View as Aesthetic. Part Two: Truffaut's Manifesto. in: Jump Cut, Nr. 1, Mai–Juni 1974 (Part One); Nr. 2, Juli–August 1974 (Part Two); eine Auseinandersetzung mit Truffauts Aufsatz Une certain tendance ... (Cahiers du Cinéma 31). – Molly Haskell: From Reverence to Rape. New York: Holt, Rinehart & Winston 1974 (mit Passagen über Jules et Jim und Les deux anglaises ...). – Paul Nightingale: Making the Transition: François Truffaut. in: Framework, Nr. 1, Mai 1975. – Vincent Canby: Truffaut's Clear-Eyed Quest. in: The New York Times v. 14. 9. 1975. – Thomas W. Bohn, Richard L. Stromgren: Light and Shadows. New

York: Alfred 1975 (über Truffaut S. 347–350). – Paul Thomas: The Sorcerer's Apprentice: Bazin and Truffaut on Renoir. in: Sight and Sound, Vol. 44, Nr. 1, Winter 1975–76. – Leland A. Poague: On Time and Truffaut. in: Film Criticism, Vol. 1, Nr. 2, Sommer 1976. – Leo Braudy: Truffaut, Godard, and the Genre Film als Self-conscious Art. in: L. B.: The World in a Frame. Garden City, New York 1976, S. 163–169. – Gerald Mast: From 400 Blows to Small Change: Truffaut's Progress. in: The New Republic v. 2. 4. 1977. – Allen Thiher: The Existential Play in Truffaut's Early Films. in: Literature/Film Quarterly, Vol. 5, Nr. 3, Sommer 1977; nachgedr. in: A. T.: The Cinematic Muse: Critical Studies in the History of French Cinema. Columbia & London University of Missouri Press 1979, S. 143–163. – Annette Insdorf: Maurice Jaubert and François Truffaut: Musical Continuities from L'Atalante to L'Histoire d'Adèle H. in: Yale French Studies, Nr. 80, 1980. – James Monaco: François Truffaut. in: Richard Roud (Hrsg.): Cinema: A Critical Dictionary. New York: Viking Press / London: Secker & Warburg 1980, S. 1009–1019. – Don Allen: François Truffaut. The Man Who Loves Movies. in: The Movie (London), Chapter 59, 1981; nachgedr. in: Ann Lloyd (Hrsg.): Movies of the Sixties. London: Orbis 1983, S. 14–16. – Bart Testa: François Truffaut. in: John R. May, Michael Bird (Hrsg.): Religion in Film. Knoxville: The University of Tennessee Press 1982, S. 210–218. – Gavin Millar: No Philanderer. in: The Listener (London) v. 24. 2. 1983 (über die Doinel-Filme). – Peter Harcourt: Mad Love and a Sense of Play: ›Reading‹ the Early Films of François Truffaut. in: Mosaic, Vol. 16, Nr. 1–2, 1983. – Eugene P. Walz: Antoine's First and Final Adventure. in: Mosaic, Vol. 16, Nr. 1–2, 1983. – James Reid Paris: The Great French Films. Secaucus, NJ: Citadel 1983 (behandelt LES QUATRE CENTS COUPS, JULES ET JIM und LA NUIT AMÉRICAINE). – Gerald Mast: Truffaut, François. in: Christopher Lynn (Ed.): The Macmillan Dictionary of Films and Filmmakers. Vol. 2. London: Macmillan 1984, S. 540–543. – Katherine S. Woodward: European Anti-Melodrama: Godard, Truffaut, Fassbinder. in: Post Script, Vol. 3, Nr. 2, Winter 1984.

Helmut Färber: Regisseur-Biographie: François Truffaut. in: Regisseur-Biographien II. Aachen: Arbeitsgemeinschaft der deutschen Jugendfilmclubs (1961). – Frieda Grafe: Die Kunst des Epigonen. in: Filmkritik, April 1965, Nr. 4; nachgedr. in: Grafe/Patalas: Im Off. München: Hanser 1974, S. 49–58. – Pierre Lachat: Truffaut und die Versuchung des Stils; Walter Tecklenburg: Truffaut, Hitchcock und die Reflexion des Kinos. in: Cinema (Schweiz), Nr. 51, Herbst 1967. –

Michael Hanisch: Originell aus Prinzip. in: Neue Zeit (Berlin DDR) v. 25. 6. 1971. – Martin Schaub: Truffauts gespiegelte Autobiographie. in: Die Weltwoche v. 27. 8. 1971 (über Les aventures d'Antoine Doinel). – ms. (Martin Schlappner): Das Universum des François Truffaut. in: Neue Zürcher Zeitung, Fernausgabe v. 12. 8. 1972 (über die Monografie v. Dominique Fanne). – Dr. K. K. (Konrad Karkosch): François Truffaut. in: Film & Ton-Magazin, Februar 1974, Nr. 2. – o. V.: Auf der Suche nach der verlorenen Kindheit. in: Der Spiegel v. 15. 4. 1974, Nr. 16. – Hanns Fischer: Schlüsselerlebnis für das breite Publikum. in: Frankfurter Rundschau, Ostern 1974. – Vinzenz B. Burg: Cinéast des Infantilen. in: Film-Korrespondenz, Juni 1974, Nr. 6. – div. Autoren: François Truffaut. in: Französischer Film 1960–75. Hrsg. v. AG Kino & Film und Freunde der Deutschen Kinemathek, Berlin 1976. Materialien zur Filmgeschichte 6, S. TC1–TC12. – wg. (Gerhart Waeger): Kleine Topographie des Gefühls. in: Neue Zürcher Zeitung, Fernausgabe v. 2. 12. 1976. – Peter W. Jansen: Keine Angst vorm Erzählen. in: Die Zeit v. 17. 6. 1977. – Ulrich Gregor: Geschichte des Films ab 1960. München: C. Bertelsmann 1978, S. 22–24. – Vincent von Wroblewsky: Ein Mann, der Filme liebt. in: Film und Fernsehen (Berlin DDR), April 1979, Nr. 4. – Bernhard Giger: Das Gesicht hinter der Glasscheibe. in: Cinema (Schweiz), Juni 1979, Nr. 2. – ms. (Martin Schlappner): François Truffaut. in: Neue Zürcher Zeitung v. 27. 3. 1983. – Wolfgang Krumbein: François Truffaut oder Die Liebe zum Kino. in: Der Spielfilm im ZDF, 1983, Nr. 2. – Robert Fischer: Geschichten von Doinel. in: Zitty (Berlin) v. 16.–29. 9. 1983, Nr. 20 (zu einer Sendereihe im ZDF). – Hans Gerhold: Truffauts »Erziehung des Herzens«. Film-Dienst v. 20. 9. 1983, Nr. 19.

Nachrufe

Alan Riou: L'enfant sauvage dans la nuit américaine. in: Le Matin v. 22. 10. 1984 (mit verschiedenen anderen Beiträgen). – Serge Daney: Truffaut un homme qui aimait les films. in: Libération v. 22. 10. 1984. – Jacques Siclier: L'éternel masculin. in: Le Monde v. 23. 10. 1984 (mit weiteren Beiträgen). – Milos Forman: Mon ami François Truffaut. in: Le Monde v. 1. 11. 1984. – Les Cahiers: François Truffaut. in: Cahiers du Cinéma, Nr. 365, November 1984. – Dossier: François Truffaut. in: Cinéma, Nr. 312, Dezember 1984 (mit Beiträgen v. Jacques Petat, Jean Collet, Francis Desbarats, Joël Magny, André Bernard, Carole Desbarats, Michel Mahéo und einer Filmografie). – Dossier: François Truffaut. in: Cinématographe, Nr. 105, Dezember

1984 (mit Beiträgen v. Jacques Fieschi, Dominique Maillet, Leslie Caron, Mireille Latil Le Dantec, Isabelle Adjani/Dominique Maillet, Bernard Revon/Philippe Le Guay, Jean Aurel/Jerome Tonnerre, Nestor Almendros/Jacques Fieschi, Sabine Haudepin/Bruno Villien, Emmanuel Decaux, Philippe Le Guay, Truffaut, mit Kurzkritiken der wichtigsten Filme und einer Filmografie von Jean-Charles Sabria). – M. M. (Marcel Martin): François Truffaut. in: La Revue du Cinéma, Nr. 401, Januar 1985.

Eric Pace: François Truffaut, New Wave Director, Dies; Vincent Canby: Master of the Movies. in: The New York Times v. 22.10. 1984. – Richard Roud: The Man who loved the cinema. in: The Guardian v. 22.10. 1984. – Todd McCarthy: François Truffaut, Key French New Wave Director, Dead At 52. in: Variety v. 24.10. 1984. – Gavin Millar: François Truffaut. in: The Listener v. 1.11. 1984. – Vincent Canby: Truffaut: The Man Was Revealed Through His Art. in: The New York Times v. 4.11. 1984. – Richard Corliss: Wild Child, Movie Master. in: Time v. 5.11. 1984. – Terrence Rafferty: Reflections. Truffaut. in: The New Yorker v. 31.12. 1984. – Midsection: François Truffaut. in: Film Comment, Vol. 21, Nr. 1, Januar-Februar 1985 (mit Texten v. Richard T. Jameson, Steven Spielberg, Nathalie Baye, Jacqueline Bisset, Catherine Deneuve, Gérard Depardieu, David Newman, Marie-France Pisier, Nicolas Roeg u. a.).

Volker Baer: Ein Platz ganz vorn. in: Der Tagesspiegel v. 23.10. 1984. – Doris Blum: Doinels steiniger Weg. in: Die Welt v. 23.10. 1984. – Brigitte Desalm: Der Mann, der das Kino liebte. in: Kölner Stadt-Anzeiger v. 23.10. 1984. – Horst Knietzsch: Sehnsucht und ein Hauch von Wirklichkeit. in: Neues Deutschland (DDR) v. 23.10. 1984. – H. G. Pflaum: Der monomane Cinéast. in: Süddeutsche Zeitung v. 23.10. 1984. – Wolfram Schütte: Amour fou zum Kino. in: Frankfurter Rundschau v. 23.10. 1984. – Ruprecht Skasa-Weiß: Am Ort der harmonischen Dramen. in: Stuttgarter Zeitung v. 23.10. 1984. – Wilfried Wiegand: Der unbekannte Klassiker. in: FAZ v. 23.10. 1984. – ms. (Martin Schlappner): Der genaue Blick der Zärtlichkeit. in: Neue Zürcher Zeitung v. 25.10. 1984. – Siegfried Schober: Ein letzter Klassiker. in: Die Zeit v. 26.10. 1984. – S. W. (Sylvie Wickert): Filmliebe. in: Deutsches Allgemeines Sonntagsblatt v. 28.10. 1984. – o. V.: François Truffaut. in: Der Spiegel v. 29.10. 1984. – Reinhold Jacobi: »Liebe auf der Flucht«. in: Film-Dienst v. 30.10. 1984, Nr. 22. – Peter Zadek: Der Mann, der die Menschen liebte. in: Stern v. 31.10. 1984, Nr. 45. – Vincent von Wroblewsky: François Truffaut. in: Sonntag (DDR) v. 4.11. 1984. – Hans Gerhold: Kino als Leben.

in: Film-Korrespondenz v. 6.11. 1984, Nr. 23. – Robert Fischer: Abschied von François Truffaut. in: Zitty (Berlin) v. 9.–22.11. 1984, Nr. 24, und in: Retro, Nr. 26, Dezember 1984–Januar/Februar 1985. – Klaus Kirst: Mit dem Mut zum Lachen und Weinen … in: Filmspiegel (DDR), (November) 1984, Nr. 23. – Ulrich Gregor: François Truffaut. in: epd Film, November 1984, Nr. 11.

Interviews

Michèle Manceaux: François Truffaut. in: L'Express v. 24. 4. 1959. – André Perinaud: Truffaut: Le jeune cinéma n'existe pas. in: Arts, Nr. 720, 29. 4. 1959. – Pierre Wildenstein: Conversation avec François Truffaut. in: Téléciné, Nr. 83, Juni–Juli 1959. – Guy Leger: Entrétiens sur le cinéma. Avec François Truffaut et Jacques Rivette. in: Signes du Temps, Dezember 1959, Nr. 12. – o. V.: François Truffaut réalisateur. in: Téléciné, Nr. 94, März 1961. – Louis Marcorelles: Cinéma-spectacle ou cinéma-langage. in: France Observateur v. 19. 10. 1961; engl. in: Sight and Sound, Vol. 31, Nr. 1, Winter 1961–62. – Michel Mardore: Un enfant de la nouvelle vague se convertit au réalisme ou Les aveux de Jeckyll-Truffaut. in: Les Lettres Françaises v. 25. 1. 1962. – Dan A. Cukier, Jo Gryn: Entretien avec François Truffaut. in: Script, Nr. 5, April 1962; engl. in: Focus on Shoot the Piano Player. Englewood-Cliffs 1972, S. 12–21. – Jean Collet, Michel Delahaye, Jean-André Fieschi, André S. Labarthe, Bertrand Tavernier: Entretien avec François Truffaut. in: Cahiers du Cinéma, Nr. 138, Dezember 1962; engl. in: Film Quarterly, Vol. 17, Nr. 1, Herbst 1963, und in Peter Graham (Hrsg.): The New Wave. London: Secker & Warburg 1968, S. 9–15 und 85–113; dt. in: Theodor Kotulla (Hrsg.): Der Film. Manifeste, Gespräche, Dokumente. Band 2. München: Piper 1964, S. 165–192. – Pierre Billard: François Truffaut: Voix Off. in: Cinéma, Nr. 86, Mai 1964, Nr. 87, Juni 1964, Nr. 89, September 1964; dt. in: Ulrich Gregor (Hrsg.): Wie sie filmen. Gütersloh: Sigbert Mohn 1966, S. 138–187. – o. V.: Ce qu'a dit François Truffaut. in: Cinéma, Nr. 112, Januar 1967. – Elke Kummer, Andi Engel: Entretien avec François Truffaut. in: Kino (Westberlin), Nr. 4, Januar 1967. – Michel Capdenac: Entretien avec François Truffaut. in: Les Lettres Françaises v. 20. 4. 1967. – Jean-Louis Comolli, Jean Narboni: Entretien avec François Truffaut. in: Cahiers du Cinéma, Nr. 190, Mai 1967. – Gérard Langlois: François Truffaut: La vie en 24 images-seconde. in: Les Lettres Françaises v. 11. 4. 1968. – Pierre Billard, Christiane Collange, Claude Veillot: François Truffaut. in: L'Express v. 20. 5. 1968. – Yvette Romi: Truffaut par Truffaut. in: Le Nouvel

Observateur v. 9. 9. 1968. – Pierre Loubière, Gilbert Salachas: Fran-
çois Truffaut. in: Téléciné, Nr. 160, März 1970. – Pierre Benichou:
Truffaut chez les hommes. in: Le Nouvel Observateur v. 2. 3. 1970. –
Noël Simsolo: Entretien avec François Truffaut. in: La Revue du
Cinéma/Image et Son, Nr. 245, Dezember 1970. – o. V.: Le départ de
F. Truffaut. in: Cahiers du Cinéma, Nr. 226–227, Januar–Februar
1971 (über Truffauts Trennung von den Cahiers). – Etienne Ballerini,
Alain Thery, Roger Caracache, Bernard Oheix: François Truffaut: le
metier et le jeu. in: Jeune Cinéma, Nr. 77, März 1974. – Dominique
Maillet: François Truffaut. in: Cinématographe, Nr. 15, Oktober–No-
vember 1975. – Dominique Maillet: L'homme qui aimait les femmes:
Interview de François Truffaut. in: Lumière du Cinéma, Nr. 4, Mai
1977. – Philippe Carcassonne, Michel Devillers, Jacques Fieschi: En-
tretiens François Truffaut. in: Cinématographe, Nr. 44, Februar 1979.
– Serge Daney, Serge Toubiana, Jean Narboni: Entretien avec François Truffaut. in: Cahiers du Cinéma, Nr. 315, September 1980, und
Nr. 316, Oktober 1980.
R. M. Franchi, Marshall Lewis: Conversations with François Truffaut.
in: New York Film Bulletin, Vol. 3, Nr. 3, Issue 44, Sommer 1962;
nachgedr. in: Andrew Sarris (Hrsg.): Interviews with Film Directors.
Indianapolis, Kansas City, New York: Bobbs-Merrill 1967,
S. 447–452. – Sanche de Gramont: Life Style of Homo Cinematicus.
in: The New York Times v. 15. 6. 1969. – Molly Haskell: A Declara-
tion of Love. in: The Village Voice v. 16. 4. 1970. – Charles Thomas
Samuels: François Truffaut. in: C. T. S.: Encountering Directors. New
York: G. P. Punam's Sons 1972, S. 33–55. – Gordon Gow: Intensifi-
cation. in: Films and Filming, Vol. 18, Nr. 10, Juli 1972. – Donna
Dudinsky: ... François Truffaut ... in: Take One, Vol. 4, Nr. 2, No-
vember–Dezember 1972. – Charles Higham: François Truffaut. in:
Action (Hollywood), Vol. 9, Nr. 1, Januar–Februar 1974; nachgedr.
in: C. H.: Celebrity Circus. New York: Dell 1979, S. 333–339. – Vic-
tor Bockris, Andrew Wylie: Conversation with François Truffaut. in:
Oui, September 1974. – Melanie Adler: François Truffaut. The Ro-
mantic Bachelor. in: Interview, Vol. 6, Nr. 3, März 1976. – Annette
Insdorf: François Truffaut: Feminist Filmmaker?. in: Take One,
Vol. 6, Nr. 2, Januar 1978. – Dialogue on Film: François Truffaut and
Jeanne Moreau. in: American Film, Vol. 1, Nr. 7, Mai 1976. – William
Kowinski: François Truffaut: The Man Who Loved Movies. in: Rol-
ling Stone, Nr. 293, 14. 6. 1979. – Don Allen: Truffaut: Twenty Years
After. in: Sight and Sound, Vol. 48, Nr. 4, Herbst 1979. – Anne Gil-
lain: Reconciling Irreconcilables. in: Wide Angle (Athens, Ohio),

Vol. 4, Nr. 4, (1981). – Annette Insdorf: How the mature New Wave shapes new Films: Truffaut looks back. in: The New York Times v. 26. 2. 1984. – Jill Forbes: Phew what a scorcher. in: Stills (London), Nr. 12, Juni–Juli 1984 (Interviews mit Truffaut und Chabrol). – Dan Yakir: Looking Back. in: Film Comment, Vol. 21, Nr. 1, Januar–Februar 1985 (das Interview fand 1981 statt).

Truffaut über Filmwirtschaft, Film und sich selbst. in: Süddeutsche Zeitung v. 4.–5. 4. 1970 (Gespräche zwischen Truffaut, Ula Stöckl, Edgar Reitz, Alf Brustellin, Paul Mareau). – Frieda Grafe: Das Kino ist die beste aller Welten. in: Süddeutsche Zeitung v. 28.–29. 9. 1973. – Und wie machen Sie das?. François Truffaut und Wim Wenders treffen sich. Protokolliert von Kristine de Loup und Florian Hopf. in: Frankfurter Rundschau v. 18. 8. 1977 (auch in: Filmreport 1977, Nr. 13/14). – M. v. Schwarzkopf: Sie küßten und sie schlugen mich. in: Die Welt v. 3. 11. 1981. – Pierre Lachat, Bernhard Uhlmann, Walt R. Vian: Nicht die Perfektion entwickelt das Kino weiter: Gespräch mit F. Truffaut. in: Filmbulletin (Zürich), Nr. 130, Mai–Juni 1983.

Über Truffauts Hitchcock-Buch

Pierre Ajame in: Les Nouvelles Littéraires v. 26. 1. 1967. – Jean de Baroncelli in: Le Monde v. 8. 2. 1967. – Raymond Bellour in: Cahiers du Cinéma, Nr. 190, Mai 1967. – Claude Mauriac in: Le Figaro Littéraire v. 29. 5. 1967. – Serge Toubiana in: Cahiers du Cinéma, Nr. 358, April 1984.

Joseph Morgenstern in: Newsweek v. 1. 1. 1968. – Andrew Sarris in: Book World v. 14. 1. 1968; nachgedr. in: A. S.: Confessions of a Cultist. New York 1971, S. 333–336. – Frank Marchel in: Film Society Review, Mai 1968. – Penelope Gilliatt in: The New Yorker v. 6. 7. 1968. – Leo Braudy in: Film Quarterly, Vol. 21, Nr. 4, Sommer 1968. – Kevin Gough-Yates in: Screen, Vol. 10, Nr. 1, Frühjahr 1969. – Gavin Millar in: Sight and Sound, Vol. 38, Nr. 2, Frühjahr 1969. – Susan Steinberg in: Take One, Vol. 2, Nr. 5, Mai 1970.

Klaus Hellwig in: Frankfurter Rundschau v. 14. 1. 1967. – Frieda Grafe in: Süddeutsche Zeitung v. 13. 5. 1967 und in: Filmkritik, Juli 1967, Nr. 7. – Franz Schöler in: Neue Zürcher Zeitung, Fernausgabe v. 12. 8. 1967. – Rainer Fabian in: Die Welt v. 30. 5. 1973. – Wolf Donner in: Die Zeit v. 9. 11. 1973. – Benjamin Henrichs in: Süddeutsche Zeitung v. 22.–23. 12. 1973.

Über Truffauts Buch »Les films de ma vie«

Roland Duval in: Ecran, Nr. 37, Juni–Juli 1975. – G. A. (Guy Allombert) in: La Revue du Cinéma/Image et Son, Nr. 300, November 1975. – Gérard Legrand in: Positif, Nr. 175, November 1975. – F. Gevaudan in: Cinéma, Nr. 204, Dezember 1975.

Leo Braudy in: Times Literary Supplement v. 21. 11. 1975. – Richard Blakely in: Quarterly Review of Film Studies, Vol. 1, Nr. 2, 1976. – Stanley Kauffmann in: The New Republic v. 29. 7. 1978; nachgedr. in: S. K.: Before My Eyes. New York 1980, S. 391–394. – Roger Greenspun. in: American Film, Vol. 3, Nr. 9, Juli–August 1978. – Walter Kerr in: The New York Times v. 23. 9. 1979. – Julian Jebb in: Sight and Sound, Vol. 49, Nr. 2, Frühjahr 1980.

V. B. (Volker Baer) in: Der Tagesspiegel v. 17. 10. 1976. – Thomas Petz in: Süddeutsche Zeitung v. 9. 12. 1976. – Karsten Witte in: Frankfurter Rundschau v. 22. 1. 1977. – HGP (Hans Günther Pflaum) in: Film-Dienst v. 15. 2. 1977, Nr. 4. – Klaus Eder in: Deutsches Allgemeines Sonntagsblatt v. 3. 4. 1977. – Wilhelm Roth in: Kirche und Film, April 1977, Nr. 4. – Peter Hamm in: Die Zeit v. 20. 8. 1982 (zur Taschenbuchausgabe bei dtv).

Veröffentlichungen über die »Nouvelle Vague«

André S. Labarthe: Essai sur le Jeune Cinéma français. Paris: Le Terrain Vague 1960. – Verschiedene Beiträge in Cinéma, Nr. 42–44, Januar, Februar, März 1960. – Jacques Siclier: Nouvelle Vague? Paris: Cerf 1961. Coll. 7e Art Nr. 30. – Claude Brémonde, Evelyne Sillerot, Simone Berton: Les héros des films dits de la Nouvelle Vague; Edgar Morin: Conditions d'apparition de la Nouvelle Vague. in: Communications I. Paris: Seuil 1961. – Raymond Borde, Freddy Buache, Jean Curtelin: Nouvelle Vague. Lyon: Serdoc 1962. – Verschiedene Beiträge in Positif, Nr. 46 und 47, Juni, Juli 1962. – Verschiedene Beiträge in Cahiers du Cinéma, Nr. 138, Dezember 1962. – Verschiedene Beiträge in Cinéma, Nr. 88, Juli–August 1964. – Philippe Pilard: Nouvelle Vague et politique. in: Image et Son, Nr. 188, November 1965. – Jean Collet: Le cinéma en question. Paris: Cerf 1972. Coll. 7e Art Nr. 55 (über Rozier, Chabrol, Rivette, Truffaut – S. 73–123 – Demy, Rohmer). – Claire Clouzot: Le cinéma français depuis la nouvelle vague. Bourges 1972. – Charles Ford: Histoire du cinéma francais contemporain (1945–1977). Paris: France-Empire 1977. – Francis Courtade: Le malédictions du cinéma français. Paris: Alain Moreau 1978, S. 256–295: Les Mistons (1956–1964). – Jean-

Luc Douin (Hrsg.): La nouvelle vague 25 ans après. Paris: Cerf 1983. Georges Sadoul: Notes on a New Generation. Sight and Sound, Vol. 28, Nr. 3–4, Sommer–Herbst 1959. – Noël Burch: Qu'est'ce que la Nouvelle Vague?. Film Quarterly, Vol. 13, Nr. 2, Winter 1959. – Richard Roud: The French Line. Sight and Sound, Vol. 29, Nr. 4, Herbst 1960. – Gabriel Pearson/Eric Rhode: Cinema of Appearance. Sight and Sound, Vol. 30, Nr. 4, Herbst 1961. – Raymond Durgnat: Nouvelle Vague, the first decade. Loughton/Essex: Motion Publications 1963. – John Russell Taylor: Cinema Eye, Cinema Ear. London: Methuen & Co./New York: Hill and Wang 1964 (The New Wave: Truffaut, Godard, Resnais – S. 200–229). – Roy Armes: French Cinema since 1949. Band 2: The personal style. London: A. Zwemmer / New York: A. S. Barnes & Co. 1966 (über Truffaut: S. 49–59); 2. Auflage 1970. – Peter Graham (Hrsg.): The New Wave. London: Secker and Warburg / British Film Institute 1968. Cinema One Nr. 5. – Alan Casty: French Renaissance and Rediscovery – New Wave and After. in: A. C.: Development of the Film. New York u. a.: Harcourt, Brace, Jovanovich 1973, S. 326–349 (über Truffaut S. 334–339). – Neal Oxenhandler: The Dialectic of Emotion in New Wave Cinema. in: Film Quarterly, Vol. 27, Nr. 3, Frühjahr 1974. – James Monaco: The New Wave. New York: Oxford University Press 1976 (vier Kapitel über Truffaut: S. 13–97). – Tom Milne: The French nouvelle vague. in: The Movie (London), Chapter 59, 1981; nachgedr. in: Ann Lloyd (Hrsg.): Movies of the Sixties. London: Orbis 1983, S. 9–11. – Michel Ciment: Les Enfants Terribles. in: American Film, Vol. 10, Nr. 3, Dezember 1984. – Roy Armes: French Cinema. London: Secker & Warburg 1985.

o. V.: Die Frühreifen. in: Der Spiegel v. 10. 2. 1960, Nr. 7. – Beiträge in der Zeitschrift Filmklub-Cinéclub (Zürich), Nr. 22, April – Juni 1960. – Wilfried Berghahn: Monologische Filmkunst. in: FAZ v. 6. 10. 1960. – Kleines Who is who der Neuen Welle. in: Filmkritik, Februar 1961, Nr. 2. – Wolfgang Vogel: Die mißhandelte Realität oder das romantische Gesicht der Nouvelle Vague. in: Filmstudio Nr. 40 und 41 – Ulrich Gregor, Enno Patalas: Frankreichs Neue Welle. in: Geschichte des modernen Films. Gütersloh: Sigbert Mohn 1965, S. 257–278 (über Truffaut: S. 259–260). – Frieda Grafe: Zwanzig Jahre später. in: Süddeutsche Zeitung v. 17.-18. 1. 1981; nachgedr. in: F. G.: Beschriebener Film. Die Republik, Nr. 72-75, 25. 1. 1985, S. 158-167.

Zu einzelnen Filmen

UNE VISITE. Ein Besuch
Protokoll: in l'Avant-Scène Cinéma, Nr. 303–304, 1.–15. 3. 1983.

LES MISTONS. Die Unverschämten
Filmtext: in l'Avant-Scène Cinéma, Nr. 4, Mai 1961.
Material: Lincoln F. Johnson: Film: Space, Time, Light and Sound. New York 1974, S. 123–126 (über Kamera und Montage).
Kritiken: Jacques Rivette in: Arts, Nr. 646, 23. 11.–3. 12. 1957. – Claude Beylie in: Cahiers du Cinéma, Nr. 91, Januar 1959. – Jean D'Yvoire in: Téléciné, Nr. 80, Januar–Februar 1959.
Jonas Mekas in: The Village Voice v. 15. 7. 1959. – William Bernhardt in: Film Quarterly, Vol. 13, Nr. 1, Herbst 1959. – o. V. in: Monthly Film Bulletin, Nr. 326, März 1961.

UNE HISTOIRE D'EAU. Eine Geschichte vom Wasser
Filmtext: in l'Avant-Scène Cinéma, Nr. 7, September 1961.
Material: o. V.: in: Monthly Film Bulletin, Nr. 388, Mai 1966. / Richard Roud: Jean-Luc Godard. London 1967, S. 132–133 (Aussagen von Truffaut über den Film). / Martin Schaub: Kommentierte Filmografie. in: Jansen/Schütte (Hrsg.): Jean-Luc Godard. Reihe Film 19. München 1979, S. 91.

LES 400 COUPS. Sie küßten und sie schlugen ihn
Filmtext: Les quatre cents coups. Paris: Gallimard 1959. – Auch in: Les aventures d'Antoine Doinel. Paris: Mercure de France 1970, S. 33–120. – Englisch: The 400 Blows. New York: Grove Press 1969.
Material: François Truffaut: Je n'ai pas écrit ma biographie en 400 coups. in: Arts, Nr. 715, 2. 4. 1959. – Georges Sadoul: Le jeune cinéma: A nous deux Cannes!. Les Lettres Françaises v. 7. 5. 1959. – Roger Tailleur, Paul-Louis Thirard, Jacques Demeure, Michèle Firk, Albert Boldue, Ado Kyrou, Louis Seguin: Quoi de neuf. Positif, Nr. 31. November 1959 (Gespräch über Hiroshima, mon amour, Les 400 coups und Le bel age). – François Truffaut: Entretien avec Georges Franju. in: Cahiers du Cinéma, Nr. 101, November 1959 (enthält eine längere Passage von Franju über Les 400 coups). – François Truffaut: Introduction a une méthode de travail. Cinéma, Nr. 42, Januar 1960. / About The 400 Blows. Anhang zum englischen Textbuch. New York: Grove Press 1969 (enthält die englische Übersetzung von Interviews, Kritiken etc.)./François Truffaut: Les années Doinel. München: CICIM (1982). (Materialien zu allen Doinel-Filmen).

Interviews: Yvonne Baby in: Le Monde v. 21. 4. 1959. – Michèle Manceaux in: L'Express v. 23. 4. 1959. – Pierre Billard in: Cinéma, Nr. 37, Juni 1959. – Pierre Wildenstein in: Téléciné, Nr. 83, Juni–Juli 1959.

Kritiken: J.-L.G. (Jean-Luc Godard) in: Cahiers du Cinéma, Nr. 92, Februar 1959. – Jacques Rivette in: Cahiers du Cinéma Nr. 95, Mai 1959. – Jean de Baroncelli in: Le Monde v. 6. 5. und 10. 6. 1959. – Jacques Doniol-Valcroze in: France Observateur v. 4. 6. 1959. – Georges Sadoul in: Les Lettres Françaises v. 11. 6. 1959. – Michel Flacon in: Cinéma, Nr. 37, Juni 1959. – Fereydoun Hoveyda in: Cahiers du Cinéma, Nr. 97, Juli 1959. – J. Chevallier in: Image et Son, Nr. 124, Oktober 1959. – Michel Mardore in: Le Nouvel Observateur v. 12. 4. 1967. – Claude Mauriac in: Le Figaro Littéraire v. 20. 4. 1967.

Bosley Crowther in: The New York Times v. 17. 11. 1959. – Stanley Kauffmann in: The New Republic v. 7. 12. 1959; nachgedr. in: S. K.: A World on Film. New York 1966, S. 223–226. – Eric Rhode in: Sight and Sound Vol. 29, Nr. 2, Frühjahr 1960. – Arlene Croce in: Film Quarterly Vol. 13, Nr. 3, Frühjahr 1960; nachgedr. in: Leo Braudy (Hrsg.): Great Film Directors. New York 1978, S. 722–725. – Dwight MacDonald in: Esquire, März 1960; nachgedr. in: D. M.: On Movies. Englewood Cliffs 1969, S. 375–376. – Paul Rotha in: Films and Filming Vol. 6, Nr. 7, April 1960. – R. V. (Robert Vas) in: Monthly Film Bulletin Nr. 315, April 1960. – Paul Sawyer in: Cineaste, Vol. 1, Nr. 3, Winter 1967.

E. P. (Enno Patalas) in: Filmkritik, Oktober 1959, Nr. 10. – Karena Niehoff in: Der Tagesspiegel v. 22. 10. 1959. – Pa. (Alfred Paffenholz) in: Film-Dienst v. 22. 10. 1959 (FD-Nr. 8.514). – MR (Martin Ruppert) in: FAZ v. 11. 11. 1959. – Helmut Kauer in: Die Zeit v. 8. 1. 1960. – Hans-Dieter Roos in: Süddeutsche Zeitung v. 11. 7. 1960.

Analysen/Aufsätze: Gilbert Salachas: Les quatre cents coups. Téléciné Nr. 83, Juni–Juli 1959 (Fiche Nr. 350). – Jean-Marie Nokin: Les 400 Coups. Paris: IDHEC. Fiche Filmographique Nr. 165.

Bosley Crowther: The 400 Blows. in: B. C.: Vintage Films. New York 1977, S. 175–178. – Edward Murray: The 400 Blows. in: E. M.: Ten Film Classics. New York 1978, S. 121-133. – Dennis Turner: Made in U. S. A.: The American Child in Truffaut's 400 Blows. in: Literature/Film Quarterly, Vol. 12, Nr. 2, 1984.

TIREZ SUR LE PIANISTE. Schießen sie auf den Pianisten
Literarische Vorlage: David Goodis: Down There. Deutsch: Schüsse auf den Pianisten. Als Taschenbuch: Goldmann Band 2228.

Filmtext: Schießen Sie auf den Pianisten. Protokolliert und aus dem Französischen übersetzt von Dorle Fischer und Rudolf Thome. Frankfurt/Main: Verlag Filmkritik 1968. Cinemathek Bd. 22.

Material: Leo Braudy (Hrsg.): Focus on Shoot the Piano Player. Englewood Cliffs, New Jersey: Prentice-Hall 1972. (Enthält Auszüge aus Interviews, Kritiken, Essays sowie eine Bibliographie).

Die Kleine Filmkunstreihe Nr. 52, September 1966 (Programmheft des Verleihs Neue Filmkunst Walter Kirchner).

Interviews: Yvonne Baby in: Le Monde v. 24. 11. 1960. – o. V. in: Cinéma, Nr. 52, Januar 1961.

Kritiken: Jean de Baroncelli in: Le Monde v. 29. 11. 1960. – Pierre Kast in: Cahiers du Cinéma, Nr. 115, Januar 1961. – Marcel Martin in: Cinéma, Nr. 52, Januar 1961 (dazu Diskussionsbeitrag von René Gilson in: Cinéma, Nr. 53). – R. Lefèvre in: Image et Son, Nr. 138, Februar 1961. – Jean-Paul Török in: Positif, Nr. 38, März 1961. – Michel Chion in: Cahiers du Cinéma, Nr. 333, März 1982. – Mireille Latil Le Dantec in: Cinématographe, Nr. 76, März 1982.

J. G. (John Gillet) in: Monthly Film Bulletin, Nr. 324, Januar 1961. – Raymond Durgnat in: Films and Filming, Vol. 7, Nr. 5. Februar 1961. – Penelope Houston in: Sight and Sound, Vol. 30, Nr. 2, Frühjahr 1961. – Stanley Kauffmann in: The New Republic v. 9. 7. 1962; nachgedr. in: S. K.: A World on Film. New York 1966, S. 230–232. – Bosley Crowther in: The New York Times v. 24. 7. 1962. – Andrew Sarris in: The Village Voice v. 26. 7. 1962; nachgedr. in: A. S.: Confessions of a Cultist. New York 1971, S. 62–63. – Pauline Kael in: Film Culture, Nr. 27, Winter 1962–63; nachgedr. in: P. K.: I Lost It at the Movies. New York, London 1966, S. 210–216; auch in: Leo Braudy (Hrsg.): Great Film Directors. New York 1978, S. 731–736, und in: Stuart Byron, Elisabeth Weis (Hrsg.): Movie Comedy. New York 1977, S. 231–235.

Georg Ramseger in: Die Welt v. 26. 11. 1960. – Sa. (Paul Sackarndt) in: Film-Dienst v. 7. 12. 1960 (FD-Nr. 9727). – Frantz Vossen in: Süddeutsche Zeitung v. 10.–11. 12. 1960. – Günter Seuren in: Deutsche Zeitung v. 27. 12. 1960. – kub (Dietrich Kuhlbrodt) in: Filmkritik, Januar 1961, Nr. 1. – Karl Korn in: FAZ v. 13. 1. 1961. – Karena Niehoff in: Der Tagesspiegel v. 2. 2. 1961; nachgedruckt in: K. N.: Stimmt es – Stimmt es nicht? Herrenalb 1962, S. 188–191. – Hans-Dieter Roos in: Süddeutsche Zeitung v. 14. 2. 1961. – Heinz Ungureit in: Frankfurter Rundschau v. 13. 3. 1961. – ms. (Martin Schlappner) in: Neue Zürcher Zeitung, Fernausgabe v. 18. 5. 1961.

Analysen: Gilbert Salachas: Tirez sur le pianiste. in: Téléciné, Nr. 94,

März 1961. – Noël Simsolo: Tirez sur le pianiste. in: La Revue du Cinéma / Image èt Son, Nr. 259, 1972.

Karel Reisz, Gavin Millar: The Technique of Film Editing. London 1968 (2. Auflage), S. 330–344 (Analyse einer Szene). – Roger Greenspun: Through the Looking Glass. in: Moviegoer, Nr. 1 Winter 1964; nachgedr. in: Renaissance of the Film, hrsg. von Julius Bellone. London, New York 1970, S. 241–254. – Dennis DeNitto, William Hermann: Film and the Critical Eye. New York 1975, S. 491–495.

JULES ET JIM. Jules und Jim

Literarische Vorlage: Henri-Pierre Roché: Jules et Jim. Paris 1953. Deutsch von Joe Hembus und Walther H. Schünemann: Jules und Jim. Bremen: Carl Schünemann 1962. Als Taschenbuch: rororo Band 627; Neuausgabe, übersetzt von Peter Ruhff, durchgesehen von Klaus Völker. Frankfurt: Zweitausendeins 1983 (mit einem Vorwort von François Truffaut); dazu Rezension von Michael Merschmeier in: Die Zeit v. 13. 4. 1984.

Filmtext: in l'Avant-Scène Cinéma, Nr. 16, Juni 1962. Auch: Paris: Seuil / Avant-Scène 1971. – Ins Englische übersetzt von Nicholas Fry. London: Lorrimer 1968. – Jules und Jim. Protokoll der deutschen Fassung des Films von Elmar Elling, Ludger Kaczmarek, Karl-Dietmar Möller und Hans Jürgen Wulff. München: filmland presse 1981. Schriftenreihe François Truffaut. Herausgegeben von Robert Fischer. Band 1 (mit einem Vorwort v. François Truffaut); das Protokoll erschien zuerst in: papmaks, Nr. 1, 1976 (herausgegeben vom Münsteraner Arbeitskreis für Semiotik e. V.).

Material: Kleine Filmkunstreihe, Nr. 77, September 1968 (Programmheft des Verleihs Neue Filmkunst Walter Kirchner).

Interviews: Yvonne Baby in: Le Monde v. 24. 1. 1962. – P. B. (Pierre Billard): Cinéma, Nr. 62, Januar 1962. / Siegfried Kühn in: Frankfurter Rundschau v. 21. 3. 1962.

Kritiken: Georges Sadoul in: Les Lettres Françaises v. 25. 1. 1962. – Robert Kanters in: L'Express v. 25. 1. 1962. – Jean de Baroncelli in: Le Monde v. 26. 1. 1962. – Claude Mauriac in: Le Figaro Littéraire v. 27. 1. 1962. – Jean-Louis Bory in: Arts v. 31. 1. 1962; nachgedr. in: J.-L. B.: Ombre vive. Paris 1973, S. 289–291. – Bernard Dort in: France Observateur v. 1. 2. 1962. – René Gilson, Pierre Billard in: Cinéma, Nr. 64, März 1962. – P. Brétigny in: Image et Son, Nr. 149, März 1962.

Bosley Crowther in: The New York Times v. 24. 4. 1962. – Andrew

Sarris in: The Village Voice v. 3. 5. 1962; nachgedr. in: A. S.: Confessions of a Cultist. New York 1971, S. 42–44. – Stanley Kauffmann in: The New Republic v. 7. 5. 1962; nachgedr. in: S. K.: A World on Film. New York 1966, S. 226–230. – Peter Baker in: Films and Filming, Vol. 8, Nr. 9, Juni 1962. – Richard Roud in: Sight and Sound, Vol. 31, Nr. 3, Sommer 1962. – P. H. (Penelope Houston) in: Monthly Film Bulletin, Nr. 342, Juli 1962. – Dwight Macdonald in: Esquire, September 1962; nachgedr. in: D. W.: On Movies. Englewood Cliffs 1969, S. 376–380. – Pauline Kael in: Partisan Review, Vol. 29, Nr. 4, Herbst 1962; nachgedr. in: P. K.: I Lost It at the Movies. New York, London 1966, S. 216–222, und in: Leo Braudy (Hrsg.): Great Film Directors. New York 1978, S. 736–740.

François Bondy: Die Welt v. 3. 2. 1962. – bgh (Wilfried Berghahn) in: Filmkritik, März 1962, Nr. 3. – Heinz Ungureit in: Frankfurter Rundschau v. 2. 3. 1962; nachgedruckt in: Jahrbuch III der Filmkritik. Emsdetten 1962, S. 306–308. – Karl Korn in: FAZ v. 5. 3. 1962. – Karena Niehoff in: Der Tagesspiegel v. 10. 3. 1962. – Günter Seuren in: Deutsche Zeitung v. 13. 3. 1962. – USE. (Ulrich Seelmann-Eggebert) in: Film-Dienst v. 14. 3. 1962 (FD-Nr. 10930). – Hans-Dieter Roos in: Süddeutsche Zeitung v. 12. 7. 1962. – ms. (Martin Schlappner) in: Neue Zürcher Zeitung, Fernausgabe v. 29. 9. 1962. – Martin Gies in: Jugend Film Fernsehen, (Dezember) 1973, Nr. 4.

Analysen / Aufsätze: Michel Delahaye: Les tourbillons élémentaires. in: Cahiers du Cinéma, Nr. 129, März 1962. – Jean-Marc Aucuy: Jules et Jim: La recherche de l'absolu. in: La Nouvelle Critique, Nr. 136, April–Mai 1962. – Raymond Jean: Jules et Jim ou Tendre comme le souvenir. in: Cahiers du Sud, Nr. 366, Mai–Juni 1962; nachgedr. in: La littérature et le réel. Paris 1965, S. 197–202. – Madeleine Garrigou-Lagrange: Jules et Jim. in: Téléciné, Nr. 105, Juni–Juli 1962 (Fiche Nr. 404). – Raymond Bellour: Le gai savoir. in: artsept, Nr. 2, April–Juni 1963. – Guy Abitan: Jules, Jim, Penn et Catherine: un choc à Hollywood. in: G. A.: Hollywood aujord-hui. Paris 1976, S. 95–113 (über Jules et Jim und Bonnie and Clyde).

Parker Tyler: The Lady Called A; or, If Jules and Jim had Only Lived at Marienbad. in: Film Culture, Nr. 25, Sommer 1962 (Vergleich zwischen Jules et Jim, L'année dernière à Marienbad und Paris nous appartient); nachgedr. in: P. T.: The Three Faces of the Film. South Brunswick, New York, London 1967, S. 75–81. – Roger Greenspun: Elective Affinities. in: Sight and Sound, Vol. 32, Nr. 2, Frühjahr 1963; nachgedr. in: Andrew Sarris (Hrsg.): The Film. New York 1968, S. 28–33. – John Flaus: Jules and Jim. in: Film Journal, Nr. 22, Oktober 1963. – David Campbell: Francois Truffaut's Film Jules and Jim: A Study of Cinematic Technique in Relation to the Novel of Henri-Pierre Roché. Lund: Institute of Literary History Research Report, Nr. 4, November 1969. – Alan Brody: Jules and Catherine and Jim and Hedda. in: Journal of Aesthetic Education, Vol. 5, Nr. 2, April 1971 (über Jules et Jim und Hedda Gabler). – Barbara Coffey: Art and Film in François Truffaut's Jules and Jim and Two English Girls. in: Film Heritage, Vol. 9, Nr. 3, Frühjahr 1974. – Dennis DeNitto, William Herman: Film and the Critical Eye. New York 1975, S. 458–486. – Charles Eidsvik: Films from Fiction: Jules and Jim and Blow-Up: Two Ways toward the Future. in: C. E.: Cineliteracy. New York 1978, S. 189–229. – Gilbert Adair: Jules and Jim. in: The Movie (London), Chapter 59, 1981; nachgedr. in: Ann Lloyd (Hrsg.): Movies in the Sixties. London: Orbis 1983, S. 12-13. – Stuart Y. McDougal: Adaption of an Auteur: Truffaut's Jules and Jim. in: Andrew S. Horton, Joan Magretta (Hrsg.): Modern European Filmmakers and the Art of Adaption. New York 1981, S. 89-99. – David Davidson: From Virgin To Dynamo: The Amoral Woman in European Cinema. in: Cinema Journal, Vol. 21, Nr. 1, Herbst 1981 (über Die Büchse der Pandora, Der Blaue Engel und Jules et Jim).

ANTOINE ET COLETTE. Antoine und Colette

Filmtext: Les aventures d'Antoine Doinel, S. 129–146 / The Adventures of Antoine Doinel, S. 69–91.

Kritiken: Jean-Louis Bory in: Arts v. 27. 6. 1962. – Georges Charensol in: Les Nouvelles Littéraires v. 28. 6. 1962. – G. S. (Georges Sadoul) in: Les Lettres Françaises v. 28. 6. 1962. – Jean Collet in: Cahiers du Cinéma, Nr. 135, September 1962. – Pierre Billard in: Cinéma, Nr. 69, September – Oktober 1962. – Louis Seguin in: Positif, Nr. 49, Dezember 1962.

Bosley Crowther in: The New York Times v. 7. 2. 1963. – Jonas Mekas in: The Village Voice v. 14. 2. 1963. – Ernest Callenbach in: Film Quarterly, Vol. 16, Nr. 4, Sommer 1963. – T. M. (Tom Milne) in: Monthly Film Bulletin, Nr. 369, Oktober 1964. – Robin Bean in: Films and Filming, Vol. 11, Nr. 2, November 1964.

Karena Niehoff in: Der Tagesspiegel v. 24. 6. 1962. – H-nn (Hilde Hermann) in: Film-Dienst v. 29. 8. 1962 (FD-Nr. 11347). – h. m. (Hanspeter Manz) in: Neue Zürcher Zeitung v. 30. 9. 1963. – Frieda Grafe in: Filmkritik, Juli 1965, Nr. 7. (In Zeitungen und Zeitschriften der BRD wurde der Film sonst nur sehr pauschal innerhalb der Berlinale-Berichterstattung 1962 behandelt).

LA PEAU DOUCE. Die süße Haut

Filmtext: in l' Avant-Scène Cinéma, Nr. 48 (Mai 1965). (Vorwort von Godard. Deutsch in: Godard / Kritiker. München 1971, Reihe Hanser 83, S. 164–165).

Interviews: Raymond Bellour, Jean Mirchaud in: Les Lettres Françaises v. 24. 10. 1963. – Michèle Manceaux in: L'Express v. 14. 5. 1964. – Yvonne Baby in: Le Monde v. 22. 5. 1964.

Kritiken: Jean de Baroncelli in: Le Monde v. 9. 5. 1964. – Pierre Marcabru in: Arts v. 27. 5. 1964. – Pierre Billard in: Cinéma, Nr. 87, Juni 1964. – Georges Sadoul in: Les Lettres Françaises v. 4. 6. 1964. – Jean-André Fieschi, André Techine in: Cahiers du Cinéma, Nr. 157, Juli 1964. – Gérard Legrand in: Positif, Nr. 64–65, Dezember 1964. Bosley Crowther in: The New York Times v. 13. 10. 1964. – Gilles Jacob in: Sight and Sound, Vol. 33, Nr. 4, Herbst 1964. – T. M. (Tom Milne) in: Monthly Film Bulletin, Nr. 371, Dezember 1964. – Gordon Gow in: Films and Filming, Vol. 11, Nr. 4, Januar 1965. – Dwight MacDonald in: Esquire, Mai 1965; nachgedr. in: D. M.: On Movies. Englewood Cliffs 1969, S. 380–383. – Paul Brodtkorb in: Moviegoer, Nr. 3, Sommer 1966. – John Simon: Private Screenings. New York 1967, S. 127–131. – David Cast in: Film Heritage, Vol. 7, Nr. 2, Winter 1972. – Vincent Canby in: The New York Times v. 14. 9. 1975. Brigitte Jeremias in: FAZ v. 9. 5. 1964. – Hans-Dieter Roos in: Süddeutsche Zeitung v. 19. 1. 1965. – René Drommert in: Die Zeit v. 27. 1. 1965. – Ev. (Franz Everschor) / P. R. in: Film-Dienst v. 27. 1. 1965 (FD-Nr. 13245). – Urs Jenny in: Film (Velber), Februar 1965, Nr. 2. – Enno Patalas in: Filmkritik, Februar 1965, Nr. 2; nachgedruckt in: Jahrbuch VI der Filmkritik. Emsdetten 1966, S. 209–213; – dazu Diskussionsbeitrag von Uwe Nettelbeck in: Filmkritik 1965, Nr. 3. – Volker Baer in: Der Tagesspiegel v. 11. 2. 1965. – Klaus Hellwig in: Frankfurter Rundschau v. 3. 5. 1965 (auch in: Filmstudio, Nr. 47, Oktober 1965).

Analyse: Claude Miller: La peau douce. in: Télécine, Nr. 117, Oktober – November 1964 (Fiche Nr. 437).

FAHRENHEIT 451. Fahrenheit 451

Literarische Vorlage: Ray Bradbury: Fahrenheit 451. Deutsch von Franz Güttinger. Zürich: Die Arche 1955. Als Taschenbuch: Heyne Band 3112; detebe Band 20862. Früher: Ullstein Band 114.

Filmtext: Fahrenheit 451. Protokoll der deutschen Fassung des Films von Karl-Dietmar Möller. München: filmland presse 1982. Schriftenreihe François Truffaut. Herausgegeben von Robert Fischer. Band 2 (mit dem vollständigen Tagebuch der Dreharbeiten zu Fahrenheit 451 von F. Truffaut, überarbeitete Übersetzung von Robert Fischer).

Material: François Truffaut: Journal de Fahrenheit 451 in: Cahiers du Cinéma, Nr. 175–180, Februar–Juli 1966. (s. auch: Bücher von François Truffaut). Deutsch: Tagebuch über Fahrenheit 451. in: Film (Velber) 1966, Nr. 5–10 (gekürzt; lange Fassung siehe: Filmtext). – Klaus Hellwig: Das vermittelte Bild der Zukunft. in: Frankfurter Rundschau v. 30. 12. 1965 / James Bond im Mittelalter. in: Frankfurter Rundschau v. 26.3. 1966 (Produktionsberichte). – Rolf Giesen: Science-Fiction. 50 Klassiker des SF-Kinos. Schondorf 1981, S. 62-63.

Interviews: Marcel Martin in: Les Lettres Françaises v. 15. 9. 1966. – Yvonne Baby in: Le Monde v. 19. 9. 1966./Thomas R. Atkins: The Illustrated Man. in: Sight and Sound, Vol. 43, Nr. 2, Frühjahr 1974 (Interview mit Ray Bradbury über dessen literarische Filmvorlagen). – Gordon Gow: Identity. Nicolas Roeg in an Interview with Gordon Gow. in: Films and Filming, Vol. 18, Nr. 4, Januar 1972 (mit ausführlichen Passagen über die Kameraarbeit bei Fahrenheit 451). – Nicolas Roeg / Richard Combs: Looking at the Rubber Duck. in: Sight and Sound, Vol. 54, Nr. 1, Winter 1984/85 (Interview über die Arbeit an Fahrenheit 451).

Kritiken: Jean de Baroncelli in: Le Monde v. 9. 9. 1966. – Pierre Billard in: L'Express v. 19. 9. 1966. – Michel Cournot in: Le Nouvel Observateur v. 21. 9. 1966. – Georges Sadoul in: Les Lettres Françaises v. 22. 9. 1966. – Claude Mauriac in: Le Figaro Littéraire v. 22. 9. 1966. – Jean Collet in: Signs du temps, September–Oktober 1966. – Jean-Louis Comolli, Paul-Louis Martin, Michel Delahaye in: Cahiers du Cinéma, Nr. 184, November 1966. – Michel Flacon in: Cinéma, Nr. 110, November 1966. – R. T. (Roger Tailleur) in: Positif, Nr. 80, Dezember 1966. – Claude Beylie in: Midi-Minuit Fantastique, Nr. 15–16, Dezember 1966–Januar 1967 (dort auch Beitrag von Stacy Waddy: Visite à François Truffaut).

Bosley Crowther in: The New York Times v. 15. 11. 1966. – Penelope Houston in: Sight and Sound, Vol. 36, Nr. 1, Winter 1966/67. – Pauline Kael in: The New Republic v. 24. 12. 1966; nachgedr. in: P. K.: Kiss Kiss Bang Bang. Boston, Toronto 1967, S. 146–150. – P. J. S. in: Monthly Film Bulletin, Nr. 396, Januar 1967. – Gordon Gow in: Films and Filming, Vol. 13, Nr. 4, Januar 1967. – Patrick McFadden in: Take One, Vol. 1, Nr. 3, Februar 1967. – George Bluestone in: Film Quarterly, Vol. 20, Nr. 4, Sommer 1967.

Urs Jenny in: Süddeutsche Zeitung v. 8. 9. 1966. – Karl Korn in: FAZ v. 9.9. 1966. – Klaus Hellwig in: Frankfurter Rundschau v. 10. 9.

1966. – PWJ (Peter W. Jansen) in: Filmkritik, Oktober 1966, Nr. 10.
– Elke Kummer in: Film (Velber), Oktober 1966, Nr. 10 (dazu Diskussionsbeitrag von Joachim von Mengershausen in Film 1967, Nr. 2).
– Eckhart Schmidt in: Süddeutsche Zeitung v. 28. 12. 1966. – Erwin Schaar in: Jugend Film Fernsehen – Beratungsdienst 1967, Nr. 1. – USE. (Ulrich Seelmann-Eggebert) in: Film-Dienst v. 4. 1. 1967 (FD-Nr. 14484). – Enno Patalas in: Filmkritik, Februar 1967, Nr. 2; nachgedruckt in: Jahrbuch der Filmkritik VIII. Emsdetten 1969, S. 134–139, und in: Grafe / Patalas: Im Off. München 1974, S. 58–62; – dazu Diskussionsbeiträge von Reinold E. Thiel in Filmkritik 1967, Nr. 3, und Peter W. Jansen in Filmkritik 1967, Nr. 5. – Volker Baer in: Der Tagesspiegel v. 16. 2. 1967 – sb. (Martin Schaub) in: Neue Zürcher Zeitung, Fernausgabe v. 11. 5. 1967. – Alexander J. Seiler in: Die Weltwoche v. 12. 5. 1967. – Wolf Dresp in: Frankfurter Rundschau v. 2. 6. 1967. – B. J. (Brigitte Jeremias) in: FAZ v. 2. 6. 1967.
Analysen / Aufsätze: Jacques Faurecasten: Fahrenheit 451. in: Téléciné, Nr. 131, Dezember 1966 (Fiche Nr. 463). – Daniel Imbert: Fahrenheit 451. Paris: IDHEC. Fiche Filmographique Nr. 226.

David Robinson: Two for the Sci-fi. in: Sight and Sound, Vol. 35, Nr. 2, Frühjahr 1966. (Über die Dreharbeiten von 2001 und Fahrenheit 451). – T. J. Ross: Wild Lives. in: Literature/Film Quarterly, Vol. 1, Nr. 3, Sommer 1973 (über Fahrenheit 451 und La mariée était en noir). – Joseph McBride: The Private World of Fahrenheit 451. in: Philip Nobile (Hrsg.): Favorite Movies. New York 1973, S. 44–52. – Alan William: The 400 Cuts vs. How to Shoot the Piano Player: Montage and Mise-en-scene in Truffaut's Fahrenheit 451. in: Movietone News, Nr. 41, Mai 1975.

LA MARIÉE ÉTAIT EN NOIR. Die Braut trug schwarz

Literarische Vorlage: Cornell Woolrich (Pseudonym: William Irish): The Bride Wore Black. Deutsch: Die Braut trägt schwarz. Als Taschenbuch: Heyne Band 1577.
Interviews: Yvonne Baby in: Le Monde v. 18. 4. 1968. – Luce Sand in: Jeune Cinéma, Nr. 31, Mai 1969. / Gilles Jacob in: Sight and Sound, Vol. 36, Nr. 4, Herbst 1967; franz. auszugsweise in: Cinéma, Nr. 121, Dezember 1967.
Kritiken: Jean-Louis Bory in: Le Nouvel Observateur v. 17. 4. 1968; nachgedr. in: J.-L. B.: La nuit complice. Paris 1972, S. 193–195. – Jean Collet in: Etudes, Nr. 328, April 1968; nachgedr. in: J. C.: Le Cinéma en question. Paris 1972, S. 95–103. – Jean de Baroncelli in: Le Monde v. 20. 4. 1968. – Tristan Renaud in: Les Lettres Françaises

v. 24. 4. 1968. – Paul-Louis Thirard in: Positif, Nr. 97, Sommer 1968.
– Claude Beylie in: Cinéma, Nr. 129, Oktober 1968. – Jean-Loup
Passek in: Image et Son, Nr. 221, November 1968.

Renata Adler in: The New York Times v. 26. 6. 1968. – Andrew
Sarris in: The Village Voice v. 22. 8. 1968; nachgedr. in: A. S.: Confessions of a Cultist. New York 1971, S. 380–382. – Jan Dawson in:
Monthly Film Bulletin, Nr. 416, September 1968. – Penelope Houston in: Sight and Sound, Vol. 37, Nr. 4, Herbst 1968. – Allen Eyles
in: Films and Filming, Vol. 15, Nr. 1, Oktober 1968. – Peter von Bagh
in: Movie, Nr. 16, Winter 1968/69. – John Simon: Movies into Film.
New York 1971, S. 182–184.

ms. (Martin Schlappner) in: Neue Zürcher Zeitung, Fernausgabe v.
29. 5. 1968. – Alexander J. Seiler in: Die Weltwoche v. 31. 5. 1968. –
Leo Schönecker in: Film-Dienst v. 2. 4. 1968 (FD-Nr. 15362). – Joachim von Mengershausen in: Süddeutsche Zeitung v. 29. 4. 1968. –
Werner Kließ in: Film (Velber), Mai 1968, Nr. 5. – Peter M. Ladiges
in: Filmkritik, Mai 1968, Nr. 5. – Enno Patalas in: Die Zeit v. 10. 5.
1968; nachgedruckt in: Grafe / Patalas: Im Off. München 1974,
S. 65–69. – Helmuth de Haas in: Die Welt v. 11. 5. 1968. – Karena
Niehoff in: Der Tagesspiegel v. 12. 5. 1968. – Wolfgang Vogel in:
Frankfurter Rundschau v. 25. 5. 1968. – Brigitte Jeremias in: FAZ v.
27. 5. 1968. – Ulrich Kurowski in: Jugend Film Fernsehen (August)
1968, Nr. 4. – Uta Gote in: Die Welt v. 22. 4. 1974.

Analysen / Aufsätze: Jean-Louis Veuillot: La mariée était en noir. in:
Téléciné, Nr. 142, Mai–Juni 1968 (Fiche Nr. 486).

Gavin Millar: Hitchcock versus Truffaut. in: Sight and Sound, Vol. 38,
Nr. 2, Frühjahr 1969 (über Truffauts Hitchcock-Buch und den Einfluß Hitchcocks auf Truffauts Film). – T. J. Ross: Wild Lives. in: Lite-
rature/Film Quarterly, Vol. 1, Nr. 3, Sommer 1973 (über Fahrenheit
451 und La mariée était en noir).

BAISERS VOLÉS. Geraubte Küsse

Filmtext: Les aventures d' Antoine Doinel, S. 167–263 / The Adventures of Antoine Doinel. S. 116–214.

Material: François Truffaut: Notes de travail / Esquisse de scénario.
in: Les aventures d'Antoine Doinel. S. 149–166.

Interviews: S. R. (Sebastién Roulet) in: Cahiers du Cinéma,
Nr. 200–201, April–Mai 1968. – Yvonne Romi in: Le Nouvel Observateur v. 9. 9. 1969. / (mit Delphine Seyrig:) Rui Nogueira: The Lily
in the Valley. in: Sight and Sound, Vol. 38, Nr. 4, Herbst 1969. – (mit

Jean-Pierre Leaud:) Walter S. Ross: The Actor the French Dig the Most. in: The New York Times v. 28. 6. 1970.

Kritiken: Pierre Billard in: L'Express v. 9. 9. 1968. – Gérard Langlois in: Les Lettres Françaises v. 11. 9. 1968. – Jean de Baroncelli in: Le Monde v. 14. 9. 1968. – Jean-Louis Bory in: Le Nouvel Observateur v. 16. 9. 1968; nachgedr. in: J.-L. B.: La nuit complice. Paris 1972, S. 250–253. – Claude Mauriac in: Le Figaro Littéraire v. 23. 9. 1968. – Jean-Louis Comolli in: Cahiers du Cinéma, Nr. 205, Oktober 1968. – Jean-A. Gili in: Cinéma, Nr. 130, November 1968. – Jean Collet in: Etudes, Nr. 329, November 1969; nachgedr. in: J. C.: Le Cinéma en question. Paris 1972, S. 105–111. – Michel Perez in: Positif, Nr. 99, Nov. 1968. – André Cornand in: Image et Son, Nr. 221, Nov. 1968. Hollis Alpert in: Saturday Review v. 8. 2. 1969; nachgedr. in: Joseph Morgenstern, Stefan Kanfer (Hrsg.): Film 69/70. New York 1970, S. 128–130. – Stanley Kauffmann in: The New Republic v. 22. 2. 1969; nachgedr. in: S. K.: Figures of Light. New York 1971, S. 137–138. – Louise Corbin in: Films in Review, Vol. 20, Nr. 2, Februar 1969. – Andrew Sarris in: The Village Voice v. 27. 2. 1969; nachgedr. in: A. S.: Confessions of a Cultist. New York 1971, S. 427–431. – Vincent Canby in: The New York Times v. 4. und 16. 3. 1969. – Richard Schickel in: Life v. 7. 3. 1969; nachgedr. in: R. S.: Second Sight. New York 1972, S. 223–225. – Pauline Kael in: The New Yorker v. 8. 3. 1969; nachgedr. in: P. K.: Going Steady. Boston, Toronto 1970, S. 273–276. – Joseph Morgenstern in: Newsweek v. 10. 3. 1969; nachgedr. in: Film 69/70. New York 1970, S. 124–127. – Robert Kotlowitz in: Harper's Magazine, April 1969; nachgedr. in: Film 69/70. New York 1970, S. 131–132. – Jan Dawson in: Monthly Film Bulletin, Nr. 424, Mai 1969. – Gordon Gow in: Films and Filming, Vol. 15, Nr. 9, Juni 1969. – Donald Allen in: Screen, Vol. 10, Nr. 3, Mai–Juni 1969. – Gavin Millar in: Sight and Sound, Vol. 38, Nr. 3, Sommer 1969. – Gary Carey in: Film Quarterly, Vol. 22, Nr. 4, Sommer 1969. – Paul Williams in: Film Heritage, Vol. 5, Nr. 2, Winter 1969. – Roger Greenspun in: On Film, Vol. 1, 1970; nachgedr. in: Stuart Byron, Elisabeth Weis (Hrsg.): Movie Comedy. New York 1977, S. 235–241. – John Simon: Movies into Film. New York 1971, S. 184–188.

Klaus Geitel in: Die Welt v. 21. 9. 1968. – Klaus Hellwig in: Frankfurter Rundschau v. 5. 10. 1968 (etwas variiert auch in: Filmkritik, November 1968, Nr. 11). – G. Mt. (Günter Metken) in: Neue Zürcher Zeitung, Fernausgabe v. 19. 10. 1968. – L. Sch. (Leo Schönecker) in: Film-Dienst v. 22. 4. 1969 (FD-Nr. 16083). – Karena Niehoff in: Der

Tagesspiegel v. 26. 4. 1969. – Enno Patalas in: Filmkritik, Mai 1969, Nr. 5; nachgedruckt in: Grafe / Patalas: Im Off. München 1974, S. 72–75. – Sebastian Franz in: Film (Velber), Mai 1969, Nr. 5 (dazu Diskussionsbeitrag von Klaus Eder in Film 1969, Nr. 6). – Joachim von Mengershausen in: Süddeutsche Zeitung v. 23. 5. 1969. – Brigitte Jeremias in: FAZ v. 29. 8. 1969. – Erwin Schaar in: Jugend Film Fernsehen, (September) 1969, Nr. 4–5. – WoR (Wolfgang Ruf) in: Süddeutsche Zeitung v. 24. 5. 1974.

Analyse: Gérard Recassens / Gilbert Salachas: Baisers volés. in: Télé-ciné, Nr. 150, Februar 1969 (Fiche Nr. 504).

LA SIRÈNE DU MISSISSIPI. Das Geheimnis der falschen Braut
Material: François Truffaut: Zum erstenmal ein Film über ein Paar. in: Filmkritik, Februar 1970. Nr. 2.
Interview: Yvonne Baby in: Le Monde v. 21. 6. 1969.
Kritiken: Jean de Baroncelli in: Le Monde v. 21. 6. 1969. – Claude Veillot in: L'Express v. 23. 6. 1969. – Michel Capdenac: Les Lettres Françaises v. 25. 6. 1969. – Jean-Louis Bory in: Le Nouvel Observateur v. 30. 6. 1969; nachgedr. in: J.-L. B.: Ombre vive. Paris 1973, S. 96–100. – Guy Braucourt in: Cinéma, Nr. 139, September–Oktober 1969. – M. S. (Michel Sineux) in: Positif, Nr. 109, Oktober 1969. – Jean-Pierre Oudart in: Cahiers du Cinéma, Nr. 216, Oktober 1969. Vincent Canby in: The New York Times v. 11. und 26. 4. 1970. – Penelope Gilliatt in: The New Yorker v. 18. 4. 1970. – Stanley Kauffmann in: The New Republic v. 2. 5. 1970; nachgedr. in: S. K.: Figures of Light. New York 1971, S. 255–256. – Paul D. Zimmerman in: Newsweek v. 4. 5. 1970. – Richard Schickel in: Life v. 8. 5. 1970. – Eunice Sinkler in: Films in Review, Vol. 21, Nr. 5, Mai 1970. – Gary Arnold in: Washington Post, undatiert; nachgedr. in: David Denby (Hrsg.): Film 70/71. New York 1971, S. 191–193. – John Simon: Movies into Film. New York 1971, S. 219–221. – Richard Combs in: Monthly Film Bulletin, Nr. 485, Juni 1974. – Derek Elley in: Films and Filming, Vol. 20, Nr. 9, Juni 1974. – Vincent Canby in: The New York Times v. 14. 9. 1975.
Peter H. Schröder in: Die Welt v. 12. 7. 1969. – Klaus Hellwig in: Frankfurter Rundschau v. 9. 8. 1969 und in: Film (Velber), September 1969, Nr. 9. – Joachim von Mengershausen in: Süddeutsche Zeitung v. 22. 12. 1969. – Volker Baer in: Der Tagesspiegel v. 23. 12. 1969. – Wolf Donner in: Die Zeit v. 16. 1. 1970. – Paula Linhart in: Film-Dienst v. 27. 1. 1970 (FD-Nr. 16562). – ms. (Martin Schlappner) in: Neue Zürcher Zeitung, Fernausgabe v. 31. 1. 1970. – Wim

Wenders / Enno Patalas / Gerhard Theuring in: Filmkritik, Februar 1970, Nr. 2 (der Text von Patalas nachgedruckt in: Grafe / Patalas: Im Off. München 1974, S. 78–81). – Hans-Klaus Jungheinrich in: Frankfurter Rundschau v. 5. 5. 1970. – WoR (Wolfgang Ruf) in: Süddeutsche Zeitung v. 27. 4. 1974.

Analysen/Aufsätze: Jean-Baptiste Christophe: La Sirène du Mississipi. in: Téléciné, Nr. 160, März 1970 (Fiche Nr. 526).

Alan Hirsh: Truffaut's Subversive Siren: Intertextual Narrative in Mississippi Mermaid. in: Film Criticism, Vol. 4, Nr. 1, Herbst 1980.

L'ENFANT SAUVAGE. Der Wolfsjunge

Literarische Vorlage: Jean Itard: Mémoire et rapport sur Victor de l'Aveyron. in: Lucien Malson: Les enfants sauvages, mythe et realité. Paris 1964. Deutsch: Die wilden Kinder. Frankfurt a. M. 1972, suhrkamp taschenbuch 55.

Filmtext: in l'Avant-Scène Cinéma, Nr. 107, Oktober 1970. Englisch: The Wild Child. New York: Washington Square Press 1973.

Material: François Truffaut: Comment j'ai tourné l'enfant sauvage. in: Téléciné, Nr. 160, März 1970; nachgedr. in: l'Avant-Scène Cinéma, Nr. 107. Deutsch in: Filmkritik, Oktober 1970, Nr. 10. / Rückblick (1): Auszüge aus Gesprächen. Rückblick (2): Notizen nach den Filmen und Gesprächen, von Harun Farocki, Hartmut Bitomsky, Udo Sympen, Susanne Röckel und Manfred Blank. in: Filmkritik, Nr. 313, Januar 1983 (Gespräche und Aufzeichnungen nach der Besichtigung von »Topaz«, »Red Line 7000«, »L'Enfant sauvage«, »Machorka-Muff«, »Der Bräutigam, die Komödiantin und der Zuhälter« und »Chronik der Anna Magdalena Bach«).

Kritiken: Claude Mauriac in: Le Figaro Littéraire v. 23. 2. 1970. – Michel Capdenac in: Les Lettres Françaises v. 25. 2. 1970. – Yvonne Baby in: Le Monde v. 27. 2. 1970. – Claude Veillot in: L'Express v. 2. 3. 1970. – Georges Charensol in: Les Nouvelles Littéraires v. 5. 3. 1970. – Jean Collet in: Etudes, Nr. 332, April 1970; nachgedr. in: J. C.: Le Cinéma en question. Paris 1972, S. 113–118. – Isabelle Jordan in: Positif, Nr. 116, Mai 1970. – Mireille Amiel in: Cinéma, Nr. 146, Mai 1970 (dazu Diskussionsbeitrag von Claude Beylie in: Cinéma Nr. 147). – Jean-Pierre Oudart, Serge Daney in: Cahiers du Cinéma, Nr. 222, Juli 1970.

Penelope Gilliatt in: The New Yorker v. 2. 9. 1970. – Vincent Canby in: The New York Times v. 11. und 13. 9. 1970. – Stefan Kanfer in: Time v. 21. 9. 1970. – Robert Hatch in: Nation v. 28. 9. 1970; nachgedr. in: David Denby (Hrsg.): Film 70/71. New York 1971,

S. 194–196. – Stanley Kauffmann in: The New Republic v. 3. 10. 1970; nachgedr. in: S. K.: Living Images. New York 1975, S. 15–17. – Andrew Sarris in: The Village Voice v. 15. 10. 1970. – Richard Schikkel in: Life v. 16. 10. 1970; nachgedr. in: R. S.: Second Sight. New York 1972, S. 328–330. – David Denby in: Atlantic Monthly, Dezember 1970; nachgedr. in: Film 70/71. New York 1971, S. 196–201. – David Wilson in: Sight and Sound, Vol. 40, Nr. 1, Winter 1970–71. – Jan Dawson in: Monthly Film Bulletin, Nr. 444, Januar 1971. – Margaret Tarratt in: Films and Filming, Vol. 17, Nr. 5, Februar 1971. – Harriett R. Polt in: Film Quarterly, Vol. 24, Nr. 3, Frühjahr 1971. – John Gerlach in: Film Heritage, Vol. 7, Nr. 3, Frühjahr 1972.

Günter Metken in: FAZ v. 6. 3. 1970 (auch: Neue Zürcher Zeitung, Fernausgabe v. 4. 4. 1970). – Wim Wenders in: Filmkritik, Juli 1970, Nr. 7. – Wolf Lepenies in: FAZ v. 8. 7. 1970. – Jürgen Ebert in: Filmkritik, Oktober 1970, Nr. 10. – ms. (Martin Schlappner) in: Neue Zürcher Zeitung, Fernausgabe v. 10. 10. 1970. – Ulrich Kurowski in: Kirche und Film, März 1971, Nr. 3 (auch: Filmkritik 1971, Nr. 5 – dazu Leserbrief von Jürgen Ebert in Filmkritik 1971, Nr. 6). – ul (Franz Ulrich) in: Film-Dienst v. 23. 3. 1971 (FD-Nr. 17 238). – Arnd F. Schirmer in: Der Tagesspiegel v. 8. 4. 1971. – Rainer Fabian in: Die Welt v. 11. 5. 1971. – Frieda Grafe in: Süddeutsche Zeitung v. 24. 5. 1971; nachgedruckt in: Grafe / Patalas: Im Off. München 1974, S. 85–87. – Hans-Klaus Jungheinrich in: Frankfurter Rundschau v. 24. 5. 1971. – Armin Halstenberg in: Kölner Stadt-Anzeiger v. 25.–26. 9. 1971; nachgedr. in: Blumenberg/Fründt: Warten bis es dunkel wird. Ebersberg 1983, S. 193. – Wolf Donner in: Die Zeit v. 28. 5. 1971. – Frank Scurla in: Jugend Film Fernsehen, (Dezember) 1971, Nr. 4.

Analysen: Michel Serceau in: Téléciné, Nr. 160, März 1970 (Fiche Nr. 527). / Hasko Schneider: »Wenn dann ein Kind auf euch zukommt, ... wenn es nicht antwortet, so man es fragt ...«: Der Wolfsjunge von François Truffaut. in: Hans J. Wulff (Hrsg.): Filmbeschreibungen. Münster: MAkS 1985, S. 95–142.

DOMICILE CONJUGAL. Tisch und Bett

Filmtext: Les aventures d'Antoine Doinel, Paris: Mercure Le France 1970, S. 277–380/The Adventures of Antoine Doinel, New York: Simon and Schuster 1971, S. 230–320.

Material: Claude de Givray, Bernard Revon, François Truffaut: Ebauche de Scénario / Notes de travail. in: Les aventures d' Antoine Doinel, S. 267–276.

Interviews: Gérard Langlois in: Les Lettres Françaises v. 9. 9. 1970. – Guy Braucourt in: Les Nouvelles Littéraires v. 10. 9. 1970 und in: Cinéma, Nr. 150, November 1970.

Kritiken: Michel Mardore in: Le Nouvel Observateur v. 7. 9. 1970. – Pierre Billard in: L'Express v. 7. 9. 1970. – Louis Chauvet in: Le Figaro v. 11. 9. 1970. – Jean de Baroncelli in: Le Monde v. 12. 9. 1970. – Marcel Martin in: Les Lettres Françaises v. 16. 9. 1970. – Alexandre Astruc in: Paris-Match v. 19. 9. 1970. – Jean A. Gili, Mireille Amiel in: Cinéma, Nr. 150, November 1970. – Frédéric Vitoux in: Positif, Nr. 121, November 1970. – André Cornand in: La Revue du Cinéma/Image et Son, Nr. 243, November 1970.

Vincent Canby in: The New York Times v. 22. und 24. 1. 1971. – Richard Schickel in: Life v. 22. 1. 1971. – Paul D. Zimmerman in: Newsweek v. 25. 1. 1971. – Andrew Sarris in: The Village Voice v. 28. 1. 1971. – Pauline Kael in: The New Yorker v. 6. 2. 1971; nachgedr. in: P. K.: Deeper Into Movies. New York 1973, S. 308–310. – Jay Cocks in: Time v. 8. 2. 1971. – Stanley Kauffmann in: The New Republic v. 13. 2. 1971; nachgedr. in: S. K.: Living Images. New York 1975, S. 38–41. – Henry Hart in: Films in Review, Vol. 22, Nr. 3, März 1971. – Jacob Brackman in: Esquire, Juni 1971. – John Russell Taylor in: The Times v. 9. 7. 1971. – Penelope Houston in: Monthly Film Bulletin, Nr. 451, August 1971. – Gordon Gow in: Films and Filming, Vol. 17, Nr. 12, September 1971. – Jan Dawson in: Sight and Sound, Vol. 40, Nr. 4, Herbst 1971.

Mtk. (Günter Metken) in: Neue Zürcher Zeitung, Fernausgabe v. 24. 10. 1970. – rév. (Carlo Révay) in: Neue Zürcher Zeitung, Fernausgabe v. 28. 8. 1971. – Edgar Wettstein in: Film-Dienst v. 28. 12. 1971 (FD-Nr. 17 628). – Wolfram Schütte in: Frankfurter Rundschau v. 4. 1. 1972. – Rainer Fabian in: Die Welt v. 6. 1. 1972. – Grn. (Ulrich Greiner) in: FAZ v. 6. 1. 1972. – Robert Fischer in: F-Filmjournal, Nr. 25, August–September 1980.

Analyse: Joël Magny: Domicile conjugal. in: Téléciné, Nr. 166, Oktober–November 1970 (Fiche Nr. 539).

LES DEUX ANGLAISES ET LE CONTINENT.

Zwei Mädchen aus Wales und die Liebe zum Kontinent

Literarische Vorlage: Henri-Pierre Roché: Deux Anglaises et le Continent. Paris 1956. Deutsch von Wolfgang Sebastian Bauer: Die beiden Engländerinnen und der Kontinent. Frankfurt: Zweitausendeins 1983 (mit einem Nachwort von Klaus Völker); dazu Rezension von Michael Merschmeier in: Die Zeit v. 13. 4. 1984.

Filmtext: in l'Avant-Scène Cinéma, Nr. 121, Januar 1972 (mit einem Vorwort von Dominique Fanne).

Material: François Truffaut: Mes deux anglaises mon onzième film. in: l'Avant-Scène Cinéma, Nr. 121. / François Truffaut über Les deux anglaises et le continent. Filmkritik, November 1971, Nr. 11. – Filmprogramm Nr. 32 (Verlag Uwe Wiedleroither, Stuttgart; Redaktion: Robert Fischer) undatiert.

Interviews: Yvonne Baby in: Le Monde v. 25. 11. 1971. – Guy Braucourt in: Les Nouvelles Littéraires v. 3. 12. 1971. – Claude Beylie in: Ecran, Nr. 1, Januar 1972.

Kritiken: Jean de Baroncelli in: Le Monde v. 25. 11. 1971. – Jean-Louis Bory in: Le Nouvel Observateur v. 29. 11. 1971; nachgedr. in: J.-L. B.: La lumière écrit. Paris 1975, S. 135–137. – François Nourissier in: L'Express v. 29. 11. 1971. – Tristan Renaud in: Les Lettres Françaises v. 1. 12. 1971. – Georges Charensol in: Les Nouvelles Littéraires v. 3. 12. 1971. – Claude Mauriac in: Le Figaro Littéraire v. 3. 12. 1971. – Claire Clouzot/Jacques Julia in: Ecran, Nr. 1, Januar 1972. – Jean Collet in: Etudes, Nr. 336, Januar 1972. – André Cornand in: La Revue du Cinéma/Image et Son, Nr. 256, Januar 1972. – Fernand Dufour in: Cinéma, Nr. 162, Januar 1972. – (zur rekonstruierten Fassung:) Jacques Siclier in: Le Monde v. 20. 2. 1985. – Serge Toubiana, Marc Chevrie in: Cahiers du Cinéma, Nr. 369, März 1985.

Julian Jebb in: Sight and Sound, Vol. 41, Nr. 3, Sommer 1972. – Jan Dawson in: Monthly Film Bulletin, Nr. 464, September 1972. – Gordon Gow in: Films and Filming, Vol. 19, Nr. 1, Oktober 1972. – Vincent Canby in: The New York Times v. 12. 10. 1972. – Pauline Kael in: The New Yorker v. 14. 10. 1972; nachgedr. in: P. K.: Reeling. Boston, Toronto 1976, S. 18–21. – Jay Cocks in: Time v. 16. 10. 1972. – Andrew Sarris in: The Village Voice v. 2. 11. 1972. – Stanley Kauffmann in: The New Republic v. 18. 11. 1972; nachgedr. in: S. K.: Living Images. New York 1975, S. 150–152. – Jonathan Cott in: Rolling Stone v. 23. 11. 1972. – David Leach in: Films in Review, Vol. 23, Nr. 10, Dezember 1972. – Michael Klein in: Film Quarterly, Vol. 26, Nr. 2, Winter 1972-73. – Bernard Weiner in: Take One, Vol. 3, Nr. 8, November-Dezember 1981, publiziert im März 1973.

Urs Jenny in: Filmkritik, Juli 1972, Nr. 7. – o. V. in: Der Spiegel v. 5. 2. 1973, Nr. 6. – Reto Müller in: Film-Dienst v. 6. 2. 1973 (FD-Nr. 18181). – Walter Schobert in: Frankfurter Rundschau v. 10. 2. 1973. – Uta Gote in: Die Welt v. 13. 2. 1973. – B. J. (Brigitte Jeremias) in: FAZ v. 13. 2. 1973. – S. Sch. (Siegfried Schober) in: Süddeutsche Zeitung v. 13. 2. 1973. – Wolf Donner in: Die Zeit v. 16. 2. 1973. – Volker Baer in: Der Tagesspiegel v. 14. 3. 1974. – Vinzenz B. Burg in: Jugend Film Fernsehen, (Dezember) 1974, Nr. 4.

Aufsätze: Barbara Coffey: Art and Film in François Truffaut's Jules and Jim and Two English Girls. in: Film Heritage, Vol. 9, Nr. 3, Frühjahr 1974. – Charles Thomas Samuels: Hyphens of the Self. in: C. T. S.: Mastering the Film and other Essays. Knoxville 1977, S. 179–189 (über Frenzy und Les deux anglaises ...).

UNE BELLE FILLE COMME MOI. Ein schönes Mädchen wie ich
Material: Luc Bernard: François Truffaut à Beziers. Technicien du film, Nr. 191, 15. 3. 1972 (Produktionsreportage). / François Truffaut: Une belle fille comme moi. in: Filmkritik, Juli 1972, Nr. 7. – Filmprogramm Nr. 25 (Verlag Uwe Wiedleroither, Stuttgart; Redaktion: Robert Fischer) undatiert.

Kritiken: Jacques Doniol-Valcroze in: L'Express v. 11. 9. 1972. – Marcel Martin in: Les Lettres Françaises v. 13. 9. 1972. – Jean de Baroncelli in: Le Monde v. 19. 9. 1972. – H. M. (Henry Moret) in: Ecran, Nr. 8, September–Oktober 1972. – Michel Grisolia in: Cinéma, Nr. 169, September–Oktober 1972 (dazu Diskussionsbeitrag von Mireille Amiel in: Cinéma Nr. 170). – Jean-Louis Bory in: Le Nouvel Observateur v. 2. 10. 1972; nachgedr. in: J.-L. B.: La lumière écrit. Paris 1975, S. 365–366. – J. Chevallier in: La Revue du Cinéma/ Image et Son, Nr. 276–277, Oktober 1972. – Jean Collet in: Etudes, Nr. 337, November 1972.

Arthur Cooper in: Newsweek v. 19. 3. 1973. – Vincent Canby in: The New York Times v. 26. 3. 1973. – Penelope Gilliatt in: The New Yorker v. 31. 3. 1973; nachgedr. in: Jay Cocks, David Denby (Hrsg.): Film 73/74. Indianapolis, New York 1974, S. 189–192. – Stanley Kauffmann in: The New Republic v. 21. 4. 1973; nachgedr. in: S. K.: Living Images. New York 1975, S. 189–190. – Jay Cocks in: Time v. 30. 4. 1973. – Andrew Sarris in: The Village Voice v. 3. 5. 1973. – Jan Dawson in: Monthly Film Bulletin, Nr. 472, Mai 1973. – Gabor Brogyanyi in: Films in Review, Vol. 24, Nr. 6, Juni–Juli 1973. – Eric Braun in: Films and Filming, Vol. 19, Nr. 12, September 1973. – Richard Combs in: Sight and Sound, Vol. 42, Nr. 4, Herbst 1973. – Colin L. Westerbeck, Jr. in: Commonweal, Vol. 99, Nr. 4, 26. 10. 1973; nachgedr. in: Stuart Byron, Elisabeth Weis (Hrsg.): Movie Comedy. New York 1977, S. 241–243.

Edgar Wettstein in: Zoom-Filmberater v. 19. 4. 1973, Nr. 8, und in: Film-Dienst v. 30. 4. 1974 (FD-Nr. 18 806). – R. R. Hamacher in:

Medium, April 1974, Nr. 4. – st. (Sigrit Schmitt) in: Süddeutsche Zeitung v. 4./5. 5. 1974. – Uta Gote in: Die Welt v. 7. 5. 1974. – Hans C. Blumenberg in: Die Zeit v. 10. 5. 1974.

Aufsatz: Michel Ciment: Une tendance certaine du cinéma français. in: Positif, Nr. 144–145, November–Dezember 1972 (über Une belle fille comme moi und Docteur Popaul von Chabrol).

LA NUIT AMÉRICAINE. Die amerikanische Nacht

Filmtext: La Nuit américaine. Paris: Seghers 1974. Cinéma 2000. – Englisch: Day for Night. New York: Grove Press 1975.

Interviews: Yvonne Baby in: Le Monde v. 18. 5. 1973. – Claude Beylie in: Ecran, Nr. 17, Juli–August 1973. – Dominique Maillet in: Cinématographe, Nr. 3, Sommer 1973. / Stuart Rosenthal in: Focus on Film, Nr. 16, Herbst 1973.

Material: Jean-Luc Godard: Introduction à une véritable histoire du cinéma (Tome I). Paris 1980, S. 73–85. Deutsch: Einführung in eine wahre Geschichte des Kinos. München 1981, S. 84–101 (Kapitel über Film im Film mit Anmerkungen Godards über sein Verhältnis zu Truffaut).

Kritiken: Jean de Baroncelli in: Le Monde v. 16. 5. 1973. – Claude Mauriac in: L'Express v. 21. 5. 1973. – Jean-Louis Bory in: Le Nouvel Observateur v. 28. 5. 1973; nachgedr. in: J.-L. B.: L'obstacle et la gerbe. Paris 1976, S. 96–100. – François Chevassu in: La Revue du Cinéma/Image et Son, Nr. 273, Juni 1973. – Frantz Gevaudan in: Cinéma, Nr. 178–179, Juli–August 1973. – Michel Perez in: Positif, Nr. 152–153, Juli–August 1973. – G. B. (Guy Braucourt) in: Ecran, Nr. 17, Juli–August 1973. – Jean Collet in: Etudes, Nr. 339, August –September 1973. – Muriel Zélény/Michel Serceau in: Télécine, Nr. 181, September 1973. – F. C. (François Chevassu) in: La Revue du Cinéma/Image et Son, Nr. 276–277, Oktober 1973 (La saison cinématographique 73).

Richard Roud in: Sight and Sound, Vol. 42, Nr. 3, Sommer 1973. – Stuart Rosenthal in: Focus on Film, Nr. 16, Herbst 1973. – Vincent Canby in: The New York Times v. 29. 9. und 7. 10. 1973; die zweite Kritik nachgedr. in: Jay Cocks, David Denby (Hrsg.): Film 73/74. Indianapolis, New York 1974, S. 2–4. – Andrew Sarris in: The Village Voice v. 11. 10. 1973. – Stanley Kauffmann in: The New Republic v. 13. 10. 1973; nachgedr. in: S. K.: Living Images. New York 1975, S. 226–228. – Pauline Kael in: The New Yorker v. 15. 10. 1973; nachgedr. in: P. K.: Reeling. Boston, Toronto 1976, S. 178–180. – Jay Cocks in: Time v. 15. 10. 1973. – Roger Greenspun in: Viva, Oktober

1973; nachgedr. in: Film 73/74, S. 4–7. – Gary Arnold in: Washington Post v. 19. 10. 1973; nachgedr. in: Film 73/74, S. 7–9. – Paul D. Zimmerman in: Newsweek v. 29. 10. 1973. – John Simon in: Esquire, November 1973; nachgedr. in: J.S.: Something to Declare. New York 1983, S. 162-165. – Gordon Gow in: Films and Filming, Vol. 20, Nr. 2, November 1973. – Jan Dawson in: Sight and Sound, Vol. 43, Nr. 1, Winter 1973- 74. – Gabor Brogyanyi in: Films in Review, Vol. 24, Nr. 10, Dezember 1973. – Jon Landau in: Rolling Stone, Nr. 149, 6. 12. 1973. – Richard Combs in: Monthly Film Bulletin, Nr. 480, Januar 1974. – Michael Klein in: Film Heritage, Vol. 9, Nr. 3, Frühjahr 1974. – Marjorie Rosen in: Jump Cut, Nr. 1, Mai–Juni 1974.

Wolfgang Limmer in: Süddeutsche Zeitung v. 30./31. 5. 1973. – Peter Buchka in: Süddeutsche Zeitung v. 22./23. 9. 1973. – rév (Carlo Révay) in: Neue Zürcher Zeitung, Fernausgabe v. 22. 9. 1973. – Urs Jaeggi in: Zoom-Filmberater v. 4. 10. 1973, Nr. 19. – Eckhart Schmidt in: Medium, Oktober 1973, Nr. 10. – Werner Kließ in: Kino (West-Berlin), Nr. 7, Oktober–November 1973. – o. V. in: Der Spiegel v. 15. 10. 1973, Nr. 42. – Edgar Wettstein in: Film-Dienst v. 16. 10. 1973 (FD-Nr. 18 506). – (Hans C. Blumenberg) in: Die Zeit v. 26. 10. 1973. – Karena Niehoff in: Der Tagesspiegel v. 4. 11. 1973. – Friedrich Luft in: Die Welt v. 12. 11. 1973. – Jürgen Ebert in: Kirche und Film, Dezember 1973, Nr. 12 (auszugsweise auch in: Filmkritik 1973, Nr. 12). – Wolfram Knorr in: Jugend Film Fernsehen, (Dezember) 1973, Nr. 4. – Hanns Fischer in: Frankfurter Rundschau v. 31. 12. 1973. – Brigitte Jeremias in: FAZ v. 4. 1. 1974. – Norbert Jochum in: Die Zeit v. 18. 12. 1981.

Aufsätze: Wayne J. Douglass: Homage to Howard Hawks: Truffaut's Day for Night. in: Literature/Film Quarterly, Vol. 7, Nr. 2, April 1980. – James Card: ›More Than Meets the Eye‹ in Singin' in the Rain and Day for Night. in: Literature/Film Quarterly, Vol. 12, Nr. 2, 1984. / (ital.) Pier Paolo Pasolini: Le ambigue forme della ritualità narrativa. in: Cinema Nuovo Nr. 231, September–Oktober 1974 (über La nuit américaine und La grande bouffe).

L'HISTOIRE D'ADÈLE H. Die Geschichte der Adele H.

Filmtext: in l'Avant-Scène Cinéma, Nr. 165, Januar 1976. Englisch: The Story of Adele H. Edited by Helen S. Scott. English dialogue by Jan Dawson. New York: Grove Press 1976.

Material: François Truffaut: Pourquoi ce film? Pourquoi pas?. in:

l'Avant-Scène Cinéma, Nr. 165; dort auch: Texte von Pauline Kael, Jean Collet und Auszüge aus Pressestimmen. – François Porcile: Jaubert retrouve. in: l'Avant-Scene Cinéma, Nr. 165 (über die Musik des Films) / Kathol. Filmkreis Zürich (Hrsg.): Truffauts L'Histoire d'Adèle H. Filmbulletin, Nr. 94, Sondernummer, Dezember 1975.

Interviews: (mit Isabelle Adjani:) Dominique Maillet in: Cinématographe, Nr. 15, Oktober–November 1975. – Guy Braucourt in: Ecran, Nr. 41, November 1975. / Peter Lester in: Interview, Vol. 6, Nr. 3, März 1976. – (mit Truffaut:) Gilbert Adair in: Sight and Sound, Vol. 44, Nr. 3, Sommer 1975.

Kritiken: Jean-Louis Bory in: Le Nouvel Observateur v. 13. 10. 1975; nachgedr. in: J.-L. B.: Rectangle multiple. Paris 1977, S. 114–117. – Mireille Latil Le Dantec in: Cinématographe, Nr. 15, Oktober–November 1975. – Georges Charensol in: Les Nouvelles Littéraires v. 20. 10. 1975. – Jean de Baroncelli in: Le Monde v. 23. 10. 1975. – Claude Beylie in: Ecran, Nr. 41, November 1975. – Jean Collet in: Etudes, Nr. 343, November 1975. – Ginette Gervais in: Jeune Cinéma, Nr. 90, November 1975. – Dominique Rabourdin in: Cinéma, Nr. 203, November 1975. – Gilles Colpart in: Téléciné, Nr. 203, November–Dezember 1975. – Gilles Colpart/Raymond Lefèvre in: La Revue du Cinéma/Image et Son, Nr. 301, Dezember 1975. – J. L. (Jacqueline Lajeunesse) in: La Revue du Cinéma/Image et Son, Nr. 309–310, Oktober 1976 (La saison cinématographique 76).

Richard Roud in: Film Comment, Vol. 11, Nr. 5, September–Oktober 1975. – Vincent Canby in: The New York Times v. 11. und 13. 10. 1975. – Mel Gussow in: The New York Times v. 26. 10. 1975. – Molly Haskell in: The Village Voice v. 27. 10. 1975. – Pauline Kael in: The New Yorker v. 27. 10. 1975; nachgedr. in: P. K.: When the Lights Go Down. New York 1980, S. 55–60. – John Simon in: New York (Magazine), 22. 12. 1975–12. 1. 1976; nachgedr. in: J. S.: Something to Declare. New York 1983, S. 245–247. – Jay Cocks in: Time v. 5. 1. 1976. – Jack Kroll in: Newsweek v. 5. 1. 1976. – Stanley Kauffmann in: The New Republic v. 24. 1. 1976; nachgedr. in: S. K.: Before My Eyes. New York 1980, S. 183–186, und in: Leo Braudy (Hrsg.): Great Film Directors. New York 1978, S. 745–748. – Gillian Parker Klein in: Film Quarterly, Vol. 29, Nr. 3, Frühjahr 1976. – Michael Klein in: Jump Cut, Nr. 10/11, Sommer 1976; auszugsweise nachgedr. in: Karyn Kay, Gerald Peary (Hrsg.): Women and the Cinema. New York 1977, S. 50–55. – Julian Jebb in: Sight and Sound Vol. 46, Nr. 2, Frühjahr 1977. – Derek Elley in: Films and Filming Vol. 23, Nr. 7, April 1977. – Tom Milne in: Monthly Film Bulletin Nr. 519, April

1977 (mit zusätzlichen Informationen zur literarischen Vorlage auf der letzten Umschlagseite der Zeitschrift).
Peter Handke in: Der Spiegel v. 27.10. 1975, Nr. 44; nachgedr. in: P. H.: Das Ende des Flanierens. Frankfurt am Main 1980, suhrkamp taschenbuch 679, S. 83–90. – Günter Metken in: Stuttgarter Zeitung v. 21.11. 1975 und Der Tagesspiegel v. 30.11. 1975. – Robert von Berg in: Süddeutsche Zeitung v. 26.11. 1975. – Brigitte Jeremias in: FAZ v. 20.12. 1975. – Gerhart Waeger in: Zoom-Filmberater v. 7.1. 1976, Nr.1. – wg. (Gerhart Waeger) in: Neue Zürcher Zeitung, Fernausgabe v. 26.2. 1976. – Edgar Wettstein in: Film-Dienst v. 27.4. 1976 (FD-Nr. 19756). – Arnd F.Schirmer in: Der Tagesspiegel v. 8.4. 1977. – Friedrich Luft in: Die Welt v. 13.4. 1977. – Hanns Fischer in: Frankfurter Rundschau v. 7.5. 1977. – Norbert Grob in: Medium, Juli 1977, Nr.7.

Aufsätze: Colin L. Westerbeck, Jr.: Fearful Symmetries. in: Commonweal, Vol. 103, Nr. 5, 27.2. 1976. – Walter Goodman: Movie Madness. in: The New York Times v. 14.3. 1976 (über Taxi Driver, Adele H. und Confrontation). – Robert C.Cumbow: Une femme sauvage. in: Movietone News, Nr. 49, April 1976. – Art Goldsher: The Story of Adèle H.: Surnames and Siblings. in: Film Criticism, Vol. 1, Nr. 3, Winter 1976.

L'ARGENT DE POCHE. Taschengeld

Literarische Nacherzählung: François Truffaut: L'argent de poche. Cinéroman. Paris: Flammarion 1976. Englisch: Small Change. A Film Novel. New York: Grove Press 1976. Deutsch von Eckhart Koch: Taschengeld. München: Carl Hanser 1977 (mit 30 Fotos von Hélène Jeanbrau). Als Taschenbuch: dtv 1740.
Material: Dominique Maillet: l'argent de poche. in: Cinématographe, Nr. 15, Oktober–November 1975 (Produktionsbericht).
Interviews: Claude Beylie in: Ecran, Nr. 45, März 1976. – Jean Delmas in: Jeune Cinéma, Nr. 95, Mai–Juni 1976./Joseph McBride, Todd McCarthy in: Film Comment, Vol. 12, Nr. 5. September–Oktober 1976.
Kritiken: Claude Beylie in: Ecran, Nr. 45, März 1976. – Jacques Siclier in: Le Monde v. 20.3. 1976. – Jacques Laurans in: Etudes, Nr.344, März 1976. – Pierre Maraval in: Cinématographe, Nr.18, April–Mai 1976. – Joël Magny in: Téléciné, Nr.208, Mai 1976. – H. B. (Henri Béhar) in: La Revue du Cinéma/Image et Son, Nr.306, Mai 1976. – F. V. (Frédéric Vitoux) in: Positif, Nr.181, Mai 1976. – Jean Delmas in: Jeune Cinéma, Nr.95, Mai–Juni 1976. – G.C. (Gil-

les Colpart) in: La Revue du Cinéma/Image et Son, Nr. 309-310, Oktober 1976 (La saison cinématographique 76).

Jack Kroll in: Newsweek v. 27. 9. 1976. – Vincent Canby in: The New York Times v. 1. und 10. 10. 1976. – Pauline Kael in: The New Yorker v. 4. 10. 1976; nachgedr. in: P. K.: When the Lights Go Down. New York 1980, S. 167–170. – Jay Cocks in: Time v. 11. 10. 1976. – Andrew Sarris in: The Village Voice v. 11. 10. 1976. – Roger Greenspun in: Thousand Eyes, Oktober 1976. – Will Aitken in: Take One, Vol. 5, Nr. 4, Oktober 1976. – Stanley Kauffmann in: The New Republic v. 16. 10. 1976; nachgedr. in: S. K.: Before My Eyes. New York 1980, S. 187–188. – Molly Haskell in: The Village Voice v. 1. 11. 1976. – James McCourt, Elliott Stein in: Film Comment, Vol. 12, Nr. 6, November–Dezember 1976. – Marsha McCreadie in: Films in Review, Vol. 27, Nr. 10, Dezember 1976. – Paul Thomas in: Film Quarterly, Vol. 30, Nr. 3, Frühjahr 1977. – Verina Glaessner in: Monthly Film Bulletin, Nr. 523, August 1977. – Derek Elley in: Films and Filming, Vol. 24, Nr. 1, Oktober 1977.

Volker Baer in: Der Tagesspiegel v. 29. 6. 1976. – Brigitte Jeremias in: FAZ v. 29. 6. 1976. – Alfred Nemeczek in: Stern v. 1. 7. 1976, Nr. 28. – mw. (Martin Walder) in: Neue Zürcher Zeitung v. 1. 7. 1976. – Wolfram Schütte in: Frankfurter Rundschau v. 2. 7. 1976. – Edgar Wettstein in: Zoom-Filmberater v. 1. 12. 1976, Nr. 23, und in: Film-Dienst v. 7. 6. 1977 (FD-Nr. 20329). – Norbert Grob in: Medium, Juni 1977, Nr. 6. – Brigitte Jeremias in: FAZ v. 22. 6. 1977. – Eckhart Schmidt in: Süddeutsche Zeitung v. 22. 6. 1977. – Sei (Hans-Dieter Seidel) in: Stuttgarter Zeitung v. 22. 6. 1977. – Michael Stone in: Der Tagesspiegel v. 22. 6. 1977. – V. B. (Volker Baer) in: Der Tagesspiegel v. 8. 12. 1978. – Robert Fischer in: Filmbeobachter, Januar 1979, Nr. 2. – G. K. (Gottfried Knapp) in: Süddeutsche Zeitung v. 20. 4. 1979. – G. H. (Gunar Hochheiden) in: Frankfurter Rundschau v. 24. 8. 1979.

L'HOMME QUI AIMAIT LES FEMMES.

Der Mann, der die Frauen liebte

Literarische Nacherzählung: François Truffaut: L'homme qui aimait les femmes. Cinéroman. Paris: Flammarion 1977.

Material: Informationstext in: Spielfilme im Deutschen Fernsehen ARD 1979, S. 12–13.

Interview: Jacques Fieschi in: Cinématographe, Nr. 27, Mai 1977.

Kritiken: J.-L. Tallenay in: L'Express v. 20. 4. 1977. – Guy Braucourt in: Les Nouvelles Littéraires v. 28. 4. 1977. – Michel Mohrt in: Le

Figaro v. 28. 4. 1977. – Claire Devarrieux in: Le Monde v. 3. 5. 1977.
– Jean-Louis Bory in: Le Nouvel Observateur v. 9. 5. 1977. – Jacques
Fieschi in: Cinématographe, Nr. 27, Mai 1977. – Claude Beylie in:
Ecran, Nr. 59, Juni 1977. – Jean Delmas in: Jeune Cinéma, Nr. 103,
Juni 1977. – Stéphane Sorel in: Téléciné, Nr. 219, Juni 1977. –
F. Chevassu in: La Revue du Cinéma/Image et Son, Nr. 318, Juni–Juli
1977. – Joël Magny in: Cinéma, Nr. 223, Juli 1977. – Olivier Eyquem
in: Positif, Nr. 195–196, Juli–August 1977. – Bernard Boland in: Ca-
hiers du Cinéma, Nr. 279-280, August-September 1977. - G.C.
(Gilles Colpart) in: La Revue du Cinéma/Image et Son, Nr. 320–321,
Oktober 1977 (La saison cinématographique 77).

Richard Roud in: Film Comment, Vol. 13, Nr. 5, September–Oktober
1977. – Vincent Canby in: The New York Times v. 1. und 7. 10. 1977.
– Andrew Sarris in: The Village Voice v. 3. 10. 1977. – Frank Rich in:
Time v. 10. 10. 1977. – Stanley Kauffmann in: The New Republic v.
22. 10. 1977; nachgedr. in: S. K.: Before My Eyes. New York 1980,
S. 189–190. – David Ansen in: Newsweek v. 31. 10. 1977. – Arthur
Schlesinger, Jr. in: Saturday Review v. 26. 11. 1977. – Richard Roud
in: Film Comment, Vol. 13, Nr. 6, November–Dezember 1977. – Pau-
line Kael in: The New Yorker v. 5. 12. 1977; nachgedr. in: P. K.:
When the Lights Go Down. New York 1980, S. 354–356. – Vincent
Canby in: The New York Times v. 9. 12. 1977. – John Simon in: Na-
tional Review v. 6. 1. 1978; nachgedr. in: J. S.: Something to Declare:
New York 1983, S. 365-367. – Marsha Kinder in: Film Quarterly,
Vol. 31, Nr. 3, Frühjahr 1978. – Tim Pulleine in: Monthly Film Bulle-
tin, Nr. 531, April 1978. – Gordon Gow in: Films and Filming,
Vol. 24, Nr. 8, Mai 1978.

Wolfram Schütte in: Frankfurter Rundschau v. 27. 6. 1977. – Wilfried
Wiegand in: FAZ v. 27. 6. 1977. – Karena Niehoff in: Der Tagesspiegel v. 28. 6. 1977. – Peter Buchka in: Süddeutsche Zeitung v. 30. 6.
1977. – rn. (Rolf Niederer) in: Neue Zürcher Zeitung, Fernausgabe v.
1. 9. 1977. – Robert Fischer in: Filmbeobachter v. 15. 9. 1977, Nr. 18.
– Edgar Wettstein in: Zoom-Filmberater v. 21. 9. 1977, Nr. 18, und
in: Film-Dienst v. 6. 12. 1977 (FD-Nr. 20563). – Margarete von
Schwarzkopf in: Die Welt v. 10. 12. 1977. – Hellmuth Karasek in: Der
Spiegel v. 12. 12. 1977, Nr. 51. – Rolf Thissen in: Kölner Stadt-Anzeiger v. 15. 12. 1977. – Peter W. Jansen in: Frankfurter Rundschau v.
16. 12. 1977, und in: Kirche und Film, Dezember 1977, Nr. 12 (Kino-
Notizen XXXII). – Gottfried Knapp in: Süddeutsche Zeitung, Weih-
nachten 1977. – Lothar Lambert in: Der Abend v. 5. 1. 1978. – Arnd
F. Schirmer in: Der Tagesspiegel v. 6. 1. 1978. – Günther Kriewitz in:

Stuttgarter Zeitung v. 7. 1. 1978. – F. L. (Friedrich Luft) in: Die Welt, Berliner Ausgabe v. 10. 1. 1978. – Doris Dörrie in: Film & Ton-Magazin, Februar 1978, Nr. 2.

LA CHAMBRE VERTE. Das grüne Zimmer

Literarische Vorlage: Henry James: The Altar of the Dead / The Beast in the Jungle / The Friends of Friends. Deutsch: Der Altar der Toten / Das Tier im Dschungel. in: Gespenstergeschichten. Als Taschenbuch: Ullstein Band 20 197.

Filmtext: in l'Avant-Scène Cinéma, Nr. 215, 1. 11. 1978 (mit einem Vorwort v. Jean Mambrino, Pressezitaten und Daten zu Nestor Almendros).

Material: Informationstext in: Spielfilme im Deutschen Fernsehen ARD 1979, S. 14–15. – Filmprogramm Nr. 41 (Verlag Uwe Wiedleroither, Stuttgart, Redaktion: Robert Fischer) undatiert.

Interviews: Catherine Laporte, Daniele Heymann in: L'Express v. 13. 3. 1978. – Claude-Marie Tremois in: Télérama, Nr. 1473, 8. 4. 1978. – o. V. in: Ecran, Nr. 69, 15. 5. 1978.

Kritiken: Jean-Louis Bory in: Le Nouvel Observateur v. 3. 4. 1978. – Jean de Baroncelli in: Le Monde v. 6. 4. 1978. – Gilles Colpart in: La Revue du Cinéma/Image et Son, Nr. 327, April 1978. – Michel Devillers in: Cinématographe, Nr. 37, April 1978. – Jean Collet in: Etudes, Nr. 348, Mai 1978. – Pascal Bonitzer in: Cahiers du Cinéma, Nr. 285, Mai 1978. – Laurent Cugny in: Cinématographe, Nr. 38, Mai 1978. – Joël Magny in: Cinéma, Nr. 233, Mai 1978. – P.-L. T. (Paul-Louis Thirard) in: Positif, Nr. 206, Mai 1978. – Marcel Martin in: Ecran, Nr. 69, 15. 5. 1978. – J. Ch. (Jacques Chevallier) in: La Revue du Cinéma/Image et Son, Nr. 332, Oktober 1978 (La saison cinématographique 78). – Anne-Marie und Gerard Blanchard in: La Revue du Cinéma/Image et Son, Nr. 337, März 1979.

Richard Roud in: Sight and Sound, Vol. 47, Nr. 3, Sommer 1978. – James McCourt, Elliott Stein in: Film Comment, Vol. 14, Nr. 6, November–Dezember 1978. – Vincent Canby in: The New York Times v. 14. 9. 1979. – Donald Barthelme in: The New Yorker v. 24. 9. 1979. – Jack Kroll in: Newsweek v. 1. 10. 1979. – Stanley Kauffmann in: The New Republic v. 6. 10. 1979. – Rob Edelman in: Films in Review, Vol. 14, Nr. 9, November 1979. – Gilbert Adair in: Monthly Film Bulletin, Nr. 555, April 1980. – Michael Klein in: Film Quarterly, Vol. 34, Nr. 1, Herbst 1980.

Michel Hangärtner in: Neue Zürcher Zeitung, Fernausgabe v. 27. 4. 1978. – o. V. in: Der Spiegel v. 15. 5. 1978, Nr. 20. – Franz Ulrich in:

Zoom-Filmberater v. 1. 11. 1978, Nr. 21. – Hanns Maull in: Filmbe-
obachter, Februar 1979, Nr. 3; nachgedr. in: Lothar R. Just: Das
Filmjahr '79. München 1980, S. 84–85. – Julius Effenberger in: Neue
Zürcher Zeitung, Fernausgabe v. 3. 5. 1979. – Gerhard Gericke in:
FAZ v. 5. 11. 1979. – Ska (Ruprecht Skasa-Weiß) in: Stuttgarter
Zeitung v. 5. 11. 1979. – Volker Baer in: Der Tagesspiegel v. 25. 11.
1984. – Jochen Brunow in: Kölner Stadt-Anzeiger v. 8.–9. 12. 1984. –
HS (Helmut Schmitz) in: Frankfurter Rundschau v. 10. 12. 1984. –
Sei (Hans-Dieter Seidel) in: FAZ v. 13. 12. 1984. – Robert Fischer in:
epd Film, Dezember 1984, Nr. 12. – mac in: Stuttgarter Zeitung v.
18. 2. 1985. – p. b. (Peter Buchka) in: Süddeutsche Zeitung v. 28. 12.
1984. – Krischan Koch in: Die Zeit v. 25. 1. 1985. – Erwin Schaar in:
Medien und Erziehung, (Februar) 1985, Nr. 1.

Aufsätze: Richard Roud: Turning Points: Ruiz / Truffaut. in: Sight
and Sound, Vol. 47, Nr. 3, Sommer 1978 (über La vocation suspendue
und La chambre verte). – Adeline R. Tinter: Truffaut's La Chambre
Verte: Hommage to Henry James. in: Literature/Film Quarterly,
Vol. 7, Nr. 2, April 1980.

Peter Iden: Das gestörte Empfinden. Todesbilder der Liebe in Max
Frischs Triptychon und François Truffauts La chambre verte. in:
Theater heute 1978, Sonderheft.

L'AMOUR EN FUITE. (Die) Liebe auf der Flucht
Filmtext: in l'Avant-Scène Cinéma, Nr. 254, 15. 10. 1980 (mit einem
Vorwort v. Anne Gillain).
Material: Filmprogramm Nr. 42 (Verlag Uwe Wiedleroither, Stutt-
gart; Redaktion: Robert Fischer) undatiert (mit Texten über den Film
und Daten zu Jean-Pierre Léaud). – Informationstext in: Spielfilme im
Deutschen Fernsehen ARD 1980, S. 70.
Kritiken: Michel Delain in: L'Express v. 20. 1. 1979. – Jacques Siclier
in: Le Monde v. 25. 1. 1979. – Jean-Louis Bory in: Le Nouvel Observateur v. 5. 2. 1979. – Mireille Amiel in: Cinéma, Nr. 242, Februar
1979. – Claude Beylie in: Ecran, Nr. 77, Februar 1979. – Michel
Devillers in: Cinématographe, Nr. 44, Februar 1979. – Olivier Gillissen in: La Revue du Cinéma/Image et Son, Nr. 336, Februar 1979. –
Jean Collet in: Etudes, März 1979. – Serge Daney, Bernard Boland
in: Cahiers du Cinéma, Nr. 298, März 1979. – A. M. (Alain Masson)
in: Positif, Nr. 216, März 1979. – René Predal in: Jeune Cinéma,
Nr. 117, März 1979. – G. C. (Gilles Colpart) in: La Revue du Cinéma/
Image et Son, Hors serie Nr. 23, (Oktober 1979), La saison cinématographique 79.

Annette Insdorf in: Take One, Vol. 7, Nr. 4, März 1979. – Vincent
Canby in: The New York Times v. 6. und 22. 4. 1979. – Penelope
Gilliatt in: The New Yorker v. 9. 4. 1979. – Andrew Sarris in: The
Village Voice v. 9. 4. 1979. – Frank Rich in: Time v. 23. 4. 1979. –
Stanley Kauffmann in: The New Republic v. 28. 4. 1979; nachgedr. in:
S. K.: Before My Eyes. New York 1980, S. 190–193. – Jeffrey Wells
in: Films in Review, Vol. 30, Nr. 6, Juni–Juli 1979. – Richard Combs
in: Monthly Film Bulletin, Nr. 550, November 1979. – Julian Jebb in:
Sight and Sound, Vol. 49, Nr. 1, Winter 1979–80.
Wilfried Wiegand in: FAZ v. 23. 2. 1979. – Volker Baer in: Der
Tagesspiegel v. 23. 2. 1979. – Hans C. Blumenberg in: Die Zeit v. 2. 3.
1979 (Berlinale-Bericht). – Manfred Hobsch in: Filmbeobachter,
März 1979, Nr. 4; nachgedr. in: Lothar R. Just (Hrsg.): Das Filmjahr
'80/81. München 1981, S. 150–151. – Urs Jaeggi in: Zoom-Filmbera-
ter v. 4. 4. 1979, Nr. 7. – BNB (Barbara Bernauer) in: Frankfurter
Rundschau v. 25. 7. 1980. – K. H. Kramberg in: Süddeutsche Zeitung
v. 28. 7. 1980. – Freddy Langer in: FAZ v. 28. 7. 1980. – R. V. in:
Stuttgarter Zeitung v. 28. 7. 1980. – Manfred Delling in: Deutsches
Allgemeines Sonntagsblatt v. 3. 8. 1980. – malt (Michael Althen) in:
Süddeutsche Zeitung v. 27. 2. 1985. – Krischan Koch in: Die Zeit v.
22. 3. 1985. – Michael Kötz in: Frankfurter Rundschau v. 15. 4. 1985.
– Sei (Hans-Dieter Seidel) in: FAZ v. 17. 4. 1985. – Robert Fischer in:
epd Film, April 1985, Nr. 4.

LE DERNIER MÉTRO. Die letzte Metro
Filmtext: in l'Avant-Scène Cinéma, Nr. 303–304, 1.–15. 3. 1983 (mit
einem Vorwort von François Truffaut: Pourquoi et comment Le dernier métro?). – Die letzte Metro. Protokoll der deutschen Fassung des
Films von Robert Fischer. München: filmland presse 1982. Schriften-
reihe François Truffaut. Herausgegeben von Robert Fischer. Band 3
(mit einem Vorwort von François Truffaut: Der französische Film, die
Okkupation und ich; nachgedr. in: Bulletin de Liaison du Centre
d'Information cinématographique de l'Institut français de Munich
(CICIM), Nr. 3, November 1982).
Material: Cheryl Carlesimo: Painting with Light. in: American Film,
Vol. 6, Nr. 6, April 1981 (über Nestor Almendros). / Filmprogramm
Nr. 69 (Verlag Uwe Wiedleroither, Stuttgart; Redaktion: Robert Fi-
scher), September 1981 (mit Texten über den Film und Materialien zu
Truffaut, Suzanne Schiffman, Nestor Almendros, Catherine Deneuve,
Gérard Depardieu und Heinz Bennent). – Verschiedene Texte in der

Broschüre »ARD Fernsehspiel«, April Mai Juni 1984 (anläßlich der Fernsehsendung).

Interviews: Michel Boujut in: Les Nouvelles Littéraires v. 18. 9. 1980. / Tom Buckley in: The New York Times v. 14. 10. 1980. – Annette Insdorf in: The New York Times v. 8. 2. 1981.

Kritiken: Michel Mardore in: Le Nouvel Observateur v. 13. 9. 1980. – Claude Baignères in: Le Figaro v. 17. 9. 1980. – Jacques Siclier in: Le Monde v. 18. 9. 1980. – Michel Boujut in: Les Nouvelles Littéraires v. 18. 9. 1980. – Michel Delain in: L'Express v. 27. 9. 1980. – Ginette Gervais in: Jeune Cinéma, Nr. 129, September–Oktober 1980. – Mireille Amiel in: Cinéma, Nr. 262, Oktober 1980. – Jean Collet in: Etudes, Oktober 1980. – Jean-Louis Cros in: La Revue du Cinéma/ Image et Son, Nr. 354, Oktober 1980. – Jacques Fieschi in: Cinématographe, Nr. 61, Oktober 1980. – Yann Lardeau in: Cahiers du Cinéma, Nr. 316, Oktober 1980. – Petr Kral in: Positif, Nr. 236, November 1980. – Bernard Pivot in: Lire, Januar 1981. – F. C. (François Chevassu) in: La Revue du Cinéma/Image et Son, Hors serie Nr. 25, (Oktober 1981), La saison cinématographique 81.

Vincent Canby in: The New York Times v. 12. 10. 1980. – Andrew Sarris in: The Village Voice v. 15. 10. 1980 und v. 11.–18. 2. 1981. – Janet Maslin in: The New York Times v. 19. 10. 1980. – Peter Pappas in: Cineaste, Vol. 10, Nr. 4. Herbst 1980. – Richard Schickel in: Time v. 23. 2. 1981. – David Ansen, Charles Michener in: Newsweek v. 23. 2. 1981. – Stanley Kauffmann in: The New Republic v. 28. 2. 1981. – Peter Mascuch in: Films in Review, Vol. 32, Nr. 4, April 1981. – Julian Jebb in: Sight and Sound, Vol. 50, Nr. 3, Sommer 1981. – Richard Combs in: Monthly Film Bulletin, Nr. 570, Juli 1981. – Gordon Gow in: Films (London), Vol. 1, Nr. 8, Juli 1980. – Elliott Stein in: Film Comment, Vol. 17, Nr. 6, November–Dezember 1981.

Wilfried Wiegand in: FAZ v. 3. 3. 1981. – Andrea Grunert in: Filmfaust, Nr. 22, April–Mai 1981. – Petra Lataster-Czisch in: Film und Fernsehen (Berlin DDR), August 1981, Nr. 8. – USE. (Ulrich Seelmann-Eggebert) in: Film-Dienst v. 22. 9. 1981 (FD-Nr. 23126). – Rolf Thissen in: Filmbeobachter, Oktober 1981, Nr. 20; nachgedr. in: Lothar R. Just (Hrsg.): Das Filmjahr '81/82. München 1982, S. 146–147. – Hellmuth Karasek in: Der Spiegel v. 26. 10. 1981, Nr. 44. – H. G. Pflaum in: Süddeutsche Zeitung v. 29. 10. 1981. – Karena Niehoff in: Der Tagesspiegel v. 31. 10. 1981. – Ruprecht Skasa-Weiß in: Stuttgarter Zeitung v. 2. 11. 1981. – ms. (Martin Schlappner) in: Neue Zürcher Zeitung, Fernausgabe v. 6. 11. 1981. – Manuela Reichart in: Die Zeit v. 6. 11. 1981. – Dieter (d. i. Diet-

rich) Kuhlbrodt in: Frankfurter Rundschau v. 7.11. 1981. – Gabriele Kreis in: Deutsches Allgemeines Sonntagsblatt v. 8.11. 1981. – Edgar Wettstein in: Zoom-Filmberater v. 19.11. 1981, Nr.22. – Brigitte Jeremias in: FAZ v. 23.11. 1981. – Karlheinz Oplustil in: Filme, Nr. 12, November–Dezember 1981. – Peter W. Jansen in: Kirche und Film, Dezember 1981, Nr. 12 (Kino-Notizen 74). – H.R. (Henning Rischbieter) in: Theater heute, Januar 1981, Nr. 1. – Fernand Jung in: Medien und Erziehung, (Februar) 1982, Nr. 1 – Johannes Beringer oder Harun Farocki in: Filmkritik, Nr. 302, Februar 1982.
Rischbieter) in: Theater heute, Januar 1981, Nr. 1. – Fernand Jung in: Medien und Erziehung, (Februar) 1982, Nr. 1. – Johannes Beringer oder Harun Farocki in: Filmkritik, Nr. 302, Februar 1982.

LA FEMME D'À CÔTÉ. Die Frau nebenan
Material: Filmprogramm Nr. 74 (Verlag Uwe Wiedleroither, Stuttgart; Redaktion: Robert Fischer) Mai 1982 (mit Texten über den Film und Materialien zu Truffaut, Jean Aurel, William Lubtchansky, Georges Delerue, Fanny Ardant und Henri Garcin). – Informationstext in: Spielfilme im Deutschen Fernsehen 1983, S. 14–15.
Interviews: Richard Eder in: The New York Times v. 11. 10. 1981. / Ein Gespräch mit François Truffaut zu La femme d'à côté. Geführt und frei erfunden von Harun Farocki. in: Filmkritik, Nr. 309, September 1982. – Manfred Blank, Harun Farocki, Susanne Röckel: Gespräch mit William Lubtchansky in: Filmkritik, Nr. 309, September 1982.
Kritiken: Jacques Siclier in: Le Monde v. 2. 10. 1981. – Joël Magny in: Cinéma, Nr. 274, Oktober 1981. – Louis Audiberti, Jérôme Tonnere in: Cinématographe, Nr. 71, Oktober 1981. – Vincent Amiel in: Positif, Nr. 248, November 1981. – Ginette Cervais in: Jeune Cinéma, Nr. 138, November 1981. – Pascal Kané in: Cahiers du Cinéma, Nr. 329, November 1981. – Philippe Le Guay in: Cinématographe, Nr. 72, November 1981. – Marcel Martin, Olivier Gillissen in: La Revue du Cinéma/Image et Son, Nr. 366, November 1981. – A. Cd. (André Cornand) in: La Revue du Cinéma/Image et Son, Hors serie Nr. 26, (Oktober) 1982, La saison cinématographique 82.
David Ansen in: Newsweek v. 12.10. 1981. – Andrew Sarris in: The Village Voice v. 14.10. 1981. – Vincent Canby in: The New York Times v. 18.10. 1981. – Richard Schickel in: Time v. 2.11. 1981. – Stanley Kauffmann in: The New Republic v. 11. 11. 1981. – John Pym in: Monthly Film Bulletin, Nr. 577, Februar 1982. – David Shipman

in: Films and Filming, Nr. 329, Februar 1982. – Gordon Gow in: Films, Vol. 2. Nr. 4, März 1982. – Arnold Horton in: Films in Review, Vol. 33, Nr. 3, März 1982. – Hans Koning in: Cineaste, Vol. 12, Nr. 1, 1982.

Franz Ulrich in: Zoom-Filmberater v. 16. 12. 1981, Nr. 24, und in: Film-Dienst v. 12. 1. 1982 (FD-Nr. 23268). – Robert Fischer in: Filmbeobachter, Mai 1982, Nr. 10; nachgedr. in: Lothar R. Just (Hrsg.): Das Filmjahr '82/83. München 1983, S. 99–100. – Volker Baer in: Der Tagesspiegel v. 3. 6. 1982. – Gunar Hochheiden in: Frankfurter Rundschau v. 4. 6. 1982. – Karsten Witte in: Die Zeit v. 4. 6. 1982. – Ruprecht Skasa-Weiß in: Stuttgarter Zeitung v. 5. 6. 1982. – Urs Jenny in: Der Spiegel v. 7. 6. 1982, Nr. 23. – Michael Schwarze in: FAZ v. 8. 6. 1982. – M. v. Schwarzkopf in: Die Welt v. 8. 6. 1982. – Gabriele Kreis in: Deutsches Allgemeines Sonntagsblatt v. 13. 6. 1982. – Jörg Bundschuh in: Süddeutsche Zeitung v. 26. 7. 1982 und in: Kirche und Film, August 1982, Nr. 8. – Inge Claßen, Harun Farocki in: Filmkritik, Nr. 307, Juli 1982. – Ralf Schenk in: Film und Fernsehen (DDR), Dezember 1983, Nr. 12.

VIVEMENT DIMANCHE! Auf Liebe und Tod

Literarische Vorlage: Charles Williams: The Long Saturday Night. New York 1962. Deutsch von Werner Gronwald: Die lange Samstagnacht. München Heyne 1963, Neuauflage 1973, gekürzt. Heyne Buch 1108. Neuausgabe 1984: Auf Liebe und Tod. Heyne Buch 2106 (mit einem Nachwort »François Truffaut, Charles Williams und die Série Noire« von Robert Fischer).

Interviews: Jean-Paul Enthoven, Jean-Francois Josselin in: Le Nouvel Observateur v. 5. 8. 1983. – (mit Fanny Ardant:) Mireille Amiel in: Cinéma, Nr. 297, September 1983.

Material: Filmprogramm Nr. 95 (Verlag Uwe Wiedleroither, Stuttgart; Redaktion: Robert Fischer) November 1983 (mit Texten über den Film und Materialien zu Charles Williams und Jean-Louis Trintignant).

Kritiken: Jacques Siclier in: Le Monde v. 6. 8. 1983. – Yann Lardeau in: Cahiers du Cinéma, Nr. 351, September 1983. – Joël Magny in: Cinéma, Nr. 297, September 1983. – Marcel Martin in: La Revue du Cinéma, Nr. 386, September 1983.

Gilbert Adair in: Monthly Film Bulletin, Nr. 598, November 1983. Derek Elley in: Films and Filming, Nr. 350, November 1983. – Tim Pullaine in: Stills, Nr. 9, November–Dezember 1983. – Nick Roddick in: Sight and Sound, Vol. 53, Nr. 1, Winter 1983/84. – Edna (Edna

Fainaru) in: Variety, Vol. 313, Nr. 24, 18. 1. 1984. – Vincent Canby in: The New York Times v. 20. 1. 1984.

ms. (Martin Schlappner) in: Neue Zürcher Zeitung v. 11. 10. 1983. – Stephen Locke in: epd Film, Januar 1984, Nr. 1. – Volker Baer in: Der Tagesspiegel v. 27. 1. 1984. – Doris Blum in: Die Welt v. 27. 1. 1984. – Florian Hopf in: tip v. 27. 1.–9. 2. 1984, Nr. 2. – Peter W. Jansen in: Die Zeit v. 27. 1. 1984. – H. G. Pflaum in: Süddeutsche Zeitung v. 27. 1. 1984. – Wolfgang Würker in: FAZ v. 27. 1. 1984. – Hellmuth Karasek in: Der Spiegel v. 30. 1. 1984, Nr. 5. – Gertrud Koch in: Frankfurter Rundschau v. 30. 1. 1984. – Ruprecht Skasa-Weiß in: Stuttgarter Zeitung v. 30. 1. 1984. – Leo Schönecker in: Film-Dienst v. 7. 2. 1984 (FD-Nr. 24396).

Für die Bilder in diesem Band danken wir den in der Filmografie aufgeführten Produktionsfirmen sowie François Truffaut, ARD-Filmredaktion und Peter H. Schröder. – Die meisten Fotos aus den Filmen DAS GRÜNE ZIMMER, LIEBE AUF DER FLUCHT, DIE LETZTE METRO und DIE FRAU NEBENAN wurden von Marianne Fleitmann von der Leinwand fotografiert.